PODER DISCIPLINAR

Entre a sanção e o consenso

DANIEL MARTINS E AVELAR

Prefácio
Eurico Bitencourt Neto

PODER DISCIPLINAR
Entre a sanção e o consenso

Belo Horizonte

FÓRUM
CONHECIMENTO JURÍDICO

2025

© 2025 Editora Fórum Ltda.

É proibida a reprodução total ou parcial desta obra, por qualquer meio eletrônico, inclusive por processos xerográficos, sem autorização expressa do Editor.

Conselho Editorial

Adilson Abreu Dallari
Alécia Paolucci Nogueira Bicalho
Alexandre Coutinho Pagliarini
André Ramos Tavares
Carlos Ayres Britto
Carlos Mário da Silva Velloso
Cármen Lúcia Antunes Rocha
Cesar Augusto Guimarães Pereira
Clovis Beznos
Cristiana Fortini
Dinorá Adelaide Musetti Grotti
Diogo de Figueiredo Moreira Neto (*in memoriam*)
Egon Bockmann Moreira
Emerson Gabardo
Fabrício Motta
Fernando Rossi
Flávio Henrique Unes Pereira

Floriano de Azevedo Marques Neto
Gustavo Justino de Oliveira
Inês Virgínia Prado Soares
Jorge Ulisses Jacoby Fernandes
Juarez Freitas
Luciano Ferraz
Lúcio Delfino
Marcia Carla Pereira Ribeiro
Márcio Cammarosano
Marcos Ehrhardt Jr.
Maria Sylvia Zanella Di Pietro
Ney José de Freitas
Oswaldo Othon de Pontes Saraiva Filho
Paulo Modesto
Romeu Felipe Bacellar Filho
Sérgio Guerra
Walber de Moura Agra

FÓRUM
CONHECIMENTO JURÍDICO

Luís Cláudio Rodrigues Ferreira
Presidente e Editor

Coordenação editorial: Leonardo Eustáquio Siqueira Araújo / Thaynara Faleiro Malta
Revisão: Vanessa Leão
Capa e projeto gráfico: Formato Editoração
Diagramação: Formato Editoração

Rua Paulo Ribeiro Bastos, 211 – Jardim Atlântico – CEP 31710-430
Belo Horizonte – Minas Gerais – Tel.: (31) 99412.0131
www.editoraforum.com.br – editoraforum@editoraforum.com.br

Técnica. Empenho. Zelo. Esses foram alguns dos cuidados aplicados na edição desta obra. No entanto, podem ocorrer erros de impressão, digitação ou mesmo restar alguma dúvida conceitual. Caso se constate algo assim, solicitamos a gentileza de nos comunicar através do *e-mail* editorial@editoraforum.com.br para que possamos esclarecer, no que couber. A sua contribuição é muito importante para mantermos a excelência editorial. A Editora Fórum agradece a sua contribuição.

Dados Internacionais de Catalogação na Publicação (CIP) de acordo com ISBD

A949p	Avelar, Daniel Martins e
Poder disciplinar: entre a sanção e o consenso / Daniel Martins e Avelar. Belo Horizonte: Fórum, 2025.
190p. 14,5x21,5cm

ISBN impresso 978-65-5518-875-2
ISBN digital 978-65-5518-880-6

1. Poder disciplinar. 2. Imperatividade. 3. Consensualidade. 4. Sanção disciplinar. 5. Acordo substitutivo. I. Título.

CDD: 350
CDU: 35 |

Ficha catalográfica elaborada por Lissandra Ruas Lima – CRB/6 – 2851

Informação bibliográfica deste livro, conforme a NBR 6023:2018 da Associação Brasileira de Normas Técnicas (ABNT):

AVELAR, Daniel Martins e. *Poder disciplinar*: entre a sanção e o consenso. Belo Horizonte: Fórum, 2025. 190p. ISBN 978-65-5518-875-2.

AGRADECIMENTOS

Agradeço ao meu orientador, Professor Eurico Bitencourt Neto, pelas cirúrgicas ponderações e por me apoiar na defesa dos pontos mais controversos da obra. Aos demais professores da UFMG, em especial ao Professor Luciano Ferraz, pela mentoria e amizade de muitos anos; à Professora Maria Tereza Fonseca Dias, pelo exemplo de dedicação à pesquisa e à ciência do Direito; e à Professora Cristiana Fortini, pela experiência do estágio de docência, essencial para o meu amadurecimento acadêmico. Ao Professor Gustavo Binenbojm, pelas considerações na banca examinadora de Mestrado, que muito contribuíram para o aprimoramento do trabalho. Aos colegas de PBH, na pessoa do chefe e amigo Professor Leonardo Ferraz, que é corresponsável pelo nascimento do projeto. Aos colegas de escritório, na pessoa da amiga Stephanny, responsável pelo trabalho invisível que organiza e possibilita o trabalho de todos os demais. Aos colegas de PPGD/UFMG, especialmente àqueles que viraram grandes amigos e confidentes: Aristhéa, Bruno, Fernanda, Isabella e Marcela. Aos amigos Lázaro, Mariana e Laís, pelo incentivo ao ingresso na vida acadêmica. À minha família, pai, mãe e irmã, pelo apoio sem julgamentos e pela celebração das pequenas vitórias. À minha afilhada Ana Lívia, pela alegria que me trouxe no momento mais crítico da pesquisa. À Nath, com amor, pela presença e pelo amparo em todos os momentos da caminhada.

Não é necessário existir Deus para criar a culpabilidade, nem para castigar. Para isso, bastam os nossos semelhantes, ajudados por nós mesmos. O senhor me falava do Juízo Final. Permita-me rir disso respeitosamente. Posso esperá-lo com tranquilidade: conheci o que há de pior, que é o julgamento dos homens.

(Albert Camus, *A Queda*)

SUMÁRIO

PREFÁCIO
Eurico Bitencourt Neto.. 11

INTRODUÇÃO TEÓRICO-METODOLÓGICA.. 13

CAPÍTULO 1
EVOLUÇÃO DO DIREITO ADMINISTRATIVO: DA EXCLUSIVIDADE DA AÇÃO IMPERATIVA À NORMALIDADE DA AÇÃO CONSENSUAL.. 19
1.1 Gênese imperativa do Direito Administrativo de matriz francesa.. 22
1.2 A Administração Pública imperativa nas Constituições brasileiras do período pré-1988.. 34
1.3 O paradigma da Administração Pública consensual na Constituição da República de 1988.................................... 40

CAPÍTULO 2
PODER DISCIPLINAR... 49
2.1 A superação da teoria da relação de sujeição especial.......... 51
2.2 Exercício do poder disciplinar: normalidade da ação consensual e alternância com a ação imperativa................. 57
2.3 Consensualidade, reserva de lei e autorização genérica de acordos na Administração Pública...................................... 63
2.4 Conformação normativa das hipóteses de solução consensual em matéria disciplinar.. 72

CAPÍTULO 3
EXERCÍCIO IMPERATIVO DO PODER DISCIPLINAR........................... 83
3.1 Sanção administrativa e sanção penal.................................. 83
3.2 Sanção disciplinar: fundamento, finalidades e regime jurídico.. 89
3.3 Sanções disciplinares em espécie... 91
3.4 Princípio da culpabilidade e responsabilidade disciplinar subjetiva.. 96

3.5	Imperatividade e devido processo legal	100
3.6	O ato unilateral de imposição de sanção: necessária ponderação de interesses e critérios	104

CAPÍTULO 4
EXERCÍCIO CONSENSUAL DO PODER DISCIPLINAR 111

4.1	Acordos substitutivos	112
4.2	Ajustamento de conduta	116
4.3	Confissão (*plea bargaining* disciplinar)	121
4.4	Colaboração premiada	130
4.5	Ressarcimento ao erário	134

CAPÍTULO 5
CONSENSUALIDADE E DEVIDO PROCESSO LEGAL 137

5.1	Devido processo administrativo de negociação	148
5.2	A mediação e os conflitos interpessoais na Administração Pública	154
5.3	Acordos substitutivos de adesão: hipótese excepcional	159

CONCLUSÕES 165

REFERÊNCIAS 171

PREFÁCIO

"Poder disciplinar: entre a sanção e o consenso" é o livro de Daniel Martins e Avelar que decorre de sua dissertação de mestrado na Faculdade de Direito da UFMG, sob minha orientação.

O trabalho percorre a evolução do Direito Administrativo e, especialmente, do poder disciplinar, de uma configuração inicial impositiva, em que a unilateralidade era condição indispensável do exercício do poder de autoridade, para a paulatina aceitação da atuação consensual como modo normal de exercício da disciplina administrativa.

A partir do estabelecimento das bases conceituais para a admissão do exercício consensual do poder disciplinar, o texto analisa o exercício consensual do poder disciplinar no Brasil, em um esforço dogmático sistematizador, que permite identificar as semelhanças e distinções dos diversos instrumentos instituídos pelo legislador infraconstitucional.

É importante sublinhar que relevantes tópicos da evolução recente do Direito Administrativo, observados inicialmente na experiência europeia, não raras vezes tem levado algum tempo para se consolidar no Brasil. É o caso do reconhecimento da possibilidade do exercício consensual ou contratualizado do poder de autoridade, rompendo o dogma anticontratualista do Direito Administrativo liberal. Desde a admissão, na Lei Federal de Procedimento Administrativo alemã, de 1976, do uso do contrato de Direito Público em alternativa ao ato administrativo, sempre que uma norma jurídica não prescreva o contrário (art. 54º), a contratualização do poder de autoridade se ampliou e se desenvolveu nos diversos sistemas jurídicos nacionais europeus nos últimos anos do século XX.

No Brasil, embora o direito positivo já preveja instrumentos de contratualização do poder de autoridade há algum tempo, vide o exemplo do termo de ajustamento de conduta previsto na lei da ação civil pública, só mais recentemente se tem admitido que o consenso não é incompatível com exercício da autoridade administrativa e, mais do que isso, que o consenso é um modo normal de tal exercício.

Daniel Avelar, a par de defender sem constrangimentos a adequação desse novo Direito Administrativo, a partir da admissão da normalidade da ação consensual no exercício do poder disciplinar, avança para mais um campo de suma relevância da evolução recente do Direito Administrativo, ainda subestimado no Brasil: a centralidade do processo administrativo, mesmo nos modos de atuação administrativa que não envolvam relação adversativa ou a possibilidade de aplicação de sanção.

Nesse sentido, o último capítulo destaca a necessidade de um devido processo administrativo de negociação, afirmando um dever de procedimentalização administrativa ainda que não haja atuação sancionatória. Nesse campo, é preciso fazer a correta caracterização do direito ao contraditório e a à ampla defesa como uma das formas de participação, não encerrando o dever de instauração de processo administrativo às hipóteses em que se reconhece o direito ao contraditório. Toda atuação relacional da Administração Pública pressupõe processo administrativo, seja pela existência de direitos de participação para além do contraditório, seja pela vinculação administrativa a deveres objetivos, como, por exemplo, o da imparcialidade. A dimensão procedimental/processual das decisões administrativas é exigência inafastável do regime constitucional do Direito Administrativo contemporâneo.

Em síntese, a presente contribuição de Daniel Avelar ao tema do poder disciplinar, sanção e consenso constitui-se em trabalho de alto nível acadêmico e inegável relevância prática. Espera-se que o livro tenha a acolhida que merece na comunidade jurídica brasileira.

Belo Horizonte, agosto de 2024.

Eurico Bitencourt Neto
Professor dos Cursos de Graduação e Pós-Graduação (Especialização, Mestrado e Doutorado) da Faculdade de Direito da UFMG.

INTRODUÇÃO TEÓRICO-METODOLÓGICA

O Direito Administrativo clássico de matriz francesa, gestado sob o paradigma do Estado liberal, uniclasse e burocrático, foi estruturado a partir das ideias de unilateralidade, imperatividade e coerção, com foco na figura isolada do ato administrativo. Mas, nas últimas décadas, suas bases teóricas têm sido revisitadas e paulatinamente adaptadas ao paradigma do Estado Democrático de Direito, pluriclasse e gerencial, tendo como eixos centrais da mudança a consensualidade e a participação.

Em determinadas searas da Administração Pública, porém, a atuação unilateral e imperativa é tida, ainda hoje, como regra; enquanto a atuação coordenada e consensual como exceção. Esse é o caso do poder disciplinar exercido em face dos servidores públicos, o qual é comumente ligado aos conceitos de hierarquia, subordinação vertical e relação de sujeição especial.

Exatamente por se ligar, nessa visão clássica, a uma suposta relação jurídica vertical não sinalagmática entre servidor e Administração Pública, é que a legislação dos mais diversos entes federativos, em regra, prevê o exercício do poder disciplinar de forma exclusivamente imperativa, com a imposição unilateral de sanções pela autoridade competente, mesmo que isso se dê após a realização de processo administrativo em contraditório. Alude-se, por todas, nesse sentido, à Lei Federal nº 8.112/90, o Estatuto dos Servidores Públicos Federais.

Sem embargo, já há algum tempo, a doutrina administrativista tem sustentado a constitucionalidade e a adequação do exercício do poder disciplinar de forma consensual.[1] Sob essa inspiração, diversos

---

[1] FERRAZ, Luciano. Controle consensual da administração pública e suspensão do processo administrativo disciplinar (SUSPAD): a experiência do município de Belo Horizonte. *Interesse Público*, Belo Horizonte, v. 9, n. 44, p. 15-26, jul./ago. 2007.

entes federativos, de forma ainda esparsa e pontual, têm instituído, nas últimas décadas, instrumentos de exercício consensual do poder disciplinar, tais como suspensão condicional do processo disciplinar (SUSPAD) e termos de ajustamento de conduta (TAC e TAD).

Mais recentemente, a Lei nº 13.655/18 acrescentou o art. 26 à Lei de Introdução às Normas do Direito Brasileiro (LINDB), contendo cláusula permissiva genérica de celebração de "compromissos" na Administração Pública, "para eliminar irregularidade, incerteza jurídica ou situação contenciosa na aplicação do direito público". O inciso II do §1º do dispositivo autorizaria a "transação quanto a sanções e créditos relativos ao passado", mas veio a ser vetado pelo Presidente da República.

Assim, o tema-problema inicial da presente pesquisa perpassa a própria juridicidade das soluções consensuais em matéria disciplinar no ordenamento jurídico pátrio, notadamente nas hipóteses de efetiva transação da sanção. O enfrentamento desse problema traz em si a necessidade de avaliar e categorizar as soluções consensuais já instituídas no país, bem como aquelas ainda em estágio inicial de aplicação, a fim de verificar a conformidade e as particularidades de cada qual.

Também não podem ser ignoradas as críticas à utilização de acordos em matéria punitiva como forma de relativização do direito fundamental ao devido processo legal. O tema-problema, assim, abarca o processo adequado para que o acordo substitutivo, em matéria disciplinar, não seja desvirtuado e transformado em mais uma espécie de ato imperativo e isolado do órgão de acusação, praticado não como forma de atingimento do consenso, mas de compelir o servidor a aceitar as cláusulas previamente elaboradas.

Tendo em vista a autonomia político-administrativa garantida aos entes federativos pela Constituição da República (artigos 1º, 18, 25 e 29), inclusive na definição dos respectivos regimes jurídicos funcionais (art. 39, *caput*), será possível, ao final, propor alterações legislativas e/ou procedimentais no sistema disciplinar dos diversos órgãos e entidades públicas do país.

Em suma, o objeto do presente trabalho é pesquisar a consensualidade administrativa em matéria disciplinar no ordenamento jurídico brasileiro (trabalho de cunho teórico). O objetivo geral é analisar a juridicidade do exercício do poder disciplinar pela Administração Pública de forma consensual (celebração de acordos substitutivos), para além e sem exclusão da forma imperativa típica (aplicação unilateral de sanção disciplinar).

Utiliza-se como marco teórico da pesquisa a obra de Eberhard Schmidt-Assman, ("A teoria geral do direito administrativo como sistema: objeto e fundamentos da construção sistemática"),[2] mais precisamente na parte em que trata do "Estado consensual" e da "normalidade da ação consensual".[3]

Segundo o autor, a Administração Pública não está submetida a um princípio de primazia da decisão unilateral sobre o acordo, pois a consensualidade e a imperatividade são, *a priori*, opções igualmente válidas e legítimas, de mesma estatura jurídica no plano constitucional.[4] Trasladando-se essa concepção para a esfera disciplinar, tem-se a base teórica para se sustentar a juridicidade da utilização dos acordos substitutivos, nas hipóteses cabíveis, de forma complementar e não excludentes às hipóteses típicas de aplicação unilateral de sanção.

A hipótese que se apresenta é: os acordos substitutivos são admitidos no ordenamento jurídico brasileiro, em substituição ao ato de imposição unilateral de sanção disciplinar, desde que precedidos do devido processo e sem prejuízo da atuação complementar imperativa pela Administração Pública nas hipóteses cabíveis.

Entende-se que a Administração Pública possui poder disciplinar em face de todas as espécies de agentes públicos (servidores, empregados, temporários, agentes políticos e particulares em colaboração com o Poder Público, conforme classificação de Maria Sylvia Zanella Di Pietro).[5] Cada espécie, porém, possui o seu próprio regime jurídico. Assim, por razões de recorte temático, o presente trabalho trata do poder disciplinar exercido em face dos servidores públicos em sentido estrito,

---

[2] SCHMIDT-ASSMAN, Eberhard. *La teoría general del derecho administrativo como sistema*: objeto y fundamentos de la construcción sistemática. Madrid: INAP-Marçal Pons, 2003.

[3] Na obra traduzida em espanhol, utilizada como fonte de consulta da presente pesquisa, as expressões do tradutor são "Estado cooperativo" e "normalidade da ação cooperativa", mas o conteúdo do texto relaciona-se àquilo que a doutrina brasileira denomina consensualidade. Conforme o próprio autor esclarece em nota de rodapé, o "Estado cooperativo" refere-se a "um processo para a tomada de decisões baseada em consenso e negociação ou, em termos ainda mais amplos, em uma forma de administração pública cujas decisões (bem como a preparação e posterior execução destas) são fruto de deliberação e negociação no marco de um contexto mais ou menos estável de relações entre as autoridades públicas e o setor privado". (SCHMIDT-ASSMAN, Eberhard. *La teoría general del derecho administrativo como sistema*: objeto y fundamentos de la construcción sistemática. Madrid: INAP-Marçal Pons, 2003. p. 36, tradução livre).

[4] SCHMIDT-ASSMAN, Eberhard. *La teoría general del derecho administrativo como sistema*: objeto y fundamentos de la construcción sistemática. Madrid: INAP-Marçal Pons, 2003. p. 39-40.

[5] DI PIETRO, Maria Sylvia Zanella; MOTTA, Fabrício; FERRAZ, Luciano Araújo de. *Servidores públicos na Constituição de 1988*. São Paulo: Atlas, 2014. p. 1-10.

abarcando apenas os agentes ocupantes de cargos públicos, sujeitos ao regime jurídico estatutário.

A pesquisa desenvolve-se a partir da vertente metodológica dogmática-jurídica e do tipo metodológico jurídico-compreensivo, em seis capítulos, incluída a conclusão.

No primeiro capítulo, expõe-se a evolução do Direito Administrativo de matriz francesa, adotado, com adaptações, no Brasil. O objetivo específico é demonstrar que, originariamente, o modelo de atuação da Administração Pública era exclusivamente imperativo, com foco na figura do ato administrativo unilateral. Mas, em dias atuais, em virtude de processo evolutivo do Estado e da Administração Pública, a consensualidade afigura-se modelo normal de ação, com a mesma estatura jurídica da imperatividade.

Em seguida, analisa-se a matriz do Direito Administrativo e o perfil da Administração Pública nas Constituições brasileiras de 1822, 1891, 1934, 1937, 1946, 1967 e 1988. O objetivo específico é demonstrar que, em todo o período pré-1988, a Administração Pública brasileira esteve, em maior ou menor medida, presa ao modelo liberal, com foco de atuação na imperatividade e no exercício de poderes por meio de ato administrativo unilateral.

Na sequência, analisam-se as bases do Direito Administrativo no Estado Democrático de Direito instituído pela Constituição da República de 1988, a partir dos princípios democrático e da eficiência e das noções de dialogicidade, contratualização, participação administrativa e governança pública. O objetivo específico é apresentar a Constituição de 1988 como marco da consensualidade administrativa no Brasil, a dar fundamento aos diversos tipos de soluções consensuais, inclusive aos acordos substitutivos em matéria disciplinar.

No segundo capítulo, analisam-se o conceito, o fundamento e as formas de exercício do poder disciplinar da Administração Pública. O objetivo específico é demonstrar que, originariamente, a disciplina dos servidores era entendida a partir da relação de sujeição especial, o que acabava por criar uma relação jurídica exclusivamente vertical e desigual entre servidor e Administração Pública, resolvida, sempre, a partir da unilateralidade e imperatividade (aplicação unilateral de sanção disciplinar).

Depois, questiona-se a permanência e a compatibilidade dessas relações de sujeição especial com a atual ordem constitucional. O objetivo específico é demonstrar que as relações jurídicas entre servidor e

Administração Pública possuem regime jurídico especial, mas não de especial sujeição. O fundamento para instituição desse regime especial, como, de resto, de qualquer regime especial de direito público, é a satisfação dos interesses públicos, o que pode se dar de maneira imperativa ou consensual.

Ato contínuo, apresentam-se as duas formas normais de exercício do poder disciplinar na Administração Pública brasileira: imperativa (aplicação unilateral de sanção disciplinar) e consensual (celebração de acordos substitutivos). O objetivo específico é demonstrar que ambas as formas são compatíveis com a Constituição da República de 1988, bem como estabelecer os critérios e limites para a eleição de uma ou outra no caso concreto, de acordo com a conformação normativa aplicável.

O terceiro capítulo trata do exercício imperativo do poder disciplinar, mediante a imposição unilateral de sanção (modelo clássico). O objetivo específico é analisar os elementos fundamentais da sanção disciplinar e apresentar o processo administrativo estruturado em contraditório (adversarial) como requisito essencial (inafastável) para apuração de culpabilidade do servidor e validação do ato de imposição unilateral de sanção disciplinar.

Mais adiante, analisam-se os requisitos de validade do ato unilateral de imposição de sanção, a partir da teoria da ponderação de critérios e interesses e em contraposição à Súmula 650 do Superior Tribunal de Justiça. O objetivo específico é demonstrar que o interesse público perseguido em matéria disciplinar não é único, nem pressuposto, e somente pode ser atingido mediante a análise adequada do caso concreto, sem a desconsideração dos interesses privados envolvidos.

O quarto capítulo trata do exercício do poder disciplinar de forma consensual, por meio da celebração de acordos substitutivos do ato de imposição unilateral de sanção.

Os objetivos específicos são: analisar o conceito, a natureza e a finalidade dos acordos substitutivos e categorizá-los de acordo com o seu conteúdo material em: acordo de ajustamento de conduta; acordo de colaboração premiada; acordo de confissão ou *plea bargaining* disciplinar; e acordo de ressarcimento ao erário.

O quinto capítulo trata do devido processo legal para celebração dos acordos substitutivos. O objetivo específico é interpretar o princípio do devido processo legal (artigo 5º, incisos LIV e LV, da Constituição da República de 1988) de forma ampliada, para além dos processos de natureza adversarial, abarcando também os processos colaborativos de negociação. Abordam-se, nesse capítulo, os conceitos de negociação, mediação e acordo substitutivo de adesão.

Os capítulos 1 e 4 e tópicos dos capítulos 2 e 3 foram baseados em artigos e capítulos de livro publicados, inclusive em coautoria, durante a pesquisa.[6]

O capítulo final apresenta as conclusões parciais extraídas dos capítulos anteriores e a conclusão definitiva sobre a validade da hipótese inicialmente apresentada.

---

[6] (i) AVELAR, Daniel Martins e. Consenso, procedimento e ponderação: por uma aplicação racional do regime jurídico disciplinar dos servidores públicos. *Revista do Tribunal de Contas do Estado de Minas Gerais*, v. 41, 2023. (ii) AVELAR, Daniel Martins e. Administração pública concertada e solução consensual de conflitos disciplinares. *In*: ORSINI, Adriana Goulart de Sena; SOUZA, Cibele Aimée de; FREITAS, Wilson de (Coord.). *Acesso à justiça pela via dos direitos em perspectiva*. São Paulo: Dialética, 2023. (iii) AVELAR, Daniel Martins e; FERRAZ, Leonardo de Araújo. Apontamentos sobre a consensualidade administrativa na Constituição da República de 1988. *In*: FACHIN, Luiz Edson; BARROSO, Luís Roberto; CRUZ, Álvaro Ricardo de Souza (Org.). *A constituição da democracia em seus 35 anos*. Belo Horizonte: Fórum, 2023. (iv) AVELAR, Daniel Martins e; FORTINI, Cristiana. Sanções administrativas na Lei nº 13.303/16: análise comparativa e alternativa à luz dos princípios do direito administrativo sancionador. *In*: SADDY, André; SOUZA, Diogo Alves Verri Garcia de; SOUZA, Pablo Ademir de (Coord.). *Coleção de direito administrativo sancionador*: direito administrativo sancionador nas Estatais. Rio de Janeiro: CEEJ, 2023. v. 5.

CAPÍTULO 1

EVOLUÇÃO DO DIREITO ADMINISTRATIVO: DA EXCLUSIVIDADE DA AÇÃO IMPERATIVA À NORMALIDADE DA AÇÃO CONSENSUAL

Compreender a consensualidade administrativa como avanço e conquista pressupõe reconstituir as especificidades da gênese da Administração Pública no Brasil (e do seu consorte Direito Administrativo) para além dos manuais de graduação. Costumeiramente, ensina-se, nas Universidades, que o Direito Administrativo, sobretudo de inspiração francesa, teria nascido como corolário do Estado de Direito, tendo por finalidade precípua proteger o cidadão das potestades públicas, com base nas ideias iluministas.[7] Essa assertiva, porém, tem sido, cada vez mais confrontada nas doutrinas nacional e estrangeira, em que se aponta a origem autoritária desse ramo do Direito, mais vocacionado a preservar

---

[7] Nesse sentido, José Maria Pinheiro Madeira afirma: "[...] com o poder concentrado [no Estado Absolutista], desenvolveu-se a tirania, que surgiu porque, no governante se concentravam todas as funções do Estado, com o fundamento de garantir a segurança e a paz. [...] Com a evolução da sociedade, o povo passaria a não suportar este estado de coisas, o que culminou com a Revolução Francesa, em 1789, na busca do resgate efetivo da liberdade, igualdade e fraternidade. A posição de Rousseau, com *O Contrato Social*, acrescentou à teoria de Hobbes que os direitos individuais do homem, sendo fundamentais, jamais poderiam ser presos a esse governante concentrado. Daí surge a Revolução Francesa, reestruturando por meio das ideias liberais o Estado". (MADEIRA, José Maria Pinheiro. *Administração Pública*. 11. ed. Rio de Janeiro: Elsevier, 2010. t. 2, p. 1). Afirmações parecidas são feitas em relação ao constitucionalismo, como se vê: "O constitucionalismo moderno sustenta a limitação jurídica do poder do Estado em favor da liberdade individual. Ele surgiu na Modernidade, como forma de superação do Estado Absolutista, em que os monarcas não estavam sujeitos ao Direito – eram *legibus solutos*. Alguns desenvolvimentos históricos foram essenciais para o surgimento do constitucionalismo moderno, como a ascensão da burguesia como classe hegemônica; o fim da unidade religiosa na Europa, com a Reforma Protestante; e a cristalização de concepções de mundo racionalistas e antropocêntricas, legadas pelo Iluminismo". (SOUZA NETO, Cláudio Pereira de; SARMENTO, Daniel. *Direito Constitucional*. 2. ed. Belo Horizonte: Fórum, 2014. p. 72).

as potestades públicas herdadas do *Ancièn Régime* (Antigo Regime) do que propriamente contê-las e limitá-las em benefício do cidadão.

Pesquisas realizadas sobre a origem do Direito Administrativo de matriz francesa têm revelado o caráter autoritário da Administração Pública liberal, modelada, no período pós-Revolução, a partir das decisões do Conselho de Estado – órgão de origem longínqua então encarregado de exercer a função de contencioso administrativo.[8] Nesse contexto histórico, o ato administrativo, de caráter imperativo e unilateral, emerge como conceito central do ramo do Direito que estava por nascer. Pelo menos no plano da atividade administrativa do Estado Liberal, a completa cisão entre o corpo estatal e o cidadão – inobstante o fascínio iluminista com a tutela do indivíduo haurida da Declaração de Direitos do Homem e do Cidadão – paradoxalmente milita em favor da manutenção das particularidades e adversidades do regime sobrepujado.

Trasladar essas premissas para o Brasil ganha contornos de complexidade, tendo em vista a ausência, aqui, de um sólido legado acerca do modelo de Estado e, consequentemente, de Administração Pública, no período anterior à chegada da família real portuguesa no início do século XIX.[9] Não obstante, essa institucionalização tardia trouxe, após a Independência de 1822 e a Constituição de 1824, a emergência de uma singular configuração que conferia ao Imperador, por meio do Poder Moderador, a centralidade e a última palavra na gestão administrativa. Isso acabou por obstar a gênese de uma Administração Pública genuinamente brasileira dos interesses do cidadão, aproximando-a do seu referencial francês, no qual prevaleciam a unilateralidade e a imperatividade.

A passagem do Império para a República não mitigou essa perspectiva. Isso se observa, guardadas as especificidades de cada período histórico, nas Constituições de 1891, 1934, 1937, 1946 e 1967, seja pelas lacunosas disposições acerca da organização administrativa ou pelo estabelecimento de disposições que materializavam o viés de confirmação da imperatividade. Com efeito, no período anterior à Constituição

---

[8] Por exemplo: SILVA, Vasco Manuel Pascoal Dias Pereira. *Em busca do acto administrativo perdido*. Coimbra, Portugal: Livraria Almedina, 2003; MOREIRA NETO, Diogo de Figueiredo. *Mutações do direito administrativo*. Rio de Janeiro: Renovar, 2000; BINENBOJM, Gustavo. *Uma teoria do Direito Administrativo*: direitos fundamentais, democracia e constitucionalização. Rio de Janeiro: Renovar, 2006.

[9] LIMA, Martônio Mont'Alverne Barreto Lima; SILVA FILHO, Edson Alves. O pensamento constitucional do período imperial e a formação da Administração Pública no Brasil. *Revista de Pós-Graduação em Direito da UFBA*, v. 30, n. 02, p. 79-96, jul./dez. 2020.

de 1988, o "direito administrativo brasileiro tinha no autoritarismo seu principal traço característico. Com poucas exceções e críticas, a matéria era dominada por uma visão organicista que sobrepujava o Estado em detrimento do cidadão".[10]

Em suma, no período pré-1988, a Administração Pública brasileira não conseguiu se desvencilhar verdadeiramente da imperatividade clássica, mantendo problemático antagonismo em face dos particulares. Essa análise crítica e realista do passado não impede, porém, de se reconhecer a evolução, ainda que inconclusa, do Direito Administrativo pátrio, que caminha, nas últimas décadas, ao encontro da consensualidade, passando pela ressignificação e transformação do papel do Estado.

Por razões básicas de hierarquia das normas, o fundamento da ação administrativa deve ser buscado, sempre e, a princípio, na própria Constituição. O modelo de Administração Pública (imperativo ou consensual) relaciona-se intimamente ao modelo de Estado conformado na Lei Maior (democrático de direito ou autoritário; liberal ou social; prestacional ou de garantia; de providência ou regulador). Sem embargo, conforme alerta José Manuel Sérvulo Correia, "durante longos períodos através do século XX, o direito administrativo foi teorizado e aplicado quase sem interação com o direito constitucional".[11] Tal panorama somente veio a se alterar na segunda metade do Século XX, com a promulgação de Constituições com forte conotação axiológica (na Itália, Alemanha, Portugal, Grécia, Espanha, Brasil). Com efeito,

> Essas constituições enunciam direitos fundamentais dos cidadãos perante a atividade e organização administrativas, elencam tarefas administrativas nos mais diversos planos da vida social, desenham linhas básicas da estrutura organizatória (compreendendo os direitos de autonomia das comunidades territoriais infraestaduais), estabelecem garantias no procedimento e no processo administrativo. A constitucionalização age como fator de transparência, racionalidade e coerência do direito administrativo enquanto sistema normativo. E, a esse propósito, o papel eminentemente determinante cabe a

---

[10] BAPTISTA, Patrícia; ACCIOLY, João Pedro. A administração pública na Constituição de 1988. Trinta anos depois: disputas, derrotas e conquistas. *Revista de Direito Administrativo*, Rio de Janeiro, v. 277, n. 2, p. 45-74, mai./ago. 2018.

[11] CORREIA, José Manuel Sérvulo. Os grandes traços do direito administrativo no século XXI. *A&C - Revista de Direito Administrativo & Constitucional*, Belo Horizonte, a. 16, n. 63, p. 45-66, jan./mar. 2016.

princípios fundamentais, fundamentalidade essa que deriva da sua sede constitucional. Nas últimas décadas, as leis fundamentais surgidas no arco "euro-atlântico de Estados constitucionais" caracterizam-se pelo pendor marcadamente principialista. E o filtro administrativista permite destacar, dessa complexa rede de valores, bens constitucionais e princípios, aqueles que, por seu turno, constituem hoje a ossatura do direito administrativo. É, desde logo, o caso dos princípios estruturantes da atividade administrativa: a legalidade ou a juridicidade, a prossecução do interesse público, a igualdade ou a isonomia, a imparcialidade ou a impessoalidade, a boa-fé e a publicidade. Como seria natural em face da multiplicidade dos princípios da "Constituição Administrativa", nota-se a tendência para englobar diversos de entre eles, revestidos de maior afinidade, em superprincípios, encarados como resposta sincrética a necessidades de reforma e propostas de mudança. Não se trata de princípios hierarquicamente superiores a outros, mas, antes, de asserções axiológicas suscetíveis de decomposição em diversas outras que, correspondendo à mesma ideia retora, as direcionam sobre diferentes situações típicas da atividade administrativa. É o caso do princípio da boa administração, ainda hoje em diferentes estágios de sedimentação consoante às ordens jurídicas.[12]

Realmente, no Brasil, a Constituição da República de 1988, diferentemente das anteriores, instituiu verdadeiro estatuto administrativo de índole constitucional, com princípios e regras próprias, focadas no cidadão e nas ideias de consensualidade e colaboração entre Poder Público e sociedade. Não por acaso, no período pós-1988, houve sensível evolução legislativa, doutrinária e jurisprudencial a respeito da consensualidade administrativa, conforme se verá.

1.1 Gênese imperativa do Direito Administrativo de matriz francesa

O ponto de partida para a contextualização histórica do Direito Administrativo no Ocidente são as revoluções liberais burguesas, que romperam com os regimes absolutistas e deram gênese aos Estados Liberais na Europa. Na Inglaterra e na França, a supressão do Estado absoluto e a emergência do Estado de Direito ocorreram como

---

[12] CORREIA, José Manuel Sérvulo. Os grandes traços do direito administrativo no século XXI. *A&C - Revista de Direito Administrativo & Constitucional*, Belo Horizonte, a. 16, n. 63, p. 45-66, jan./mar. 2016.

desdobramentos da Revolução Gloriosa (1688) e da Revolução Francesa (1789), respectivamente. A partir daí, o Estado de Direito passou a ser a pedra angular de todo o Ocidente democrático. Essa diversidade de origens históricas refletiu-se na dualidade de formas de concreção do Estado de Direito: na Inglaterra, a Administração se submeteu à lei privada, diferentemente do que ocorreu na França, onde a Administração se encontrou submetida a um direito com características próprias (regime jurídico administrativo). Pelas peculiaridades de cada uma dessas nações e a diferença de trajetória histórica que seguiram ao longo do Século XIX, o sistema inglês reduziu seu âmbito de aplicação ao país em que nasceu e àqueles outros falantes da língua inglesa, enquanto o sistema francês terminou por se implantar em toda a Europa Continental.[13]

Não se pode negar que as revoluções liberais deixaram importante legado para as instituições públicas da sociedade moderna, especialmente no âmbito dos Poderes Legislativo e Judiciário. O primeiro, por influência dos valores desenvolvidos na Inglaterra, "seguiu uma linha coerente de crescente harmonização entre os padrões de ação estabelecidos pelo Estado", por um lado, "e as liberdades e direitos inerentes à sociedade", por outro.[14] Já o segundo aperfeiçoou-se como a "mais preciosa das instituições liberais, referência de todas as demais e pedra fundamental do Estado de Direito".[15] Todavia, e infelizmente, o Poder Executivo "não apresentou qualquer destaque significativo nessa mesma linha de efetiva absorção dos princípios liberais".[16] Bem diferente disso, a Administração Pública foi estruturada, no Estado Liberal, com base em princípios de autoridade, tais como poder de império, atuação discricionária, exclusão do administrado na formação do processo decisório, executoriedade e autotutela,[17] tudo isso com foco na figura isolada do ato administrativo, que emerge, então, como conceito central do Direito Administrativo.

---

[13] CUESTA, Rafael Entrena. *Curso de Derecho Administrativo*: volumen 1. Concepto, fuentes, relación jurídico-administrativa y justicia administrativa. 11. ed. Madrid: Editorial Tecnos, 1995. p. 50-51.

[14] MOREIRA NETO, Diogo de Figueiredo. *Mutações do direito administrativo*. Rio de Janeiro: Renovar, 2000. p. 9.

[15] MOREIRA NETO, Diogo de Figueiredo. *Mutações do direito administrativo*. Rio de Janeiro: Renovar, 2000. p. 9.

[16] MOREIRA NETO, Diogo de Figueiredo. *Mutações do direito administrativo*. Rio de Janeiro: Renovar, 2000. p. 9.

[17] MOREIRA NETO, Diogo de Figueiredo. *Mutações do direito administrativo*. Rio de Janeiro: Renovar, 2000. p. 9.

No cenário pós-revolução da França, a ideologia do estado mínimo, que fora o motor dos movimentos liberais, acaba por se associar ao entendimento da Administração Pública como realidade agressiva e autoritária em face dos particulares.[18] Daí que a sua atuação vem a se modelar em torno do ato administrativo, de caráter imperativo, como "modo normal", "praticamente exclusivo" de atuação, entendido "como uma manifestação autoritária do poder estadual relativamente a um particular determinado".[19] Tal visão nasce e consolida-se no âmbito do contencioso administrativo francês, materializado no Conselho de Estado, "uma espécie de berço, no qual germinou e se desenvolveu a noção de decisão jurídico-pública".[20]

O Conselho de Estado, a bem da verdade, possui origens longínquas, tendo surgido "em fins da Idade Média sob a denominação de Conselho do Rei" e "após breve eclipse ao tempo da Revolução Francesa, foi restabelecido em 1800 por Napoleão, em sua forma moderna", "para, a seguir, varar todos os regimes: monarquias constitucionais, impérios e repúblicas, até os nossos dias".[21] "Criado muito antes de Montesquieu e da Declaração dos Direitos do Homem e do Cidadão, em 1789, o Conselho de Estado sempre ignorou e continua a ignorar a separação dos poderes, colaborando (simultaneamente) com o Legislativo, o Executivo e o Judiciário".[22] Isso, em grande medida, ajuda a explicar algumas das características paradoxais do órgão e, consequentemente, do Direito Administrativo de matriz francesa.

Com efeito, o contencioso administrativo, em sua concepção original, foi fruto da "combinação de novas ideias liberais com velhas receitas do Antigo Regime"[23] e representou, em certa medida, a "conti-

---

[18] SILVA, Vasco Manuel Pascoal Dias Pereira. *Em busca do acto administrativo perdido*. Coimbra, Portugal: Livraria Almedina, 2003. p. 61-62.

[19] SILVA, Vasco Manuel Pascoal Dias Pereira. *Em busca do acto administrativo perdido*. Coimbra, Portugal: Livraria Almedina, 2003. p. 40.

[20] SILVA, Vasco Manuel Pascoal Dias Pereira. *Em busca do acto administrativo perdido*. Coimbra, Portugal: Livraria Almedina, 2003. p. 11.

[21] GAZIER, François. A experiência do Conselho de Estado francês. *Revista Do Serviço Público*, a. 41, v. 112, n. 2, p. 63-67, 2017. Disponível em: http://seer.enap.gov.br/index.php/RSP/index. Acesso em 7 fev. 2024.

[22] GAZIER, François. A experiência do Conselho de Estado francês. *Revista Do Serviço Público*, a. 41, v. 112, n. 2, p. 63-67, 2017. Disponível em: http://seer.enap.gov.br/index.php/RSP/index. Acesso em 7 fev. 2024.

[23] SILVA, Vasco Manuel Pascoal Dias Pereira. *Em busca do acto administrativo perdido*. Coimbra, Portugal: Livraria Almedina, 2003. p. 13.

nuidade entre as instituições do Estado absoluto e do Estado liberal".[24] A própria teorização desse modelo de Estado apresentava uma "costela autoritária" ao lado de "uma costela liberal", que resultou em um "compromisso entre princípios liberais, ao nível da organização do poder político, e princípios autoritários, ao nível do funcionamento e controle da Administração".[25] Os revolucionários, conscientes da experiência anterior, "receavam que o controle da atuação da Administração pelos tribunais ordinários pudesse pôr em causa a 'nova ordem' estabelecida, criando desnecessários entraves à atuação das autoridades administrativas".[26]

Dessa forma, a criação do contencioso administrativo espelha "a tendência, tipicamente francesa, da concentração e centralização do poder político, que surge ligada à ideia de independência (e primazia) da Administração perante o poder judicial".[27] O modelo revela-se, assim, não propriamente uma invenção liberal, determinada pelo princípio da separação de poderes, mas uma herança do Antigo Regime.[28] Conforme afirma Gustavo Binenbojm, a "criação de um direito especial da Administração Pública resultou não da vontade geral, expressa pelo legislativo, mas de decisão vinculativa do próprio Executivo, uma vez que é insuspeita a postura insubmissa do Conselho de Estado Francês perante o parlamento".[29]

O Direito Administrativo, criado e modelado pelo próprio contencioso administrativo, tem por objetivo inicial assegurar a primazia e os privilégios especiais da Administração[30] e não propriamente proteger

---

[24] SILVA, Vasco Manuel Pascoal Dias Pereira. *Em busca do acto administrativo perdido*. Coimbra, Portugal: Livraria Almedina, 2003. p. 28.

[25] SILVA, Vasco Manuel Pascoal Dias Pereira. *Em busca do acto administrativo perdido*. Coimbra, Portugal: Livraria Almedina, 2003. p. 16.

[26] SILVA, Vasco Manuel Pascoal Dias Pereira. *Em busca do acto administrativo perdido*. Coimbra, Portugal: Livraria Almedina, 2003. p. 23.

[27] SILVA, Vasco Manuel Pascoal Dias Pereira. *Em busca do acto administrativo perdido*. Coimbra, Portugal: Livraria Almedina, 2003. p. 26.

[28] SILVA, Vasco Manuel Pascoal Dias Pereira. *Em busca do acto administrativo perdido*. Coimbra, Portugal: Livraria Almedina, 2003. p. 24.

[29] BINENBOJM, Gustavo. *Uma teoria do Direito Administrativo*: direitos fundamentais, democracia e constitucionalização. Rio de Janeiro: Renovar, 2006.

[30] Nesse sentido, Gustavo Binenbojm afirma: "O surgimento do direito administrativo, e de suas categorias jurídicas peculiares (supremacia do interesse público, prerrogativas da Administração, discricionariedade, insindicabilidade do mérito administrativo, dentre outras), representou antes uma forma de reprodução e sobrevivência das práticas administrativas do Antigo Regime que a sua superação. A juridicização embrionária da Administração Pública não logrou subordiná-la ao direito; ao revés, serviu-lhe apenas de revestimento e aparato retórico para sua perpetuação fora da esfera de controle dos

os direitos dos particulares.³¹ Realmente, àquela época, vigia a ideia absoluta de subordinação do indivíduo, própria de um Estado e de uma Administração Pública cuja primazia constituía premissa indiscutida e indiscutível. Tratava-se da "ingênua" primazia do Estado administrador como uma constante, um dado prévio.³² A partir desse paradigma, consolida-se o princípio da supremacia do interesse público sobre o privado, que "proclama a superioridade do interesse da coletividade, firmando a prevalência dele sobre o do particular, como condição, até mesmo, da sobrevivência e asseguramento deste último".³³ ³⁴

Essa origem, ironicamente chamada de "infância difícil"³⁵ do Direito Administrativo por Vasco Manuel Pascoal Dias Pereira da Silva, não foi das mais promissoras, mas, surpreendentemente, mesmo que em virtude de um longo e conturbado processo, ainda em andamento, vem a se converter em um "duplo milagre".³⁶ Duplo, porque uma instituição (contencioso administrativo) que nasceu com o objetivo de proteger a Administração do controle dos tribunais se transforma em um verdadeiro tribunal, dando, simultaneamente, origem a um Direito Administrativo cujo fim não é mais a defesa da Administração,

---

cidadãos". (BINENBOJM, Gustavo. Da supremacia do interesse público ao dever de proporcionalidade: um novo paradigma para o Direito Administrativo. *Revista de Direito Administrativo*, Rio de Janeiro, n. 239, p. 1-31, jan./mar. 2005).

31 SILVA, Vasco Manuel Pascoal Dias Pereira. *Em busca do acto administrativo perdido*. Coimbra, Portugal: Livraria Almedina, 2003. p. 36.

32 SCHMIDT-ASSMAN, Eberhard. *La teoría general del derecho administrativo como sistema*: objeto y fundamentos de la construcción sistemática. Madrid: INAP-Marçal Pons, 2003. p. 19.

33 MELLO, Celso Antônio Bandeira de. *Curso de Direito Administrativo*. 27. ed. São Paulo: Malheiros, 2010. p. 69.

34 Sobre o tema, Gustavo Binenbojm afirma: "O direito administrativo brasileiro foi construído a partir de uma matriz eminentemente francesa, caracterizada por um regime jurídico pautado na supremacia do interesse público, na relação vertical entre Administração Pública e o particular, e na atuação do Estado por meio de atos administrativos unilaterais, imperativos e autoexecutórios. Essa concepção autoritária do direito público se refletiu diretamente na ideia de que os interesses que envolvem a Administração seriam indisponíveis. Segundo essa visão tradicional, o interesse público, que deveria prevalecer aprioristicamente sobre os interesses particulares, seria indisponível, sendo vedado, a quem quer que fosse, dele dispor ou sobre ele transigir. Assim, consolidou-se entre nós a ideia da intransacionabilidade processual e material dos interesses da Administração Pública". (BINENBOJM, Gustavo. A consensualidade administrativa como técnica juridicamente adequada de gestão eficiente de interesses sociais. *Revista Eletrônica da Procuradoria Geral do Estado do Rio de Janeiro (PGE-RJ)*, Rio de Janeiro, v. 3 n. 3, set./dez. 2020).

35 SILVA, Vasco Manuel Pascoal Dias Pereira. *Em busca do acto administrativo perdido*. Coimbra, Portugal: Livraria Almedina, 2003. p. 36.

36 SILVA, Vasco Manuel Pascoal Dias Pereira. *Em busca do acto administrativo perdido*. Coimbra, Portugal: Livraria Almedina, 2003. p. 35.

mas a garantia dos particulares. Trata-se de uma "transformação, lenta e progressiva, de normas e instituições surgidas para proteger a Administração em instrumentos de garantia dos particulares perante o poder administrativo",[37] que acaba por ocasionar a própria transformação do Direito da Administração em Direito Administrativo.[38]

Cronologicamente, pode-se dizer que "os sinais prenunciadores de um novo modelo de Estado começaram a surgir nos últimos anos do Século XIX",[39] com a emergência do Estado Social, que impõe uma dupla transformação na Administração Pública, tanto no "aumento da intensidade das funções tradicionais", quanto no "surgimento de novas tarefas nos domínios econômicos e sociais".[40] Embora a transformação do modelo estatal tenha impactado o Poder Público como um todo, a transformação deu-se mais profundamente no âmbito da atuação administrativa, cujo foco passa a ser o bem-estar dos indivíduos e da sociedade.[41] E isso acaba por impactar também o modelo de relação jurídica entre esses polos, gerando aproximação, perenização e necessidade de colaboração. Em outras palavras, o Estado social fez "desparecer a clássica separação entre Estado e sociedade e entre Administração e privados".[42]

O contexto de afirmação do Estado Social compreende o "fracasso do projeto liberal em assegurar a todos iguais condições de desenvolvimento", as "duas grandes guerras que deixaram profundas marcas na Europa" e a "afirmação de Estados plurais, ou pluriclasse, com a expansão da democracia política".[43] As Constituições do início do Século XX (v. g. Constituições do México, de 1917, e de Weimar, de 1919),[44]

---

[37] SILVA, Vasco Manuel Pascoal Dias Pereira. *Em busca do acto administrativo perdido*. Coimbra, Portugal: Livraria Almedina, 2003. p. 35.

[38] SILVA, Vasco Manuel Pascoal Dias Pereira. *Em busca do acto administrativo perdido*. Coimbra, Portugal: Livraria Almedina, 2003. p. 37.

[39] SILVA, Vasco Manuel Pascoal Dias Pereira. *Em busca do acto administrativo perdido*. Coimbra, Portugal: Livraria Almedina, 2003. p. 71.

[40] SILVA, Vasco Manuel Pascoal Dias Pereira. *Em busca do acto administrativo perdido*. Coimbra, Portugal: Livraria Almedina, 2003. p. 73.

[41] SILVA, Vasco Manuel Pascoal Dias Pereira. *Em busca do acto administrativo perdido*. Coimbra, Portugal: Livraria Almedina, 2003. p. 24.

[42] SILVA, Vasco Manuel Pascoal Dias Pereira. *Em busca do acto administrativo perdido*. Coimbra, Portugal: Livraria Almedina, 2003. p. 76.

[43] BITENCOURT NETO, Eurico. *Concertação administrativa interorgânica, direito administrativo e organização no século XXI*. São Paulo: Almedina, 2017. p. 98.

[44] "Não obstante a relevância de tais marcos constitucionais para a viragem social do Estado de Direito, só se pode afirmar a consolidação do novo Estado de Direito, que se pode chamar democrático e social, a partir das Constituições Europeias do segundo pós-guerra".

passam a consagrar, de modo expresso ou implícito, o "princípio geral de sociabilidade",⁴⁵ que impõe ao Estado a missão de evitar, amenizar ou eliminar as carências materiais dos indivíduos e as necessidades por elas provocadas.⁴⁶

Consequentemente, vê-se um "intervencionismo crescente do Estado na vida econômica", que leva ao "desenvolvimento da atividade administrativa do Estado, a qual dificilmente poderia ser, ainda que ideologicamente, reconduzível à mera execução da lei, como se via ao tempo do liberalismo".⁴⁷ Essa mudança de paradigma do Estado Liberal para o Estado Social implicou novo entendimento acerca da função administrativa, para além de meramente executiva.⁴⁸

Sob o ponto de vista da relação jurídico-administrativa, no Estado Social, indivíduos e Administração Pública encontram-se ligados por "relações duradouras, que implicam interpenetração e colaboração recíprocas",⁴⁹ abandonando-se, destarte, a antiga atomização típica da relação jurídica centrada na figura do ato administrativo de conteúdo imperativo. Com isso, "o relacionamento entre a Administração e os particulares já não é mais entendido como um confronto episódico e fugaz de entidades contrapostas", mas, muito mais do que isso, como "relação continuada e duradoura entre partes cooperantes".⁵⁰

A atuação pública excepcional, unilateral, restritiva e coercitiva é substituída pelas relações de prestação, que demandam "teias de colaboração entre a Administração e os privados, que não se esgotam num único momento", e "valorização do procedimento administrativo, ligado à ideia da participação dos cidadãos no processo de tomada de decisões".⁵¹ Se antes o direito fundamental por excelência era a liber-

---

(BITENCOURT NETO, Eurico. *Concertação administrativa interorgânica, direito administrativo e organização no século XXI*. São Paulo: Almedina, 2017. p. 63).

⁴⁵ BITENCOURT NETO, Eurico. *Concertação administrativa interorgânica, direito administrativo e organização no século XXI*. São Paulo: Almedina, 2017. p. 99.

⁴⁶ SCHMIDT-ASSMAN, Eberhard. *La teoría general del derecho administrativo como sistema*: objeto y fundamentos de la construcción sistemática. Madrid: INAP-Marçal Pons, 2003. p. 143.

⁴⁷ FERRAZ, Luciano. *Controle e consensualidade*. Belo Horizonte: Fórum, 2020. p. 62.

⁴⁸ FERRAZ, Luciano. *Controle e consensualidade*. Belo Horizonte: Fórum, 2020. p. 62.

⁴⁹ SILVA, Vasco Manuel Pascoal Dias Pereira. *Em busca do acto administrativo perdido*. Coimbra, Portugal: Livraria Almedina, 2003. p. 76.

⁵⁰ SILVA, Vasco Manuel Pascoal Dias Pereira. *Em busca do acto administrativo perdido*. Coimbra, Portugal: Livraria Almedina, 2003. p. 76.

⁵¹ SILVA, Vasco Manuel Pascoal Dias Pereira. *Em busca do acto administrativo perdido*. Coimbra, Portugal: Livraria Almedina, 2003. p. 76.

dade, exercida pelo indivíduo contra o Estado, agora emerge o direito à participação, central para a noção de consensualidade, exercido não contra, mas em colaboração com a Administração Pública. Segundo Onofre Alves Batista Júnior:

> A Administração Pública prestadora, diferentemente da administração 'agressiva', que se valia do ato de autoridade como instrumento privilegiado, quando não exclusivo, tende, cada vez mais, a flexibilizar e diversificar os seus modos de atuação, deixando de lado, por vezes, os meios autoritários, em prol de outras formas de atuar mais consensuais, tais como a 'privatização', a 'contratualização' e a 'tecnicização'. Uma das consequências fundamentais desse processo de alargamento das tarefas da Administração Pública, no Estado Social, é o fato de ela passar a utilizar o meio de atuação mais típico do Direito Privado: o contrato.[52]

Todavia, já "a partir da década de 70, sobretudo, começa a ser evidente o esgotamento do modelo do Estado-providência, incapaz, também ele, de continuar a dar uma resposta satisfatória aos mais recentes problemas colocados pela evolução da sociedade".[53] O excessivo endividamento dos Estados, que abusaram da fórmula keynesiana de absorção de poupança e uso do crédito, levou à crise da Administração prestacional e deu ensejo ao retorno do ideal de equilíbrio orçamentário, notadamente pela edição de normas tendentes a limitar os gastos públicos e aliviar o gigantismo das estruturas estatais.[54]

Surgiu, então, o que se denominou Estado Regulador ou de Garantia,[55] que se pretendeu isento de participar diretamente das

---

[52] BATISTA JÚNIOR, Onofre Alves. *Transações administrativas*. São Paulo: Quartier Latin do Brasil, 2007. p. 245.

[53] SILVA, Vasco Manuel Pascoal Dias Pereira. *Em busca do acto administrativo perdido*. Coimbra, Portugal: Livraria Almedina, 2003. p. 122.

[54] FERRAZ, Luciano. *Controle e consensualidade*. Belo Horizonte: Fórum, 2020. p. 83-84.

[55] "No período que se seguiu à adoção das medidas de liberalização e de privatização da economia, implementadas nas duas últimas décadas do Século XX – ou seja, no *after privattion* –, emergiu, na dogmática administrativa, a alusão a um outro nível ou grau de responsabilidade pública, construído com base no tópico da garantia. Tratou-se de um grau intermédio de responsabilidade pública que, além do mais, traduz um novo arranjo de articulação e de coordenação de papéis entre o Estado e o Mercado: como já se observou, o Estado de Garantia não é *Minimalstaat* da época liberal nem o *Maximalstaat* do Século XX. Enquanto sistema ou de estrutura de realização do bem comum, o modelo institucional do Estado de Garantia situa-se a meio caminho, num ponto intermédio, entre dois modelos extremados – o modelo de Mercado e o modelo de Estado –, propondo a doutrina designá-lo modelo regulação". (GONÇALVES, Pedro Costa. Estado de garantia e mercado. *Revista da Faculdade de Direito da Universidade do Porto*, v. 7 (especial: Comunicações do I Triénio dos Encontros de Professores de Direito Público), p. 97-128, 2010).

atividades de mercado dando lugar aos processos de privatização[56] e de retirada da participação estatal no domínio econômico.[57] Com essa mudança de paradigma, o Direito Administrativo e a própria Administração Pública, consequentemente, mutaram-se, adequando-se ao novo modelo estatal, mas isso não significou completo retorno ao modelo liberal.

Na realidade, o novo modo do atuar administrativo surge como meio de se alcançarem, de forma efetiva, os objetivos centrais do Estado de Direito democrático e social, diante dos desafios da nova quadra histórica, marcada por sucessivas crises financeiras.[58] O Estado, assim, teve que adequar o seu comportamento às novas exigências da sociedade e aos novos desafios nacionais, renovando suas missões, organização e formas de comunicação na busca do bem comum.[59] Conforme Eurico Bitencourt Neto:

> O reconhecimento de limites, conjunturais ou estruturais, de manutenção e de expansão de um modelo de Administração prestadora ganhou impulso com a liberalização da economia e uma forte retração do aparato administrativo prestador. Não obstante, tais transformações não se resumem a uma pauta liberalizante. Para além de uma pretensão de se afirmar um novo liberalismo, que, se levado a cabo em todos os seus efeitos, como já referido, seria incompatível com a Constituição de 1988, cabe admitir que ao menos parte das transformações da Administração prestadora devem ser enquadradas em uma necessária adaptação dos modos de agir da função administrativa do Estado à nova realidade econômica e social, a fim de continuar a buscar a satisfação dos objetivos do princípio da socialidade.[60]

---

[56] "A privatização, porém, não pode significar a completa despedida ou retirada do Estado do campo econômico, mas apenas a mutação dos clássicos instrumentos de intervenção em fórmulas de cooperação". (SCHMIDT-ASSMAN, Eberhard. *La teoría general del derecho administrativo como sistema*: objeto y fundamentos de la construcción sistemática. Madrid: INAP-Marçal Pons, 2003. p. 37, tradução livre).

[57] FERRAZ, Luciano. *Controle e consensualidade*. Belo Horizonte: Fórum, 2020. p. 84.

[58] BITENCOURT NETO, Eurico. Transformações do Estado e a administração pública no século XXI. *Revista de Investigações Constitucionais*, Curitiba, v. 4, n. 1, p. 207-225, jan./abr. 2017.

[59] DROMI, Roberto. *Derecho administrativo*. 5. ed. Buenos Aires: Ediciones Ciudad Argentina, 1996. p. 149.

[60] BITENCOURT NETO, Eurico. Transformações do Estado e a administração pública no século XXI. *Revista de Investigações Constitucionais*, Curitiba, v. 4, n. 1, p. 207-225, jan./abr. 2017.

A Administração Pública de natureza prestadora ou constitutiva é, destarte, substituída pela Administração conformadora ou de garantia,[61] passando a atuar prioritariamente por meio de atos administrativos genéricos ("decisões-plano").[62] Essa nova Administração Pública caracteriza-se, fundamentalmente, como procedimentalizada,[63] multipolar (externa[64] e internamente),[65] em rede,[66] eficiente[67] e concertada. O

---

[61] "As transformações operadas nas estruturas do Estado moderno implicam em novos desafios à Administração Pública, como a necessidade de atuar, cada vez mais, como conformadora geral da ordem econômica e social, para além de uma atuação tópica e individualizada". (BITENCOURT NETO, Eurico. Transformações do Estado e a administração pública no século XXI. *Revista de Investigações Constitucionais*, Curitiba, v. 4, n. 1, p. 207-225, jan./abr. 2017).

[62] SILVA, Vasco Manuel Pascoal Dias Pereira. *Em busca do acto administrativo perdido*. Coimbra, Portugal: Livraria Almedina, 2003. p. 128.

[63] "Se na Administração Pública do século XXI prossegue múltiplos e, muitas vezes, concorrentes interesses públicos, o procedimento administrativo se consolida como a matriz principal de uma atuação racional, aberta, participativa e com meios de sopesamento dos distintos valores e interesses em jogo. Não se trata de mero itinerário formal funcionalizado a uma decisão final, ou mesmo de instrumento de viabilização do contraditório em situações adversativas". (BITENCOURT NETO, Eurico. Transformações do Estado e a administração pública no século XXI. *Revista de Investigações Constitucionais*, Curitiba, v. 4, n. 1, p. 207-225, jan./abr. 2017).

[64] "No primeiro caso, tem-se o fenômeno da multipolaridade quando a Administração atua de modo genérico, no campo da chamada atividade reguladora ou infraestrutural, na medida em que as decisões administrativas atingem um número muitas vezes indeterminado de pessoas". (BITENCOURT NETO, Eurico. Transformações do Estado e a administração pública no século XXI. *Revista de Investigações Constitucionais*, Curitiba, v. 4, n. 1, p. 207-225, jan./abr. 2017).

[65] "Outra dimensão da multilateralidade da Administração contemporânea manifesta-se em sua atuação interna, em que a clássica divisão estanque de atribuições e competências entre os vários serviços e órgãos públicos é paulatinamente substituída, ao menos no que toca aos grandes serviços, pela interpenetração de atribuições e pela intersetorialidade das políticas públicas a serem realizadas ou reguladas pelas estruturas da Administração Pública. A multipolaridade interna da atuação administrativa decorre da transversalidade de boa parte dos serviços administrativos contemporâneos, perdendo sentido uma organização administrativa setorizada e estanque, com importantes reflexos para as noções de unidade e hierarquia administrativas". (BITENCOURT NETO, Eurico. Transformações do Estado e a administração pública no século XXI. *Revista de Investigações Constitucionais*, Curitiba, v. 4, n. 1, p. 207-225, jan./abr. 2017).

[66] "Num contexto de pluralidade de interesses públicos e de arrefecimento de uma compreensão do interesse público como monopólio do Estado, a organização administrativa piramidal, vinculada a uma lógica de comando desde o vértice, não é suficiente, em muitos casos, para assegurar uma atuação eficaz. A necessidade de um tráfego contínuo de informações, especialmente no âmbito de interesses transversais a várias instituições públicas e privadas, aponta para a substituição de atuações impositivas por decisões concertadas". (BITENCOURT NETO, Eurico. Transformações do Estado e a administração pública no século XXI. *Revista de Investigações Constitucionais*, Curitiba, v. 4, n. 1, p. 207-225, jan./abr. 2017).

[67] "O objetivo central é transformar os modos de gestão pública, a partir de um processo de privatizações e do uso de instrumentos de gestão privada, como a ampliação de autonomias de gestão, a sujeição de serviços públicos à lógica de competição, a instituição de entes reguladores, o controle de resultados, o gerenciamento intensivo das políticas públicas,

enxugamento da máquina pública reclamou diálogo institucionalizado entre o Poder Público e particulares, bem como entre os diversos atores do aparato administrativo,[68] reforçando, assim, a ideia de consensualidade e de contratualização.

Para além dos contratos típicos, em que o Estado figura como cliente dos particulares, abre-se a "senda da administração por acordos, ou dos contratos sobre o exercício de poderes públicos, compondo um amplo rol do que se pode chamar Administração concertada".[69] Consolida-se nova relação com o indivíduo, como cidadão, usuário, consumidor e contribuinte, por meio de mecanismos renovados de participação, descentralização, desregulação, fiscalização, legitimação e proteção.[70]

A transformação do Direito Administrativo, nesse particular, interpenetra-se com a própria participação política, que, para além da eleição direta dos representantes, passa a englobar formas de democracia semidireta, como iniciativa popular, consulta popular, referendo, plebiscito e ação popular.[71] Atinge, ainda, a participação social, que se amplia por meio de associações de usuários e consumidores, conselhos econômicos e sociais, programas de propriedade participada, e participação administrativa, que se manifesta em tendência de simplificação do procedimento administrativo, notadamente por meio digital.[72]

Pode-se dizer, nesse contexto, que o Direito Administrativo passou (e ainda passa) por processo de "mutação", desencadeado, em grande medida, a partir de um fator sociopolítico ("advento da sociedade participativa")[73] e de um fator juspolítico ("afirmação do

---

a busca da transformação de uma cultura formalista e burocratizante em uma cultura de flexibilidade e inovação". (BITENCOURT NETO, Eurico. Transformações do Estado e a administração pública no século XXI. *Revista de Investigações Constitucionais*, Curitiba, v. 4, n. 1, p. 207-225, jan./abr. 2017).

[68] FERRAZ, Luciano. *Controle e consensualidade*. Belo Horizonte: Fórum, 2020. p. 89.

[69] BITENCOURT NETO, Eurico. Transformações do Estado e a administração pública no século XXI. *Revista de Investigações Constitucionais*, Curitiba, v. 4, n. 1, p. 207-225, jan./abr. 2017.

[70] DROMI, Roberto. *Derecho administrativo*. 5. ed. Buenos Aires: Ediciones Ciudad Argentina, 1996. p. 149.

[71] DROMI, Roberto. *Derecho administrativo*. 5. ed. Buenos Aires: Ediciones Ciudad Argentina, 1996. p. 151-152.

[72] DROMI, Roberto. *Derecho administrativo*. 5. ed. Buenos Aires: Ediciones Ciudad Argentina, 1996. p. 151-152.

[73] "Está-se diante de um poderosíssimo fator de mudança diretamente influente sobre a legitimidade das decisões políticas, denotando uma retomada da ação e da responsabilidade da sociedade na condução desses processos, não obstante ter ficado deles durante tanto tempo

constitucionalismo").[74] Esse Direito Administrativo transformado, pós-moderno, para usar a expressão de Maria Tereza Fonseca Dias,[75] é estruturado a partir de novos princípios, de ordem política (subsidiariedade e participação política),[76] técnica (autonomia e profissionalização) e jurídica (transparência e consensualidade),[77] com especial enfoque na consensualidade, "sempre que não seja necessário aplicar o poder coercitivo".[78] A participação dos particulares passa a ser vista como essencial para as democracias contemporâneas, afirmando-se a "ascensão da sociedade civil", por meio "da densificação da consciência de seus interesses e de ser ela própria a origem e destinatária do poder político".[79]

Não se pode dizer, por outro lado, que o Direito Administrativo e a própria Administração Pública estejam transformados por completo, nem que a imperatividade do ato administrativo, como modelo de atuação administrativa, tenha sido abandonada em definitivo na Administração contemporânea. Trata-se, a bem da verdade, de "evolução inconclusa",

---

afastada, afogada sob as vagas avassaladoras das ditaduras, das ideologias de esquerda e de direita, e das burocracias e tecnocracias autocráticas que devastaram a vida política no século vinte". (MOREIRA NETO, Diogo de Figueiredo. *Mutações do direito administrativo*. Rio de Janeiro: Renovar, 2000. p. 13).

[74] "O segundo fator vem a ser a afirmação do constitucionalismo evoluindo da legalidade para a legitimidade. Um constitucionalismo não apenas como foi classicamente concebido, restrito a declarar liberdades, direitos e garantias, organizar poderes estatais e a estabelecer metas programáticas, instituidor de um Estado de Direito, mas um constitucionalismo expandido, desenvolvido para instilar valores e processos legitimatórios e prestigiar a cidadania, em todas as suas manifestações e sob todos os seus aspectos, inclusive entronizar a licitude do comportamento público como valor constitucional, para instituir, também, um Estado Democrático". (MOREIRA NETO, Diogo de Figueiredo. *Mutações do direito administrativo*. Rio de Janeiro: Renovar, 2000. p. 15-16).

[75] DIAS, Maria Tereza Fonseca. *Direito administrativo pós-moderno*. Belo Horizonte: Malheiros, 2003.

[76] "Quanto ao princípio da participação política, também denominado *tout court* de participação, incluindo, além das modalidades legislativas e judiciais, as administrativas, está diretamente se referindo à expansão da consciência social e ao natural anseio de influir de algum modo nas decisões de poder que repercutirão sobre as pessoas interessadas, como acima se expôs". (MOREIRA NETO, Diogo de Figueiredo. *Mutações do direito administrativo*. Rio de Janeiro: Renovar, 2000. p. 21).

[77] "Quanto ao princípio da consensualidade, sua aplicação leva à substituição, sempre que possível, da imperatividade pelo consenso nas relações Estado-sociedade e à criação de atrativos para que os entes da sociedade civil atuem em diversas formas de parceria com o Estado". (MOREIRA NETO, Diogo de Figueiredo. *Mutações do direito administrativo*. Rio de Janeiro: Renovar, 2000. p. 26).

[78] MOREIRA NETO, Diogo de Figueiredo. *Mutações do direito administrativo*. Rio de Janeiro: Renovar, 2000. p. 40-43.

[79] MOREIRA NETO, Diogo de Figueiredo. *Mutações do direito administrativo*. Rio de Janeiro: Renovar, 2000. p. 27.

pois não somente faltam etapas por cumprir no lento abandono dos princípios das monarquias absolutas ou outros autoritarismos, como ainda existem frequentes retrocessos.[80] Realmente, "o conceito autoritário de ato administrativo vai ainda conseguir sobreviver algum tempo num ambiente completamente diferente", mesmo após o desaparecimento do modelo liberal clássico de Estado e o desmoronamento do sistema jurídico e do paradigma teórico em que se assentava.[81] Contudo, deve-se reconhecer que o ato administrativo imperativo já não é mais, como fora antes, instrumento jurídico único e inflexível para a resolução dos novos problemas com que se defronta a Administração moderna.[82]

1.2 A Administração Pública imperativa nas Constituições brasileiras do período pré-1988

A perspectiva do tópico anterior (evolução do Direito Administrativo de matriz francesa na Europa continental) não pode ser simplesmente importada para o Brasil, pois aqui, como já se adiantou, carece-se de um padrão referencial de Estado moderno antecedente à vinda da família real portuguesa. Tal evento, ocorrido em 1808, é considerado como o "início da institucionalização do Estado Brasileiro",[83] o que veio a se confirmar normativamente com a Constituição Outorgada de 1824.

A inovação trazida por essa carta constitucional é a instituição do chamado Poder Moderador, Quarto Poder, Poder Imperial ou Poder Real,[84] em função do qual a Administração Pública, ainda que não totalmente estruturada, era concentrada na figura do Imperador.[85]

---

[80] GORDILLO, Agustín. *Tratado de Derecho Administrativo*, t. 4: el procedimiento administrativo. 6. ed. Belo Horizonte: Del Rey, 2003.

[81] SILVA, Vasco Manuel Pascoal Dias Pereira. *Em busca do acto administrativo perdido*. Coimbra, Portugal: Livraria Almedina, 2003. p. 71.

[82] SILVA, Vasco Manuel Pascoal Dias Pereira. *Em busca do acto administrativo perdido*. Coimbra, Portugal: Livraria Almedina, 2003.

[83] LIMA, Martônio Mont'Alverne Barreto Lima; SILVA FILHO, Edson Alves. O pensamento constitucional do período imperial e a formação da Administração Pública no Brasil. *Revista de Pós-Graduação em Direito da UFBA*, v. 30, n. 02, p. 79-96, jul./dez. 2020.

[84] ALMEIDA NETO, Manoel Carlos Almeida de. *O colapso das constituições no Brasil*: uma reflexão pela democracia. Belo Horizonte: Fórum, 2022. p. 60.

[85] "Decorre daí a máxima do Barão de Itaboraí, quando afirmou que, no Brasil, diferentemente das demais monarquias constitucionais instituídas no mundo a partir das Revoluções Burguesas, o rei reina, governa e administra". (LIMA, Martônio Mont'Alverne Barreto Lima; SILVA FILHO, Edson Alves. O pensamento constitucional do período imperial e a

Esse desenho, com maior ou menor estabilidade em função de contextos históricos distintos,[86] prevaleceu durante todo o império e adentrou o regime republicano, significando a centralidade da figura do Chefe do Executivo na tomada das decisões de cunho administrativo, espelhando-se, ainda que com outros temperos, o modelo autoritário e imperativo de Administração Pública de matriz francesa.

Com efeito, "tendo em vista não apenas a origem dogmática comum do próprio Direito Administrativo, mas também a intensificação dos processos de globalização econômica e jurídica", pode-se concluir que "as grandes linhas de evolução do direito da organização administrativa também se fazem no âmbito do Direito Administrativo brasileiro",[87] ainda que com as suas especificidades. Revelam-se, nesse processo evolutivo, "as grandes linhas que caracterizam a Administração Pública contemporânea e que se ligam às transformações do Estado de Direito verificadas um pouco por toda parte, não sendo o Brasil uma exceção".[88]

A Constituição seguinte, de 1891, teve como referencial teórico o modelo estadunidense: para além da instituição de uma federação (nesse caso, centrífuga na origem, pois se constitui a partir da descentralização de poder político de um Estado Unitário), da forma republicana de governo e do sistema presidencialista, dividiu o sistema legislativo entre a Câmara dos Deputados e o Senado Federal. "No Judiciário, introduziu o modelo da *judicial review* no controle de constitucionalidade das leis e atos normativos federais e estaduais" e, "respeitado o espírito federalista, concedeu autonomia aos Estados, de forma que ficasse assegurada a autonomia dos municípios em tudo quanto respeito ao seu peculiar interesse".[89]

---

formação da Administração Pública no Brasil. *Revista de Pós-Graduação em Direito da UFBA*, v. 30, n. 02, p. 79-96, jul./dez. 2020).

[86] "No entanto, a primeira Constituição Republicana, não obstante extinguir o Poder Moderador, ainda deixava nas mãos do Poder Executivo, agora já descentralizado e compartilhado com os Governadores dos Estado-Membros, todo feixe de atribuições que o monarca de outrora pretensamente possuía". (LIMA, Martônio Mont'Alverne Barreto Lima; SILVA FILHO, Edson Alves. O pensamento constitucional do período imperial e a formação da Administração Pública no Brasil. *Revista de Pós-Graduação em Direito da UFBA*, v. 30, n. 02, p. 79-96, jul./dez. 2020).

[87] BITENCOURT NETO, Eurico. *Concertação administrativa interorgânica, direito administrativo e organização no século XXI*. São Paulo: Almedina, 2017. p. 72-73.

[88] BITENCOURT NETO, Eurico. *Concertação administrativa interorgânica, direito administrativo e organização no século XXI*. São Paulo: Almedina, 2017. p. 75.

[89] ALMEIDA NETO, Manoel Carlos Almeida de. *O colapso das constituições no Brasil*: uma reflexão pela democracia. Belo Horizonte: Fórum, 2022. p. 77.

Sem embargo, sob o ponto de vista da organização administrativa, a Constituição de 1891 espelha, em grande medida, o modelo liberal europeu. O art. 6º dispunha que "[o] Governo federal não poderá intervir em negócios peculiares aos Estados", salvo nas hipóteses excepcionais previstas no próprio texto constitucional. A Sessão II, que tratava do "Poder Executivo", limitava-se a instituir as condições para se elegerem Presidente e Vice-Presidente da República, bem como as atribuições e responsabilidades desses agentes e de seus ministros. Não havia um desenho constitucional de Administração Pública, cujo âmbito interno era impermeável e praticamente imune ao Direito. Externamente, Estado e sociedade civil eram contrapostos e somente deveriam se relacionar em hipóteses excepcionais, geralmente para o exercício de poder de polícia. Em suma, aos moldes liberais, tratava-se de "uma administração externa marcadamente autoritária e uma administração interna extrajurídica".[90]

A Constituição de 1891 aboliu o contencioso administrativo brasileiro,[91] sendo que "nunca mais, a partir dessa época, foi revivido o instituto do contencioso administrativo entre nós".[92] Essa opção constitucional consistirá na principal peculiaridade do sistema brasileiro em relação ao francês,[93] muito embora, sob o aspecto material, o Direito Administrativo brasileiro venha a se afirmar, durante todo o período

---

[90] BITENCOURT NETO, Eurico. *Concertação administrativa interorgânica, direito administrativo e organização no século XXI*. São Paulo: Almedina, 2017. p. 72.

[91] "Conheceu o Brasil-Colônia ambos os tipos de jurisdição; a denominada jurisdição una, em que a função judicante cabia por excelência ao Poder Judiciário e a denominada jurisdição dúplice, em que, ao lado do Judiciário existe o Executivo julgando, ou seja, o sistema do contencioso administrativo. [...] Inegável a existência do contencioso administrativo na época imperial, bastando, para ter-se notícia do instituto, a consulta às obras clássicas daquele período". (CRETELLA JÚNIOR, José. O contencioso administrativo na Constituição de 1969. *Revista de Direito Administrativo*, Rio de Janeiro, v. 104, p. 30-48, abr./jun. 1971).

[92] CRETELLA JÚNIOR, José. O contencioso administrativo na Constituição de 1969. *Revista de Direito Administrativo*, Rio de Janeiro, v. 104, p. 30-48, abr./jun. 1971.

[93] É bem verdade que, na Constituição de 1967, "pela primeira vez, em nosso regime republicano, aparece, num texto constitucional, a expressão contencioso administrativo (art. 111, da Emenda nº 1, de 1969)", mas a expressão "não foi empregada em seu sentido técnico, de acordo com o que preceituam a doutrina e a prática administrativa". Na verdade, "o instituto previsto no artigo 111 da emenda, denominado impropriamente de contencioso administrativo, nada mais seria do que uma Justiça Administrativa Trabalhista, subordinada ao Poder Judiciário, a quem caberia resolver os litígios decorrentes da relação de emprego, na órbita federal, sendo partes da relação processual, de um lado, a União, ou autarquia federal, ou empresa pública federal e, de outro lado, o servidor vinculado a uma dessas entidades". (CRETELLA JÚNIOR, José. O contencioso administrativo na Constituição de 1969. *Revista de Direito Administrativo*, Rio de Janeiro, v. 104, p. 30-48, abr./jun. 1971).

republicano, como um regime jurídico especial, baseado em prerrogativas e sujeições, à semelhança do que ocorrera na Europa Continental.

A Constituição de 1934 é paradigmática por representar o início da (tentativa de) passagem do Estado Liberal para o Social, já anunciando, no preâmbulo, que o seu objetivo era assegurar não apenas a liberdade, mas também "a justiça e o bem-estar social e econômico". O povo foi reconhecido como titular de "todos os poderes" (art. 2º). Estabeleceram-se competência legislativa para edição de normas de assistência social e judiciária, sendo que essa última foi alçada a direito fundamental (art. 5º, inciso XIX, alínea "c" e art. 113 item 32). Instituiu-se competência material para "cuidar da saúde e assistência públicas" (art. 10, inciso II) e favorecer e animar o desenvolvimento das ciências, das artes, das letras e da cultura em geral, proteger os objetos de interesse histórico e o patrimônio artístico do país, bem como prestar assistência ao trabalhador intelectual (art. 148).

Previu-se, ainda, a criação dos fundos de educação, "para auxílio a alunos necessitados, mediante fornecimento gratuito de material escolar, bolsas de estudo, assistência alimentar, dentária e médica, e para vilegiaturas". Determinou-se a edição de lei para promoção do amparo da produção e para estabelecer as condições do trabalho, na cidade e nos campos, tendo em vista a proteção social do trabalhador e os interesses econômicos do país, estabelecendo-se, como preceito da legislação do trabalho, "assistência médica e sanitária ao trabalhador e à gestante", "instituição de previdência" "a favor da velhice, da invalidez, da maternidade e nos casos de acidentes de trabalho ou de morte" (art. 121, §1º, alínea "h"). Falou-se, pela primeira vez no plano constitucional, em contratos públicos (art. 79, parágrafo único, Item 2º) e concessão federal (art. 81, alínea "c"). Em relação ao desenho institucional da Administração Pública e de sua relação com a sociedade civil, porém, não houve avanço.

Anos mais tarde, a Constituição "polaca"[94] de 1937 rompeu com o regime democrático, tendo sido "decretada" diretamente pelo Presidente da República, sem a instituição de Assembleia Nacional, inaugurando-se, assim, o Estado Novo, de cunho notadamente autoritário e,

---

[94] "Em alusão à Constituição da Polônia de 23 de abril de 1935, com traços autoritários e fascistas, com acentuada superposição do Poder Executivo em relação à Câmara baixa e ao Senado, e conferiu poderes ao presidente para destituir o parlamento antes do final da legislatura". (ALMEIDA NETO, Manoel Carlos Almeida de. *O colapso das constituições no Brasil*: uma reflexão pela democracia. Belo Horizonte: Fórum, 2022. p. 101).

pretensamente, social. O art. 1º dispunha que "o poder político emana do povo e é exercido em nome dele e no interesse do seu bem-estar, da sua honra, da sua independência e da sua prosperidade". Segundo o art. 135, "a intervenção do Estado no domínio econômico só se legitima para suprir as deficiências da iniciativa individual e coordenar os fatores da produção". O art. 147 aludia aos "serviços públicos explorados por concessão". As competências legislativas e materiais relacionadas à atividade de "prestação" da Constituição anterior foram basicamente mantidas, instituindo-se um Estado autoritário de perfil social.

Mas a verdade é que, na Constituição de 1937, os Poderes foram concentrados na figura do Presidente da República, consagrando-se, uma vez mais, e com ainda mais contundência, a impermeabilidade da Administração Pública em seu âmbito interno, bem como uma clara posição de supremacia desta em relação à sociedade. A abertura da Administração Pública à participação externa também não se efetivou, uma vez que esta é incompatível com o autoritarismo e decorre da própria virtualidade do princípio democrático.[95]

A Constituição de 1946 representa o retorno ao regime democrático e à independência dos Poderes instituídos, ainda com aspirações de instituição de um Estado Social no Brasil. Repetindo a fórmula das suas antecessoras, desde a de 1934, estatuiu que "todo poder emana do povo e em seu nome será exercido" (art. 1º). Determinou que "a ordem econômica deve ser organizada conforme os princípios da justiça social, conciliando a liberdade de iniciativa com a valorização do trabalho humano" (art. 145), que "a União poderá, mediante lei especial, intervir no domínio econômico e monopolizar determinada indústria ou atividade", sendo que "a intervenção terá por base o interesse público e por limite os direitos fundamentais assegurados nesta Constituição" (art. 146) e que "o uso da propriedade será condicionado ao bem-estar social".

Sobre as relações contratuais entre Poder Público e sociedade civil, a Constituição de 1946 alude ao "regime das empresas concessionárias de serviços públicos federais, estaduais e municipais" (art. 151). Uma vez mais, o desenho institucional da Administração Pública é negligenciado. O capítulo que trata do "Poder Executivo" (Capítulo III) apenas estatui regras a respeito do "Presidente e do Vice-Presidente

---

[95] BITENCOURT NETO, Eurico. *Concertação administrativa interorgânica, direito administrativo e organização no século XXI*. São Paulo: Almedina, 2017. p. 68.

da República" (Seção I), "Das Atribuições do Presidente da República" (Seção II), "Da Responsabilidade do Presidente da República" (Seção III) e "Dos Ministros de Estado" (Seção IV).

A Constituição de 1967, seguida da Emenda Constitucional nº 1/1969[96] e dos Sucessivos Atos Institucionais, novamente rompe com o regime democrático, instalando-se, por meio de golpe de Estado, a ditadura militar. Embora se tenha preservado, em certa medida, o verniz social das Constituições anteriores, deve-se alertar que o abandono do princípio democrático inviabiliza em absoluto a afirmação de verdadeiro Estado de Direito Social.[97]

Com efeito, apenas a democracia "pressiona o Estado no sentido da ampliação e efetivação dos direitos de natureza prestacional, com o controle dos recursos aplicados e organização dos aparatos de sua concretização".[98] Ademais, a dignidade da pessoa humana, fundamento último do verdadeiro modelo social de Estado, não prescinde da participação democrática substancial.[99] É absolutamente inviável falar-se em consensualidade ou em colaboração entre Administração Pública autoritária e sociedade civil privada de liberdade.

Deveras, as intenções de instituição do modelo social de Estado no Brasil, veiculadas nas Constituições de 1934 e 1946, foram frustradas pelos regimes autoritários instaurados pelas Constituições de 1937 e 1967. Por consequência, ficou obstaculizada, pelo menos em parte, a efetiva transformação do modelo de Administração Pública, que ficou preso ao antigo paradigma liberal.

Daí se concluir que, no período anterior à Constituição de 1988, prevaleceram, aqui, "os traços marcantes da organização administrativa liberal, como a centralização, a rígida hierarquia, a funcionalização dos agentes públicos e a significativa impermeabilidade da atuação interna ao Direito".[100] Isso se revela pelo descaso dos Constituintes

---

[96] "[...] na prática uma nova Carta emendada e outorgada, à margem do Congresso Nacional, que já havia feito papel de fantoche na Carta de 1967". (ALMEIDA NETO, Manoel Carlos Almeida de. *O colapso das constituições no Brasil*: uma reflexão pela democracia. Belo Horizonte: Fórum, 2022. p. 137).

[97] BITENCOURT NETO, Eurico. *Concertação administrativa interorgânica, direito administrativo e organização no século XXI*. São Paulo: Almedina, 2017. p. 63.

[98] BITENCOURT NETO, Eurico. *Concertação administrativa interorgânica, direito administrativo e organização no século XXI*. São Paulo: Almedina, 2017. p. 64.

[99] BITENCOURT NETO, Eurico. *Concertação administrativa interorgânica, direito administrativo e organização no século XXI*. São Paulo: Almedina, 2017. p. 64.

[100] BITENCOURT NETO, Eurico. *Concertação administrativa interorgânica, direito administrativo e organização no século XXI*. São Paulo: Almedina, 2017. p. 68.

com os contornos estruturais e funcionais da Administração Pública e na afirmação da centralidade e imperatividade do Poder Executivo nas relações com os administrados. Tal cenário só viria a mudar com o advento da Constituição de 1988.

1.3 O paradigma da Administração Pública consensual na Constituição da República de 1988

A Constituição da República de 1988, conhecida como Constituição Cidadã, representa não apenas o retorno ao regime democrático (após o golpe de 1964), mas a efetiva implantação de um modelo de Estado baseado no princípio da sociabilidade. Já no preâmbulo, asseguram-se o "exercício dos direitos sociais e individuais", "o bem-estar", "o desenvolvimento", "a igualdade e a justiça" como "valores supremos de uma sociedade fraterna, pluralista e sem preconceitos, fundada na harmonia social e comprometida, na ordem interna e internacional, com a solução pacífica das controvérsias".

O art. 1º define como fundamentos da República a "dignidade da pessoa humana" e "os valores sociais do trabalho e da livre iniciativa" (incisos III e IV). O art. 3º define como objetivos fundamentais da República a promoção de "uma sociedade livre, justa e solidária", a garantia do "desenvolvimento nacional", a erradicação da pobreza e da marginalização, a redução das "desigualdades sociais e regionais" e a promoção do "bem de todos, sem preconceitos de origem, raça, sexo, cor, idade e quaisquer outras formas de discriminação".

Para além dos amplos direitos individuais e coletivos, previstos no art. 5º, instituíram-se, como direitos sociais, "a educação, a saúde, a alimentação, o trabalho, a moradia, o transporte, o lazer, a segurança, a previdência social, a proteção à maternidade e à infância, a assistência aos desamparados" (art. 6º). No art. 7º, instituiu-se amplo rol de direitos dos trabalhadores urbanos e rurais, além de outros voltados à melhoria de sua condição social. Criou-se, ainda, título específico para a "ordem social" (Título VIII), que "tem como base o primado do trabalho, e como objetivo o bem-estar e a justiça sociais" (art. 193), com disposições sobre seguridade social (Capítulo II), educação, cultura e desporto (Capítulo III), ciência, tecnologia e inovação (Capítulo IV), comunicação social (Capítulo V), meio ambiente (Capítulo VI), família, criança, adolescente, jovem e idoso (Capítulo VII) e "índios" (Capítulo VIII).

Sob o ponto de vista da organização administrativa, houve expressivo avanço com o desenho institucional da Administração Pública promovido no Título III ("Da organização do Estado"). Muito além de regras de competência e responsabilidade, típicas das Constituições anteriores, estabeleceu-se a base de organização própria dos entes federativos e dos territórios (Capítulos I a V). Criou-se capítulo específico sobre a Administração Pública (Capítulo VII), com princípios próprios, além de diversas disposições gerais e específicas acerca de contratos administrativos, servidores públicos, civis e militares, regime próprio de previdência, entidades da administração indireta, serviços públicos, regiões (Seções I a IV). Promoveu-se, assim, verdadeira "constitucionalização do Direito Administrativo", mediante vasta quantidade de normas constitucionais voltadas à disciplina da Administração Pública.[101]

Deveras, "a Constituição de 1988 inaugurou um capítulo dedicado à Administração Pública", identificando-se "a presença de um regime jurídico constitucional-administrativo fundado em princípios constitucionais expressos: legalidade, impessoalidade, moralidade, publicidade e eficiência",[102] este último inserido de forma expressa pela Emenda Constitucional nº 19/1998. Essa "disciplina constitucional administrativa" traz consigo "novos arsenais jurídicos para alteração do quadro tradicional de uma Administração Pública marcada pela pouca atenção dispensada aos direitos e garantias do cidadão administrado".[103]

Relativamente à participação democrática, pode-se dizer que os cidadãos e as entidades da sociedade civil foram chamados para efetivamente participar da Administração Pública.[104] Para além dos contratos

---

[101] BARROSO, Luís Roberto. A constitucionalização do direito e suas repercussões no âmbito administrativo. *In*: ARAGÃO, Alexandre Santos de; MARQUES NETO, Floriano de Azevedo (Coord.). *Direito administrativo e seus novos paradigmas*. Belo Horizonte: Fórum, 2012. p. 31-63.

[102] BARCELLAR FILHO, Romeu Felipe. Processo administrativo como instrumento do direito disciplinar. *In*: CELY, Martha Lúcia Bautista; SILVEIRA, Raquel Dias da (Coord.). *Direito Disciplinário internacional*: estudos sobre a formação, profissionalização, disciplina, transparência, controle e responsabilidade da função pública. Belo Horizonte: Fórum, 2011. v. 1, p. 436.

[103] BARCELLAR FILHO, Romeu Felipe. Processo administrativo como instrumento do direito disciplinar. *In*: CELY, Martha Lúcia Bautista; SILVEIRA, Raquel Dias da (Coord.). *Direito Disciplinário internacional*: estudos sobre a formação, profissionalização, disciplina, transparência, controle e responsabilidade da função pública. Belo Horizonte: Fórum, 2011. v. 1, p. 436.

[104] Alude-se, assim, à democracia orgânica ou institucional, que "diz respeito a uma espécie de participação interna, traduzindo a incorporação ou integração dos cidadãos na própria administração pública em órgãos colegiais consultivos ou deliberativos. Aqui, estranhos à estrutura administrativa nela tomam parte na condição de titulares ou membros de órgãos administrativos. Desse modo, por via da integração na composição de um órgão

administrativos (art. 37, inciso XXI) e das concessões de serviço público (art. 175), a Constituição da República de 1988 previu a "cooperação das associações representativas no planejamento municipal" (art. 29, inciso XII) e estabeleceu um modelo de gestão democrático e descentralizado, com participação popular, nas áreas de seguridade social (art. 194, p. u., inciso VII), saúde (art. 198, inciso III), assistência social (art. 204, inciso II) e educação (art. 206, inciso VI). Ademais, a própria Constituição criou conselhos de participação popular, como, por exemplo, o Conselho da República, com a participação de seis cidadãos, "como órgão superior de consulta do Presidente da República" (art. 89, inciso VII).

Mas, mais importante do que analisar essas formas específicas de participação da sociedade no texto constitucional é perceber a consagração sistemática de um novo modelo de atuação administrativa, de natureza consensual, cujo fundamento consiste nos princípios democrático,[105] da cooperação e da eficiência,[106] que garantem a participação dos cidadãos no exercício da função administrativa.[107] Fala-se, nesse novo contexto, em "dialogicidade",[108] ou seja, da "abertura da

---

administrativo com competência decisória, ficam aqueles sujeitos numa posição que lhes permite intervir no exercício do poder público". (PESSOA, Robertônio Santos. Administração pública, direito administrativo e lógica democrática – superação do gerencialismo neoliberal. In: ZOCKUN, Maurício; GABARDO, Emerson. *Novas Leis*: promessas de um futuro melhor? Livro do XXXVI Congresso Brasileiro de Direito Administrativo. Belo Horizonte: Fórum, 2023. p. 240).

[105] "O princípio democrático, vetor basilar do 'Estado Democrático de Direito', em seus reflexos diretos na administração pública, marca como perspectiva relevante a ideia de 'democracia' enquanto participação e aproximação da decisão administrativa dos administrados, de tal forma que estes se identifiquem com a Administração e esta tenha em conta o conjunto real da sociedade. É patente, assim, como decorrência da formatação do Estado de Direito, que deve ser, na dicção constitucional (art. 1º CRFB/88), 'democrático, a exigência de conformação de uma 'administração democratizada'. De fato, o caráter democrático do Estado Democrático de Direito deve influir sobre o modo de atuação da Administração Pública, para repercutir de maneira plena em todos os setores estatais". (BATISTA JÚNIOR, Onofre Alves. *Transações administrativas*. São Paulo: Quartier Latin do Brasil, 2007. p. 43).

[106] Ao conjugar as ideias de democracia, cooperação e eficiência, Diogo de Figueiredo Moreira Neto remete à "eficiência solidária" "não mais entendida como eficiência que dependa somente da ação do Estado", mas que "é proporcionada pelo concurso de sociedades livres integradas pela prática da democracia material, que tem condições de ser cada vez mais ampliada espacialmente, indo além das ações que dependam das ações de Estados isolados, para as ações que pressupõem um concerto institucionalizado de Estados solidários". (MOREIRA NETO, Diogo de Figueiredo. *Quatro paradigmas do Direito Administrativo Pós-Moderno*. Belo Horizonte: Fórum, 2008. p. 104).

[107] BITENCOURT NETO, Eurico. *Concertação administrativa interorgânica, direito administrativo e organização no século XXI*. São Paulo: Almedina, 2017. p. 257-261.

[108] Diogo de Figueiredo Moreira Neto, ao aludir ao "Estado do Diálogo", afirma que "assim entendida a democracia, em sua faceta substantiva, como um permanente diálogo da sociedade com o seu aparelho governante, é pela interação, formal e informal, entre todos os

Administração Pública ao diálogo franco com o mercado, os cidadãos e a sociedade civil" e de "contratualização", "a denotar a crescente utilização da técnica contratual em variados domínios da atuação administrativa".[109] Pode-se dizer, ainda, que os pressupostos teóricos orientadores da consensualidade, na Constituição de 1988, são, dentre outros, a eficiência, a participação administrativa e a governança pública.[110] Conforme Onofre Alves Batista Júnior:

> Em síntese, é do espírito da CRFB/88 a necessidade de serem buscadas soluções consensuais e pacíficas. É desiderato constitucional a busca da paz e o afastamento de controvérsias. É viés constitucional marcante a solução consensual de conflitos; daí, é do espírito constitucional a determinação de soluções por meio de arbitragem, transações, etc. Mais do que isso, pode-se afirmar que o mandamento constitucional de eficiência administrativa determina a busca da melhor solução, que pode, em inúmeras situações, ser obtida mediante transação.[111]

Sob a perspectiva processual, a Constituição da República de 1988 garante o devido processo legal (art. 5º, inciso LIV), com respeito ao contraditório e à ampla defesa nas relações adversariais (art. 5º, inciso LV), mas também pretende a solução pacífica das controvérsias, conforme previsto em seu preâmbulo. Nesse sentido, Luciano Ferraz propõe "a existência de um princípio da consensualidade a impor à Administração Pública o dever de, sempre que possível, buscar a solução para as questões jurídicas e os conflitos que vivencia pela via do consenso".[112]

Juarez Freitas entende que a consensualidade, por meio de "negociações probas", seria um método preferencial de resolução de disputas

---

órgãos, públicos e privados, estendida a toda cidadania, que as decisões estatais se tornarão não apenas legais, mas, sobretudo, legítimas, no sentido de que apliquem o poder estatal harmonicamente com a percepção dos valores, interesses, necessidades e aspirações do grupo nacional". (MOREIRA NETO, Diogo de Figueiredo. *Poder, Direito e Estado*: o Direito Administrativo em tempos de globalização. Belo Horizonte: Fórum, 2011. p. 142).

[109] FERRAZ, Luciano. *Controle e consensualidade*. Belo Horizonte: Fórum, 2020. p. 90.

[110] PALMA, Juliana Bonacorsi de. *Sanção e acordo na administração pública*. São Paulo: Malheiros, 2015. p. 119.

[111] BATISTA JÚNIOR, Onofre Alves. *Transações administrativas*. São Paulo: Quartier Latin do Brasil, 2007. p. 462.

[112] FERRAZ, Luciano. Termo de Ajustamento de Gestão (TAG): do sonho à realidade. *Revista Eletrônica sobre a Reforma do Estado (RERE)*, Salvador: Instituto Brasileiro de Direito Público, n. 27, setembro, outubro, novembro 2011. Disponível em: http://www.direitodoestado.com.br/codrevista.asp?cod=577. Acesso em 7 fev. 2024.

públicas e privadas em nosso sistema constitucional.[113] Outrossim, Silvia Maria Costa Brega afirma que "a consensualidade é alçada à condição de opção prioritária na resolução de conflitos, denotando uma escolha consciente nessa preferência pela conciliação, mediação e outros métodos de solução consensual de conflitos".[114] Segundo a autora,

> [O] ordenamento jurídico como um todo, vale dizer, tanto do ponto de vista principiológico como de seu sistema normativo constitucional e infraconstitucional, expressamente contempla uma preferência pela busca da solução consensual de conflitos, inclusive no âmbito da Administração Pública.[115]

Portanto, não parece ser coincidência o fato de que a grande maioria[116] dos instrumentos de atuação administrativa consensual tenham sido instituídos no Brasil sob a vigência da Constituição de 1988. Em 1990, o termo de ajustamento de conduta[117] foi inserido na Lei nº 7.347/85 (Lei da Ação Civil Pública) pela Lei nº 8.078/90. Em 1994, o acordo de leniência foi instituído no âmbito do Conselho Administrativo de Defesa Econômica, pela Lei nº 8.884/94, e, no ano de 2013, no âmbito

---

[113] FREITAS, Juarez. Negociação proba na esfera administrativa: dever constitucional de promoção da sociedade pacífica. *In*: DI PIETRO, Maria Sylvia Zanella; MOTTA, Fabrício (Coord.). *O Direito Administrativo nos 30 anos da Constituição*. Belo Horizonte: Fórum, 2018. p. 235.

[114] BREGA, Silvia Maria Costa. Mediação e sua convergência com princípios da Administração Pública. *In*: MOREIRA *et al*. *Mediação e arbitragem na Administração Pública*. São Paulo: Almedina, 2020. p. 387.

[115] BREGA, Silvia Maria Costa. Mediação e sua convergência com princípios da Administração Pública. *In*: MOREIRA *et al*. *Mediação e arbitragem na Administração Pública*. São Paulo: Almedina, 2020. p. 391.

[116] Ao tratar da "evolução do tema dos acordos substitutivos de sanção administrativa no direito brasileiro", Felipe Alexandre Santa Anna Mucci Daniel chama atenção para o fato de que "mesmo antes da Constituição de 1988, o ordenamento jurídico brasileiro já admitia a desapropriação consensual. Prevê o Decreto-Lei nº 3.365, de 21 de junho de 1941 (com a redação que lhe foi dada pelo Decreto-Lei nº 9.282, de 1946), em seu art. 10, §2º, a possibilidade de que a fase executória da desapropriação se faça mediante acordo administrativo entre o órgão expropriante e o particular expropriado, em alternativa à judicialização do procedimento". Todos os demais institutos analisados pelo autor em seguida foram criados após a Constituição da 1988. (DANIEL, Felipe Alexandre Santa Anna Mucci. *O direito administrativo sancionador aplicado aos contratos da Administração Pública e os acordos substitutivos de sanção*. Curitiba: Íthala, 2022. p. 230-235).

[117] "Com efeito, tradicionalmente utilizados na tutela do meio ambiente e das relações de consumo, os TAC objetivam acordar a correção extrajudicial e/ou judicial de vícios detectados ou interpretações jurídicas conflitantes no exercício da atividade administrativa, a fim de evitar sua ocorrência ou continuidade. O resultado deles, com natureza jurídica de título executivo extrajudicial". (FERRAZ, Luciano. *Controle e consensualidade*. Belo Horizonte: Fórum, 2020. p. 214-215).

dos processos de responsabilização de pessoas jurídicas, pela Lei nº 12.846/13, em ambos os casos, como meio de colaboração efetiva do investigado com as investigações.[118] Em 1998, o "contrato interno",[119] para fins de ampliação de autonomia gerencial, orçamentária e financeira dos órgãos e entidades da administração direta e indireta, foi inserido na Constituição pela Emenda Constitucional nº 19/1998.

Em 2015, a mediação[120] foi instituída como meio de solução de controvérsias entre particulares e autocomposição de conflitos no âmbito da Administração Pública, por meio da Lei nº 13.140/15. Em 2017, a Medida Provisória nº 703 havia possibilitado a celebração de acordo em matéria de improbidade administrativa, ao revogar a regra proibitiva contida no art. 17, §1º, da Lei nº 8.429/92, mas veio a encerrar sua vigência sem conversão em lei. Já no ano de 2019, o acordo de não persecução cível[121] foi efetivamente instituído na Lei nº 8.429/92, por meio da Lei nº 13.964/19. Em 2018, a possibilidade de celebração de

---

[118] "Os pontos de convergência entre o acordo de leniência do CADE e do art. 16 da Lei nº 12.846/13 são: a empresa beneficiária deve ser a primeira a se qualificar para o acordo ('*first come, first serve*'); a empresa deve cessar completamente seu envolvimento na infração noticiada a partir da data da propositura do acordo (compromisso de cessação de conduta); a empresa deve admitir sua participação no ilícito e cooperar com as investigações e o processo administrativo (confissão de participação e cooperação processual); o acordo deve estipular as condições necessárias para assegurar a efetividade da colaboração e o resultado útil do processo (utilidade prática da colaboração); os efeitos do acordo estendem-se às empresas do mesmo grupo econômico, de fato ou de direito (efeito empresarial trasladativo); as propostas de acordo não se tornam públicas, salvo no interesse das investigações e do processo administrativo (sigilo das propostas de leniência); o descumprimento do acordo impede o beneficiário de celebrar novo acordo de leniência pelo prazo de três anos, contado da data de seu julgamento (cumprimento da 'quarentena)". (FERRAZ, Luciano. *Controle e consensualidade*. Belo Horizonte: Fórum, 2020. p. 221-222).

[119] "Em síntese, quanto à sua vertente interorgânica, trata-se de instrumento de fim gerencial, tributário da eficiência administrativa, que contém uma autovinculação de superiores hierárquicos para programar, de modo acordado, o exercício dos poderes de direção, mediante a assunção, pelos inferiores, de compromissos quanto ao cumprimento de metas de desempenho. O prazo, o conteúdo básico e os parâmetros de tal acordo devem ser fixados em lei". (BITENCOURT NETO, Eurico. *Concertação administrativa interorgânica, direito administrativo e organização no século XXI*. São Paulo: Almedina, 2017. p. 387-388).

[120] "Considera-se mediação a atividade técnica exercida por terceiro imparcial sem poder decisório, que, escolhido ou aceito pelas partes, as auxilia e estimula a identificar ou desenvolver soluções consensuais para a controvérsia". (TONIN, Maurício Morais. *Arbitragem, mediação e outros métodos de solução de conflitos envolvendo o poder público*. São Paulo: Almedina, 2019. p. 191).

[121] "A alteração legislativa trazida pela Lei nº 13.946/19 resolve definitivamente a questão da possibilidade de aplicação dos instrumentos consensuais no âmbito da ação de improbidade administrativa. O acordo de não persecução cível deixa patenteado que tanto na esfera extrajudicial – inquérito civil, penal, administrativo – quanto na esfera judicial é possível a solução do conflito com aplicação do princípio da consensualidade". (FERRAZ, Luciano. *Controle e consensualidade*. Belo Horizonte: Fórum, 2020. p. 217).

compromissos para eliminação de irregularidade, incerteza jurídica ou de situação contenciosa na aplicação do direito público foi inserida na Lei de Introdução às Normas do Direito Brasileiro (LINDB) pela Lei nº 13.655/2018.[122] Finalmente, em 2021, foi inserida na Lei nº 9.784/99 a figura da "decisão coordenada",[123] nos casos em que a competência decisória seja compartilhada por três ou mais setores, bem como a possibilidade de utilização de "meios alternativos"[124] para solução de controvérsias no âmbito dos contratos administrativos, pela Lei nº 14.133/21.

Em suma, a evolução do Direito Administrativo de matriz francesa, perceptível, com especificidades nas sucessivas Constituições brasileiras, deixa ver um movimento ao encontro da consensualidade como modelo normal de atuação da Administração Pública. No Brasil, tal modelo veio a ser definitivamente consagrado na Constituição da República de 1988, que dá fundamento aos diversos instrumentos de atuação administrativa consensual instituídos por meio de legislação infraconstitucional nas últimas três décadas. Essa evolução, como já se ressaltou, é inconclusa e não significa o abandono completo da imperatividade na atualidade. O modelo teórico da normalidade da ação

---

[122] "A Lei nº 13.655/2018 consagra a dinâmica de atuação ao estabelecer permissivo genérico para que toda a Administração Pública, independentemente de lei ou regulamento específico, celebre compromissos. [...] o compromisso da LINDB se aproxima da figura do acordo substitutivo, voltado à terminação consensual do processo administrativo. O nome 'substitutivo' deve-se ao fato de este acordo substituir a instauração do processo, o processo em curso ou a decisão deste processo, inclusive em fase recursal". (GUERRA, Sérgio; PALMA, Juliana Bonacorsi de. Art. 26 da LINDB: novo regime jurídico de negociação com a Administração Pública. *Revista Direito Administrativo*, Rio de Janeiro, p. 135-169, nov. 2018. Edição Especial: Direito Público na Lei de Introdução às Normas de Direito Brasileiro – LINDB (Lei nº 13.655/2018)).

[123] "Em casos de coautoria, pode haver hipótese de concertação interorgânica que se reconduza à natureza de ato complexo. É o caso da concertação terminativa de um procedimento administrativo visando à edição de normas administrativas no âmbito de competências comunicantes ou transversais. Ao fim de um procedimento para a edição de uma portaria conjunta de dois ministérios, o ato final corresponde a uma hipótese de concertação administrativa interorgânica e terá a natureza de ato administrativo complexo". (BITENCOURT NETO, Eurico. *Concertação administrativa interorgânica, direito administrativo e organização no século XXI*. São Paulo: Almedina, 2017. p. 411).

[124] "A Lei nº 14.133, de 2021, em seu art. 151, trouxe previsão específica a respeito da utilização dos chamados 'meios alternativos de prevenção e solução de controvérsia'. No *caput*, há previsão genérica para tais meios alternativos, estabelecendo de forma exemplificativa, pois utiliza a expressão 'notadamente', os institutos da conciliação, mediação, comitê de resolução de disputas e a arbitragem. Ou seja, não houve limitação de hipóteses de solução alternativa de controvérsias, podendo ser estabelecidas outras com esse objetivo de solução consensual dos conflitos". (DANIEL, Felipe Alexandre Santa Anna Mucci. *O direito administrativo sancionador aplicado aos contratos da Administração Pública e os acordos substitutivos de sanção*. Curitiba: Íthala, 2022. p. 260-261).

consensual permite a convivência da imperatividade e da consensualidade no Direito Administrativo.

Em âmbito jurisprudencial, essa nova visão foi sufragada pelo Supremo Tribunal Federal (STF) no julgamento do Tema 1.043 da repercussão geral, que trata da "utilização da colaboração premiada no âmbito civil, em ação civil pública por ato de improbidade administrativa movida pelo Ministério Público em face do princípio da legalidade (CF, art. 5º, II)". No julgamento de mérito do caso, firmou-se tese no sentido de que "é constitucional a utilização da colaboração premiada, nos termos da Lei nº 12.850/2013, no âmbito civil, em ação civil pública por ato de improbidade administrativa movida pelo Ministério Público", desde que observada, dentre outras, a seguinte diretriz: "Regularidade, legalidade e voluntariedade da manifestação de vontade, especialmente nos casos em que o colaborador está ou esteve sob efeito de medidas cautelares, nos termos dos §§6º e 7º do artigo 4º da referida Lei nº 12.850/2013".[125]

Veja-se que o Supremo Tribunal Federal não apenas admitiu a utilização do acordo de colaboração premiada em matéria de improbidade administrativa, mesmo sem lei específica a regulá-lo para tal finalidade, como deu especial enfoque à necessidade de "voluntariedade da manifestação de vontade". Isso, em grande medida, consiste em flexibilização do princípio da legalidade estrita. Certamente, no período clássico do Direito Administrativo, não se cogitaria da utilização dos conceitos de voluntariedade e manifestação de vontade, típicos do Direito Privado, para se decidir controvérsia em matéria de Direito Administrativo para além do que dispõe a lei de regência.

Acresça-se que o precedente do STF trata de consensualidade em matéria de poder administrativo sancionador, que talvez seja o que mais espelha a face imperativa e agressiva da Administração Pública, com grande resistência às transações, inclusive em tempos atuais.[126]

---

[125] BRASIL. Supremo Tribunal Federal (Tribunal Pleno). *Recurso Extraordinário com Agravo nº 1.175.650*. Constitucional. Utilização do acordo de colaboração premiada (Lei nº 12.850/2013) no âmbito da ação civil pública por ato de improbidade administrativa (Lei nº 8.429/1992). Possibilidade. Declarações do agente colaborador como única prova [...]. Relator: Min. Alexandre de Moraes, 3 jul. 2023. Disponível em: https://redir.stf.jus.br/paginadorpub/paginador.jsp?docTP=TP&docID=771421563. Acesso em 7 fev. 2024.

[126] Alude-se ao veto presidencial ao inciso II do §1º do art. 26, da LINDB, que seria acrescido pelo art. 1º do Projeto de Lei nº 7.448, de 2017, que veio a originar a Lei nº 13.655/18. O dispositivo autorizaria a "transação quanto a sanções e créditos relativos ao passado", mas foi vetado supostamente por aplicação do princípio da "reserva legal", e por se considerar que o permissivo "poderia representar estímulo indevido ao não cumprimento das respectivas sanções, visando posterior transação".

Destarte, a tese do Tema 1.043, que voltará a ser abordada nos tópicos finais do presente trabalho, serve, aqui, para demonstrar que a evolução constitucional e legislativa do Direito Administrativo (da exclusividade da imperatividade à normalidade da consensualidade) também se apresenta em âmbito jurisprudencial.

CAPÍTULO 2

PODER DISCIPLINAR

O poder[127] disciplinar existe em qualquer grupo social organizado, público ou privado, com o objetivo de preservar a ordem interna da organização.[128] Especificamente em relação aos servidores públicos, é comum a doutrina pátria relacionar o poder disciplinar aos conceitos de hierarquia, subordinação vertical e relação de sujeição especial.[129] Nessa linha de pensar, a disciplina seria necessariamente exercida de forma imperativa pela organização (*in casu*, Administração Pública em seu sentido subjetivo) em face do trabalhador (*in casu*, servidor público).

Vasco Cavaleiro, em pesquisa sobre o tema, afirma que o poder disciplinar "enquadra-se na *autoritas* da Administração Pública, reconhecida, em especial, pela lei reguladora da relação jurídica de emprego público"; "integra o poder hierárquico exercido, no seio das relações interorgânicas em pessoa coletiva pública (empregador), por superior hierárquico em relação a subalterno"; "reage à violação de dever funcional do subalterno trabalhador"; e "concretiza-se através da prática de

---

[127] "A expressão poder, estigmatizada durante o período revolucionário [Revolução Francesa], encontra-se melhor entendida como prerrogativa. Caso o administrador público utilize seu poder além dos limites que a lei lhe confere ou pratique desvio da finalidade pública, há abuso de poder na modalidade do excesso ou do desvio da finalidade. Se todo exercício de poder implica dose de sujeição, de coerção exercida pelo seu detentor sobre os destinatários, o poder não se autorrealiza, configura instrumento de trabalho adequado à realização das tarefas administrativas mediante o atendimento das aspirações coletivas". (BARCELLAR FILHO, Romeu Felipe. Processo administrativo como instrumento do direito disciplinar. In: CELY, Martha Lúcia Bautista; SILVEIRA, Raquel Dias da (Coord.). *Direito Disciplinário internacional*: estudos sobre a formação, profissionalização, disciplina, transparência, controle e responsabilidade da função pública. Belo Horizonte: Fórum, 2011. v. 1, p. 437).

[128] FRAGA, Carlos Alberto Conde da Silva. *O poder disciplinar no Estatuto dos trabalhadores da Administração Pública*. 2. ed. Lisboa: Petrony Editora, 2013. p. 23.

[129] OSÓRIO, Fabio Medina. *Direito administrativo sancionador*. 7. ed. São Paulo: Thomson Reuters Brasil, 2020. p. 110.

um ato administrativo (sanção não penal) que produz efeitos jurídicos na esfera daquele subalterno (trabalhador)".[130]

Para o mesmo autor, as relações laborais pública e privada seriam, ambas, relações de poder, "caracterizadas pela subordinação jurídica do trabalhador e pela posição de supremacia do empregador", sendo que, no âmbito público, existiriam as seguintes especificidades: "a subordinação ao interesse público a que o empregador público está sujeito e que será norteador da sua atuação disciplinar"; "a relação de sujeição especial com o ente público por parte do trabalhador em funções públicas"; "a inserção do trabalhador público numa orgânica da Administração Pública e na dinâmica das relações de supra e infra ordenação"; e "o controle da *deverosidade* funcional"[131] do trabalhador em funções públicas, que acresce à observância dos deveres e obrigações clássicos da prestação da atividade laboral no quadro (e com as especificidades) de cada ente público".[132]

Em consequência dessa visão, pode-se afirmar que "o exercício do poder disciplinar está [ainda], fortemente, atrelado ao modelo punitivo que se desdobra no binômio infração-sanção"[133] e que "o sistema jurídico administrativo sancionatório se mantém ultrapassado, não tendo ainda se desvencilhado do tradicional modelo de julgamento do processo administrativo disciplinar, vinculado à hierarquia funcional".[134]

Questiona-se, porém, essa visão exclusivamente vertical e sancionatória da relação jurídica funcional na Administração Pública, que resume a disciplina interna da organização aos atos unilaterais de imposição de sanção.[135] Mais do que isso, questiona-se, inclusive, a

---

[130] CAVALEIRO, Vasco. *O poder disciplinar e as garantias de defesa do trabalhador em funções públicas*. Tese (Mestrado em Direito Administrativo – especialização em Direito do Emprego Público). Universidade do Minho, Escola de Direito, Braga, 2017. p. 20.

[131] Nesse ponto, o autor faz alusão à expressão cunhada por: NEVES, Ana Fernanda. *O direito disciplinar da função pública*. Tese (Doutorado), Universidade de Lisboa, Faculdade de Direito, Lisboa, 2007.

[132] CAVALEIRO, Vasco. *O poder disciplinar e as garantias de defesa do trabalhador em funções públicas*. Tese (Mestrado em Direito Administrativo – especialização em Direito do Emprego Público). Universidade do Minho, Escola de Direito, Braga, 2017. p. 22.

[133] COLOMBAROLLI, Bruna Rodrigues. *Contratos sobre exercício de poder administrativo repressivo*. Tese (Doutorado), Universidade Federal de Minas Gerais, Faculdade de Direito, Belo Horizonte, 2018. p. 305.

[134] BATISTA JÚNIOR, Onofre A.; CAMPOS, Sarah. A Administração Pública consensual na modernidade líquida. *Fórum Administrativo – FA*, Belo Horizonte, a. 14, n. 155, p. 31-43, jan. 2014.

[135] Aliás, até mesmo sob o ponto de vista semântico, a expressão disciplina nunca se relacionou exclusivamente a sanções e castigos. Segundo o dicionário Houaiss da Língua Portuguesa,

compatibilidade da teoria da relação de sujeição especial com o Estado Democrático de Direito. A busca da disciplina interna da Administração Pública pode se dar, também, de forma horizontal e consensual,[136] por meio de técnicas contratuais de exercício do poder disciplinar,[137] sem prejuízo da aplicação unilateral de sanções, quando for o caso.

2.1 A superação da teoria da relação de sujeição especial

Classicamente, a Administração Pública era compreendida a partir de seus poderes sobre os particulares, distinguindo-se "a relação (geral) de poder, em que se encontram todos os indivíduos perante a Administração Pública" e a "relação especial de poder, específica dos privados que se encontram numa posição de particular intimidade com os poderes administrativos, em virtude da sua situação especial em face da Administração".[138] Nessa perspectiva, os indivíduos em certas situações de grande dependência perante os poderes públicos (v. g. presos, estudantes de estabelecimentos públicos, pacientes de hospitais públicos, servidores públicos) eram considerados integrantes do domínio interno da Administração, pelo que essas relações especiais de poder ficavam alheias aos direitos fundamentais, à reserva de lei e à proteção jurisdicional.[139]

---

o termo, em seu sentido mais antigo, significa "ensino e educação que um discípulo recebia do mestre" ou "castigo, penitência, mortificação". Atualmente, os significados mais comuns são: "obediência às regras e aos superiores", "regulamento sobre a conduta dos diversos membros de uma coletividade, imposto ou aceito democraticamente, que tem por finalidade o bem-estar dos membros e o bom andamento dos trabalhos" ou "ordem, bom comportamento". (HOUAISS, Antônio. *Dicionário Houaiss da Língua Portuguesa*. Rio de Janeiro: Instituto Antônio Houaiss, 2021).

[136] "Com efeito, uma das modificações mais visíveis no direito administrativo da atualidade é justamente a abertura de espaços para a participação e consenso em áreas sempre dominadas pela ação imperativa, verificando-se a valorização da negociação e da cooperação para atingimento das finalidades públicas, com ganhos de eficiência e qualidade nas suas decisões". (PIRES, Maria Fernanda; AMARAL, Greycielle. Contratualização de sanções administrativas – efetividade e eficiência. *In*: BROCHADO, Mariah; BATISTA JÚNIOR, Onofre (Orgs.). *Direito Administrativo entre tradição e transformação, os desafios da gestão pública no Estado de Direito contemporâneo*: uma homenagem a Cristiana Fortini. Belo Horizonte: Dialética, 2023. p. 172).

[137] COLOMBAROLLI, Bruna Rodrigues. *Contratos sobre exercício de poder administrativo repressivo*. Tese (Doutorado), Universidade Federal de Minas Gerais, Faculdade de Direito, Belo Horizonte, 2018. p. 305.

[138] SILVA, Vasco Manuel Pascoal Dias Pereira. *Em busca do acto administrativo perdido*. Coimbra, Portugal: Livraria Almedina, 2003. p. 59-60.

[139] SILVA, Vasco Manuel Pascoal Dias Pereira. *Em busca do acto administrativo perdido*. Coimbra, Portugal: Livraria Almedina, 2003. p. 60.

Sobre pertencerem à própria intimidade interna da Administração Pública, nessas tais relações de sujeição especial, os "servidores públicos eram considerados meros instrumentos de manifestação da vontade estatal, diluídos no aparato administrativo, não se lhes reconhecendo vontade autônoma, mesmo no âmbito de relações laborais".[140] A partir dessa premissa, o regime jurídico disciplinar dos servidores públicos, longe de se fundamentar nos direitos fundamentais do servidor enquanto indivíduo, como seria de se esperar em qualquer seara punitiva, acabou sendo estruturado, originariamente, a partir da ideia de supremacia do interesse público (acusador) sobre o particular (acusado), que culmina, sempre, na obrigatoriedade de sancionamento.[141]

Ocorre que, no âmbito do Estado Democrático de Direito, o servidor, que antes se identificava como "agente integrado no estado, que com este não pode guardar contradição", passa a se ver como trabalhador livre, que não apenas presta um múnus, mas trabalha para o Estado em troca da melhor retribuição possível.[142] Como indivíduo, e não apenas como órgão, passa-se a reconhecer ao servidor, enquanto tal, direitos individuais fundamentais oponíveis ao Estado, inclusive e especialmente quando este se encontra no exercício do poder disciplinar.

Nesse novo contexto, a doutrina da relação de sujeição especial passou a ser fortemente questionada no Brasil e no mundo, inclusive na Alemanha, onde fora criada, notadamente a partir de decisão da Suprema Corte daquele país, ocorrida em 14 de março de 1972, com base no documento BVerfGE 33,1. Naquela oportunidade, determinou-se a observância do princípio da legalidade para fins de restrição de direitos fundamentais dos presos, que também se compreendiam, até então, nas

---

[140] BITENCOURT NETO, Eurico. *Concertação administrativa interorgânica, direito administrativo e organização no século XXI*. São Paulo: Almedina, 2017. p. 44.

[141] Nesse sentido, Antônio Carlos Alencar Carvalho afirma que "em função do princípio da supremacia do interesse público, o superior hierárquico que toma conhecimento, pessoalmente ou por meio de denúncia, da prática de faltas administrativas de seu subordinado, está obrigado a apurar os fatos, mediante sindicância investigatória, ou exercitar o direito de punir estatal com a abertura de sindicância punitiva ou processo administrativo disciplinar (art. 143, caput, Lei Federal nº 8.112/90), sob pena de incorrer em crime contra a Administração Pública (condescendência criminosa: art. 320, Código Penal), se deixar de exercitar o poder disciplinar necessário por motivo de sentimento pessoal, visto que o dever de manter a regularidade e a moralidade no serviço público impõe que os possíveis infratores do regime de conduta funcional sejam investigados e sofram, se for o caso, as penalidades administrativas cabíveis". (CARVALHO, Antônio Carlos Alencar. *Manual de processo administrativo disciplinar e sindicância*. 7. ed. Belo Horizonte: Fórum, 2021. p. 447).

[142] ARAÚJO, Florivaldo Dutra de. *Negociação coletiva dos servidores públicos*. Belo Horizonte: Fórum, 2001. p. 73.

relações de especial sujeição. Afastou-se, assim, a impermeabilidade jurídica interna da Administração Pública, permitindo-se, por consequência, o controle judicial dos atos praticados nesse tipo de relação. Conforme afirma Hartmut Maurer:

> A doutrina da relação de poder especial, que cria espaços livres estatal-jurídicos precisou, no mais tardar após a promulgação da Lei Fundamental, com sua pretensão de penetração estatal-jurídica em todos os âmbitos estatais, tornar-se duvidosa. Ela se manteve, apesar disso – com fundamentações distintas –, ainda muito: em parte, foi aceito que as relações de poder especial tradicionais, com suas restrições típicas, continuavam existindo, em parte, foi sustentada a concepção que elas foram reguladas ou pressupostas jurídico-constitucionalmente [...]; em parte também, foi argumentado com a referência à sujeição voluntária. No decorrer do tempo, contudo, produziram-se amolecimentos e abolição parcial, assim, por exemplo, quando foi reconhecido que também as regulações intra-administrativas têm caráter jurídico (com que a barreira teórica decisiva estava vencida), que também os direitos fundamentais aplicam-se na relação de poder especial, a não ser que suas finalidades especiais requeiram uma limitação, que a proteção jurídica existe, pelo menos para as medidas fundamentais da relação de poder especial (comparar, para isso, sobretudo, *Ule, VVDStRL 15, 1957, S. 133 ff.*). [...] A ruptura definitiva sucedeu, finalmente, com a decisão já mencionada do tribunal constitucional federal de 14.3.1972 (*BVerfGE* 33,1, efetivação da pena – comparar supra §6, número de margem 18) na qual – sem maiores disputas com as concepções tradicionais – é afirmado que os direitos fundamentais também valem para a efetivação da pena e somente podem ser limitados sob, os também de costume, pressupostos decisivos. Na jurisprudência e na literatura preponderante se impôs, então, rapidamente, a única concepção correta, que os direitos fundamentais, a reserva de lei e a proteção jurídica (art. 19 IV da Lei Fundamental) também valem nas relações-estado-cidadão tradicionalmente designadas como relações de poder especiais. A relação de poder especial tornou-se sem função e, com isso, se resolveu.[143] [144]

---

[143] MAURER, Hartmut. *Direito administrativo geral*. São Paulo: Manole, 2009. p. 195-196.

[144] Odete Medauar, no mesmo sentido, afirma: "Mostra-se evidente a plena superação da categoria [relações de sujeição especial], no atual cenário em que reinam direitos fundamentais, direitos ao contraditório e à ampla defesa, além de outros aspectos relativos às inovações do Estado e do Direito Administrativo. Daí a pertinência da sua rejeição na doutrina afinada ao contemporâneo". (MEDAUAR, Odete. *O direito administrativo em evolução*. 3. ed. Brasília: Gazeta Jurídica, 2017. p. 382).

Mas, mesmo depois disso, e ainda atualmente, parcela da doutrina no Brasil defende "que não se pode negar a existência das relações de sujeição especial, principalmente no que tange à situação do servidor público",[145] muito embora "não se [possam] admitir as relações de especial sujeição, no Estado Democrático de Direito, da forma como foram concebidas no passado".[146] Assim, para essa corrente, também nas relações de especial sujeição, vigorariam os direitos fundamentais e a possibilidade de controle de juridicidade pelo Poder Judiciário.[147] Ademais, também se aplicaria o princípio da reserva legal, desde que observadas as peculiaridades que esse vínculo apresenta em determinadas hipóteses.[148] Por fim, os demais princípios típicos do Direito Administrativo sancionador (legalidade, tipicidade, *non bis in idem*, irretroatividade das normas sancionadoras, culpabilidade, presunção de inocência e devido processo legal) também deveriam ser aplicados.[149] Segundo Marcílio Barenco Corrêa Mello:

> Deste modo, destacamos pontos relevantes acerca da evolução da teoria das relações de sujeição especial, com destaque de que: a) as restrições impostas nas intervenções estatais deverão ser precedidas de lei; b) a restrição às normas fundamentais deverão ser precedidas de lei de fundamento constitucional; c) a Administração Pública não possui poderes normativos autônomos em matérias de regulação de relações de especial sujeição; e, por fim, d) há reconhecido controle judicial (princípio da inafastabilidade da jurisdição) das medidas havidas no seio das relações de sujeição especial.[150]

---

[145] ZOCKUN, Carolina Zancaner. Sujeição especial e regime jurídico da função pública no Estado de Direito democrático e social. *In*: CELY, Martha Lúcia Bautista; SILVEIRA, Raquel Dias da. *Direito disciplinário internacional*: estudos sobre a formação, profissionalização, disciplina, transparência, controle e responsabilidade da função pública. Belo Horizonte: Editoria Fórum, 2011. v. 1, p. 279.

[146] ZOCKUN, Carolina Zancaner. Sujeição especial e regime jurídico da função pública no Estado de Direito democrático e social. *In*: CELY, Martha Lúcia Bautista; SILVEIRA, Raquel Dias da. *Direito disciplinário internacional*: estudos sobre a formação, profissionalização, disciplina, transparência, controle e responsabilidade da função pública. Belo Horizonte: Editoria Fórum, 2011. v. 1, p. 279.

[147] ARAÚJO, Florivaldo Dutra de. *Negociação coletiva dos servidores públicos*. Belo Horizonte: Fórum, 2001. p. 146.

[148] PEREIRA, Flávio Henrique Unes. *Sanções disciplinares*: o alcance do controle jurisdicional. Belo Horizonte: Fórum, 2020. p. 55.

[149] OSÓRIO, Fabio Medina. *Direito administrativo sancionador*. 7. ed. São Paulo: Thomson Reuters Brasil, 2020. p. 161.

[150] MELLO, Marcílio Barenco Corrêa de Mello. *Termo de ajustamento de gestão como instrumento de composição no controle das despesas públicas*. Tese (Doutoramento em Ciências Jurídicas Públicas), Universidade do Minho, Escola de Direito, Braga, 2021. p. 139-140.

Todavia, as adaptações exigidas pelo Estado Democrático de Direito, e bem reconhecidas pela doutrina anteriormente citada, acabam por desnaturar os pressupostos da própria teoria, notadamente a imunidade ao princípio da legalidade (ou juridicidade) e ao controle judicial. A teoria da relação de sujeição especial sem esses pressupostos é teoria outra, ainda que se deseje, por motivos práticos, manter a nomenclatura. Ao consagrarem os princípios da legalidade democrática e os direitos fundamentais a todo indivíduo em qualquer tipo de relação jurídica, as Constituições modernas, dos Estados Democráticos de Direito, eliminaram a figura da relação de sujeição especial.[151]

Induvidosamente, a relação jurídica do servidor público com a Administração é especial, pois o regime jurídico que a rege é, deveras, especial em relação aos empregados privados. Aliás, toda e qualquer relação jurídica regida pelo direito público é especial em relação às relações jurídicas regidas pelo direito comum (privado).[152] Em suma, conforme afirma Eurico Bitencourt Neto, com base na doutrina de José Manuel Sérvulo Correia, "não há relações especiais de sujeição em sentido próprio, mas relações jurídicas, cada qual regulada por normas jurídicas que lhe dão conteúdo".[153]

Mas essa relação especial, que dá ensejo ao poder disciplinar, não é criada a pretexto de deixar o servidor público especialmente sujeito ao Estado. Na verdade, ao poder disciplinar, que nada mais é do que uma prerrogativa, corresponde uma sujeição da própria Administração Pública, que tem o dever de respeitar as garantias individuais do particular, independentemente da sua situação jurídica (cidadão, detento,

---

[151] FRAGA, Carlos Alberto Conde da Silva. *O poder disciplinar no Estatuto dos trabalhadores da Administração Pública*. 2. ed. Lisboa: Petrony Editora, 2013. p. 93.

[152] "Com isso, não deve ser impugnado que essas relações realmente mostram certas peculiaridades e, correspondentemente, essas peculiaridades também carecem de regulações especiais. Mas essas regulações devem – como também de costume – corresponder completamente às exigências estatal-jurídicas, especialmente, ser promulgadas por lei ou com base em uma lei e estar de acordo completamente com os direitos fundamentais. Também a 'relação de poder geral' não é uma relação jurídica ampla, mas somente uma designação coletiva, que tem por objeto as relações jurídicas mais distintas (comparar supra II). Em consideração mais rigorosa existe, no fundo, somente – mais ou menos cunhadas – relações jurídicas especiais. Parece, por conseguinte – para evitação de mal-entendidos -, oportuno renunciar totalmente à designação 'relação de poder especial'". (MAURER, Hartmut. *Direito administrativo geral*. São Paulo: Manole, 2009. p. 197).

[153] BITENCOURT NETO, Eurico. *Concertação administrativa interorgânica, direito administrativo e organização no século XXI*. São Paulo: Almedina, 2017. p. 164.

aluno, servidor).¹⁵⁴ A atuação de ambos os polos da relação encontra limites no regime especial que a rege.

Como qualquer trabalhador, o servidor público está, de fato, subordinado aos interesses do seu empregador, mas "no caso do empregador público, os interesses estão heterodeterminados pela lei".¹⁵⁵ A Administração Pública está constitucionalmente vinculada à realização do interesse público,¹⁵⁶ sendo que o "poder disciplinar é um instrumento de que dispõe a Administração para prosseguir com eficácia o serviço público, reprimindo os funcionários que não cumpram as suas funções ou abusem destas em detrimento dos fins da Administração".¹⁵⁷

Com efeito, a Administração Pública, em seu sentido subjetivo ou orgânico, nada mais é do que uma ficção jurídica. As pessoas jurídicas, de direito público ou privado, bem como os órgãos e unidades que as compõem na administração direta e indireta só existem por força e nos limites do Direito. No plano fático, o Poder Público manifesta sua vontade e pratica atos materiais e administrativos por meio de seus agentes, pessoas humanas, no exercício da função pública.¹⁵⁸ Logo, "o interesse público é corporizado pelas atribuições e missões dos entes

---

[154] Javier Ernesto Sheffer Tuñon afirma que o fim do interesse público contido em preservar a conduta correta na instituição oficial inclui o tratamento adequado ao servidor, como ser humano que é. (TUÑON, Javier Ernesto Sheffer. Principios del derecho disciplinário. *In*: CELY, Martha Lúcia Bautista; SILVEIRA, Raquel Dias da. *Direito disciplinário internacional*: estudos sobre a formação, profissionalização, disciplina, transparência, controle e responsabilidade da função pública. Belo Horizonte: Editoria Fórum, 2011. v. 1, p. 145).

[155] NEVES, Ana Fernanda. A relação jurídica da função pública e as suas particularidades. *In*: CELY, Martha Lucía Bautista; SILVEIRA, Raquel Dias da (Coord.). *Direito disciplinário internacional*. Belo Horizonte: Fórum, 2011. p. 247-248.

[156] Romeu Felipe Bacellar Filho, ao tratar justamente do "processo administrativo como instrumento do direito disciplinar", afirma que "o princípio geral de toda atividade estatal exercida através da Administração Pública é o bem comum", sendo que "o Administrador que transgrida este preceito convulsiona, desarmoniza e desacredita a ação administrativa". (BARCELLAR FILHO, Romeu Felipe. Processo administrativo como instrumento do direito disciplinar. *In*: CELY, Martha Lúcia Bautista; SILVEIRA, Raquel Dias da (Coord.). *Direito Disciplinário internacional*: estudos sobre a formação, profissionalização, disciplina, transparência, controle e responsabilidade da função pública. Belo Horizonte: Fórum, 2011. v. 1, p. 437).

[157] FRAGA, Carlos Alberto Conde da Silva. *O poder disciplinar no Estatuto dos trabalhadores da Administração Pública*. 2. ed. Lisboa: Petrony Editora, 2013. p. 25.

[158] Nesse sentido, Romeu Felipe Bacellar Filho afirma que "[a] Administração Pública, considerada um aparelho regularmente constituído pelo Estado para satisfazer o bem comum na realização de seus serviços, deve ter realçada, em sua atuação, a compreensão de que o Estado é uma síntese de todos". (BARCELLAR FILHO, Romeu Felipe. Processo administrativo como instrumento do direito disciplinar. *In*: CELY, Martha Lúcia Bautista; SILVEIRA, Raquel Dias da (Coord.). *Direito Disciplinário internacional*: estudos sobre a formação, profissionalização, disciplina, transparência, controle e responsabilidade da função pública. Belo Horizonte: Fórum, 2011. v. 1, p. 435).

públicos empregadores",[159] sendo que a boa execução das atividades públicas depende rigorosamente do estabelecimento de obrigações e proibições funcionais, bem como das medidas disciplinares adequadas a garantir a sua observância.[160]

Se isso, por um lado, revela a importância do poder disciplinar, em face do princípio da eficiência, por outro, revela a sua natureza instrumental, ligada fundamentalmente à ideia de busca pela satisfação dos interesses públicos. Mas essa busca não (mais) autoriza a relativização dos direitos individuais do servidor público, ainda que este esteja em uma relação jurídica especial (mas não de especial sujeição) perante a Administração Pública.

A superação da teoria da relação de sujeição especial é condição essencial para que se admita a consensualidade em matéria disciplinar. Conforme será abordado adiante, o consenso, sem vícios na manifestação de vontade, pressupõe processo dialógico de negociação entre as partes, o que dificilmente poderia ser realizado à margem do princípio da juridicidade e do possível controle judicial das garantias individuais.

2.2 Exercício do poder disciplinar: normalidade da ação consensual e alternância com a ação imperativa

Eberhard Schmidt-Assman, na obra "A teoria geral do Direito Administrativo como sistema: objeto e fundamentos da construção sistemática", utilizada como marco teórico do presente trabalho, trata da figura do Estado consensual, compreendido como aquele em que o processo de tomada de decisões é baseado em consenso e negociação. Tal processo permite a manutenção de um contexto estável de colaboração

---

[159] NEVES, Ana Fernanda. A relação jurídica da função pública e as suas particularidades. *In*: CELY, Martha Lucía Bautista; SILVEIRA, Raquel Dias da (Coord.). *Direito disciplinário internacional*. Belo Horizonte: Fórum, 2011. p. 247-248.

[160] Nesse sentido, Romeu Barcellar Filho afirma que "as elevadas e numerosas tarefas do Estado não resultariam exitosas sem a imposição de princípios de atuação capazes de oferecer garantias exigíveis de um Estado justo e igualitário". (BARCELLAR FILHO, Romeu Felipe. Processo administrativo como instrumento do direito disciplinar. *In*: CELY, Martha Lúcia Bautista; SILVEIRA, Raquel Dias da (Coord.). *Direito Disciplinário internacional*: estudos sobre a formação, profissionalização, disciplina, transparência, controle e responsabilidade da função pública. Belo Horizonte: Fórum, 2011. v. 1, p. 436).

entre as autoridades públicas e o setor privado, conjugando-se as ideias de liberdade (direito privado) e competência (direito público).[161]

Inicialmente, o autor esclarece que o "fenômeno do Estado consensual" não é recente. O que é novo é o alcance ou a dimensão desse novo modelo de Administração Pública. Indo muito além dos contratos e convênios, a consensualidade experimentou notável crescimento na prática administrativa cotidiana, como, por exemplo, nos complexos sistemas de cooperação e negociação nas áreas de meio ambiente e saúde, tanto no âmbito da execução como da produção normativa. Em consequência, as relações esporádicas e pontuais entre Administração Pública e particular transformaram-se em permanentes e as decisões imperativas converteram-se em processos consensuais.[162]

Essa alteração no modo de agir da Administração Pública acaba por colocar em dúvida os postulados clássicos da unilateralidade, imperatividade e legalidade estrita enquanto conceitos absolutos e exclusivos do Direito Administrativo. Os meios de execução forçada passam a se complementar com estratégias para convencer e persuadir o particular. A vinculação ou sujeição estrita à lei passa a se complementar, quando não é substituída, parcialmente, por uma vinculação de natureza normativo-social. Mas isso, ressalta o autor, não deve ser encarado como uma "debilidade" do sistema, e sim como uma mutação das diretrizes "vertebrais" do Direito Administrativo.[163]

Justamente por se tratar de mutação sistêmica, reformas isoladas ou reajustes pontuais de categorias clássicas não se mostram suficientes para conferir base normativa sólida e confiável para o novo modelo de atuação da Administração Pública. Mais do que isso, deve-se compreender a consensualidade como condição necessária ou pressuposto de funcionamento do Estado e como categoria normal da dogmática administrativa, ao lado da unilateralidade e da imperatividade. Daí surge a ideia de "normalidade da ação consensual", que consiste, basicamente, no seguinte:

---

[161] SCHMIDT-ASSMAN, Eberhard. *La teoría general del derecho administrativo como sistema*: objeto y fundamentos de la construcción sistemática. Madrid: INAP-Marçal Pons, 2003. p. 36-40.

[162] SCHMIDT-ASSMAN, Eberhard. *La teoría general del derecho administrativo como sistema*: objeto y fundamentos de la construcción sistemática. Madrid: INAP-Marçal Pons, 2003. p. 37.

[163] SCHMIDT-ASSMAN, Eberhard. *La teoría general del derecho administrativo como sistema*: objeto y fundamentos de la construcción sistemática. Madrid: INAP-Marçal Pons, 2003. p. 38.

A Constituição não optou por modelo teórico algum – nem pelo imperativo nem pelo consensual. Pelo contrário, enquanto Constituição mista, nela se reúnem e entram em conexão as distintas modalidades de funcionamento do Estado. Daí que o Direito Administrativo deve escapar de uma visão reducionista, meramente defensiva, ante as expressões do Estado consensual. Por esse ângulo, tão legítima é a consensualidade como indisponíveis são as responsabilidades do Estado. Com efeito, a legitimidade das distintas formas de ação consensual é tão evidente como, por outro lado, irrenunciável é a responsabilidade ou obrigação do Estado no que se refere à iniciativa, organização, moderação e garantia das prestações, e às técnicas que lhe são inerentes entre as que se encontram a produção unilateral de normas e a execução forçada. Mesmo que a consensualidade constitua categoria normal de ação, o Estado não será um sócio na relação negocial, mas, em virtude das suas demais competências, haverá de ocupar uma posição especial, que é a que lhe legitima para atuar ao tempo que vincula e obriga (tradução livre).[164]

Significa dizer, assim, que a Administração Pública não está submetida a um princípio de primazia da decisão unilateral sobre o acordo[165] e que, no sistema de formas jurídicas, o contrato administrativo (*lato sensu*) não ocupa posição de excepcionalidade, mas de normalidade, ao lado do ato administrativo.[166] Existem, assim, dois possíveis modelos de ação administrativa (imperativo e consensual), sendo ambos, em tese, lícitos e normais em nosso ordenamento jurídico.

Trasladando-se essa premissa para o âmbito disciplinar dos servidores públicos, diante da possível prática de infração, abrem-se à Administração Pública, em tese, duas alternativas: i) a instauração de processo administrativo, de natureza punitiva e estruturado em contraditório, como instrumento de validação da decisão final sancionatória, unilateral e imperativa; ii) a instauração de processo administrativo de negociação para possível celebração de acordo substitutivo.

Todavia, conforme também adverte Eberhard Schmidt-Assman, tais alternativas não são completamente equiparáveis ou intercambiáveis

---

[164] SCHMIDT-ASSMAN, Eberhard. *La teoría general del derecho administrativo como sistema*: objeto y fundamentos de la construcción sistemática. Madrid: INAP-Marçal Pons, 2003. p. 40.
[165] SCHMIDT-ASSMAN, Eberhard. *La teoría general del derecho administrativo como sistema*: objeto y fundamentos de la construcción sistemática. Madrid: INAP-Marçal Pons, 2003. p. 326.
[166] SCHMIDT-ASSMAN, Eberhard. *La teoría general del derecho administrativo como sistema*: objeto y fundamentos de la construcción sistemática. Madrid: INAP-Marçal Pons, 2003. p. 327.

no caso concreto.¹⁶⁷ Cabe ao regime jurídico administrativo "dar a adequada estruturação jurídica à consensualidade"; "adaptar e integrar os resultados da negociação em contextos ou sistemas de decisão mais amplos"; "outorgar a adequada proteção aos terceiros" e "preservar a capacidade de ação do Estado frente a situações alternativas" (tradução livre).¹⁶⁸ Ou seja: o ordenamento jurídico, mais precisamente o regime jurídico administrativo, deve dar ao gestor público critérios para eleger a alternativa válida e adequada no caso concreto.

No ordenamento jurídico brasileiro, a atuação imperativa, mediante a imposição unilateral de sanções disciplinares, decorre do poder extroverso e constitui prerrogativa da Administração Pública capaz de conferir autoexecutoriedade aos seus atos unilaterais.¹⁶⁹ Já a atuação consensual, mediante a celebração de acordos substitutivos em matéria disciplinar possui fundamento constitucional nos princípios democrático, da cooperação e da eficiência,¹⁷⁰ que se concretizam nas ideias de dialogicidade, contratualização,¹⁷¹ participação administrativa e governança pública.¹⁷²

Mas ambas as alternativas (imperativa e consensual), em tese, podem ter o efeito de contribuir para manter a disciplina interna da organização pública, conformando a atuação dos agentes públicos às regras de conduta previstas nos estatutos funcionais. Bem por isso, "sanção administrativa e acordo administrativo são, ambos, instrumentos de ação administrativa fungíveis e com efeitos específicos que podem

---

[167] Nas palavras de Florivaldo Dutra de Araújo, não se trata de "indiferentes jurídicos", o que ocorre quando "a lei elencou determinadas opções, atribuindo a todas o mesmo valor, expressamente, pelo que qualquer decisão a ser depois tomada estará previamente avalizada como juridicamente perfeita" ou quando "a regra legal deu ao administrador balizas dentro das quais se abre um leque de indeterminadas opções, em relação às quais a escolha a ser feita deverá levar à edição de um ato que se contenha nos parâmetros fixados". (ARAÚJO, Florivaldo Dutra de. *Motivação e controle do ato administrativo*. 2. ed. Belo Horizonte: Del Rey, 1992. p. 87).

[168] SCHMIDT-ASSMAN, Eberhard. *La teoría general del Derecho Administrativo como sistema*: objeto y fundamentos de la construcción sistemática. Madrid: INAP-Marçal Pons, 2003. p. 40.

[169] PALMA, Juliana Bonacorsi de. *Atuação administrativa consensual*. Dissertação (mestrado), Universidade de São Paulo, Faculdade de Direito, São Paulo, 2010. p. 28. Disponível em: https://www.teses.usp.br/teses/disponiveis/2/2134/tde-18112011-141226/publico/Dissertacao_Juliana_Bonacorsi_de_Palma.pdf. Acesso em 7 fev. 2024.

[170] BITENCOURT NETO, Eurico. *Concertação administrativa interorgânica, direito administrativo e organização no século XXI*. São Paulo: Almedina, 2017. p. 257-261.

[171] FERRAZ, Luciano. *Controle e consensualidade*. Belo Horizonte: Fórum, 2020. p. 90.

[172] PALMA, Juliana Bonacorsi de. *Sanção e acordo na administração pública*. São Paulo: Malheiros, 2015. p. 119.

ser preferidos em determinado caso", e estão ambos "à disposição da Administração Pública quando do cumprimento de suas competências, que indicam análise racional concreta, considerando todos os elementos que compõem o contexto no qual se inserem".[173]

Entende-se, assim, que a utilização de métodos consensuais na Administração Pública, por si só, não traz benefícios, do mesmo modo que a imperatividade não é maléfica em si mesma. O exercício do poder disciplinar é sempre instrumental tanto na via consensual quanto na via imperativa. Assim, o que definirá a validade e a adequação da ação administrativa é o atingimento do interesse público no caso concreto, ou seja, a manutenção da ordem interna da organização. Nesse sentido, Eurico Bitencourt Neto sustenta, com base na doutrina de Eberhard Schmidt-Assman, que:

> Se, por um lado, não se pode anunciar a morte da Administração hierarquizada e unilateral, tampouco se admite a sua prevalência absoluta, sobre modos de administração concertada. A hierarquia e a ação unilateral continuam a ser modos relevantes de atuação administrativa, mas há que se reconhecer que hoje convivem com a concertação administrativa ou os modelos de negociação como mecanismos ordinários de coordenação administrativa, ou, dito de outro modo, são todos meios legítimos de ação administrativa.[174]

Luciano Ferraz, ao propor um sistema de controle consensual da Administração Pública, ressalta que o objetivo não é a extinção das formas tradicionais de controle com viés repressivo e sancionatório. Diferentemente disso, o que se busca é "complementariedade", a possibilitar "a utilização de métodos que se insiram no contexto do direito e da Administração Pública para revelar tendências controladoras que estimulem transparência, eficiência, economicidade, eficácia, efetividade".[175]

Em sentido similar, Juliana Bonacorsi de Palma afirma que:

> O fundamental para a garantia da funcionalidade tanto da atuação imperativa quanto da atuação consensual é a alternância entre elas. Sem a constante ameaça da imperatividade, que não se coloca pela previsão

---

[173] PALMA, Juliana Bonacorsi de. *Sanção e acordo na administração pública.* São Paulo: Malheiros, 2015. p. 129.
[174] BITENCOURT NETO, Eurico. *Concertação administrativa interorgânica, direito administrativo e organização no século XXI.* São Paulo: Almedina, 2017. p. 248-249.
[175] FERRAZ, Luciano. *Controle e consensualidade.* Belo Horizonte: Fórum, 2020. p. 207.

normativa de sanções gravosas, mas pela real aplicação de sanções simbólicas pela autoridade administrativa, com o devido cumprimento, não há acordos administrativos eficazes. Sem a consensualidade, porém, a Administração Pública passa a andar na contramão da demanda por participação administrativa, colocando em questionamento a legitimidade de seu poder administrativo, além de negligenciar potencial mecanismo de eficácia da satisfação das finalidades públicas.[176]

Ao tratar de "consenso e instituição", Diogo de Figueiredo Moreira Neto aponta "o relevante papel da coesão social desempenhado pelo consenso, tanto na origem do poder, como na própria natureza da organização social, que essa qualidade aglutinante propicia". Sem embargo, "ao lado do consenso existe o fenômeno antípoda da pura imposição da força", que também se mostra "uma fonte paralela de relações interindividuais reiteradas e estáveis, aptas a atingir a escala necessária para gerar instituições e proporcionar segurança no meio social". O que distingue uma hipótese da outra é "que as relações fundadas apenas ou predominantemente na coerção não serão tão duradouras quanto as que se fundem no consenso, situando-se, entre ambas, as relações híbridas".[177] Gustavo Binenbojm, a propósito do tema, afirma:

> Em suma, a lógica consensual de administrar parece apta a promover finalidades públicas de maneira mais legítima, estável, eficiente e transparente, em determinadas circunstâncias e consoante critérios previamente estabelecidos. Por óbvio, não se está a considerar a consensualidade uma panaceia, a solução de todos os problemas. Dela não se esperam milagres, mas o desenvolvimento da confiança e do diálogo no agir administrativo. O que não é correto, contudo, é negar suas potencialidades, as quais se coadunam com os valores democráticos e republicanos do Estado contemporâneo.[178]

Destarte, os atos unilaterais e imperativos de aplicação de sanção disciplinar, após o devido processo legal, afiguram-se lícitos em nosso ordenamento jurídico, notadamente para as infrações mais graves, em

---

[176] PALMA, Juliana Bonacorsi de. *Sanção e acordo na administração pública*. São Paulo: Malheiros, 2015. p. 129.

[177] MOREIRA NETO, Diogo de Figueiredo. *Quatro paradigmas do Direito Administrativo Pós-Moderno*. Belo Horizonte: Fórum, 2008. p. 136.

[178] BINENBOJM, Gustavo. A consensualidade administrativa como técnica juridicamente adequada de gestão eficiente de interesses sociais. *Revista Eletrônica da Procuradoria Geral do Estado do Rio de Janeiro (PGE-RJ)*, Rio de Janeiro, v. 3 n. 3, set./dez. 2020.

que os interesses públicos apenas possam ser atingidos com a demissão do infrator. O que se sustenta, no presente trabalho, é que a atuação imperativa não é a única ou prioritária via de ação administrativa e nem a mais adequada para toda e qualquer situação de conflito disciplinar. A grande questão que se coloca, portanto, é definir, a partir do ordenamento jurídico pátrio, as possibilidades, os requisitos e os critérios para escolha de um (imperatividade) ou outro caminho (consensualidade).

2.3 Consensualidade, reserva de lei e autorização genérica de acordos na Administração Pública

A competência legislativa para instituição do regime jurídico próprio dos servidores públicos é de cada ente federativo (União, Estados, Distrito Federal e Municípios) como decorrência de sua autonomia político-administrativa, nos termos dos artigos 18 e 39, *caput*, da Constituição da República.[179] Portanto, não há legislação nacional sobre o tema. Cada entidade federativa possui o seu próprio estatuto funcional.

Na esfera federal, o estatuto dos servidores públicos, Lei nº 8.112/90, mantém-se ultrapassado em matéria de consensualidade, estabelecendo o processo administrativo disciplinar, de natureza punitiva, a ser finalizado com decisão unilateral e imperativa, como "o instrumento destinado a apurar responsabilidade de servidor por infração praticada no exercício de suas atribuições ou que tenha relação com as atribuições do cargo em que se encontre investido" (art. 148).

O estatuto federal não prevê expressamente a possibilidade de soluções consensuais no âmbito disciplinar, conferindo competências administrativas exclusivamente para a prática do ato unilateral de aplicação de sanções, como forma ordinária de terminação do processo

---

[179] "Art. 18. A organização político-administrativa da República Federativa do Brasil compreende a União, os Estados, o Distrito Federal e os Municípios, todos autônomos, nos termos desta Constituição".
"Art. 39. A União, os Estados, o Distrito Federal e os Municípios instituirão, no âmbito de sua competência, regime jurídico único e planos de carreira para os servidores da administração pública direta, das autarquias e das fundações públicas [redação vigente por conta da liminar deferida pelo Supremo Tribunal Federal na ADI 2135]". (BRASIL. [Constituição (1988)]. *Constituição da República Federativa do Brasil de 1988*. Brasília, DF: Presidência da República, 1988. Disponível em: https://www.planalto.gov.br/ccivil_03/constituicao/constituicao.htm. Acesso em 7 fev. 2024).

administrativo disciplinar.[180] Tal estrutura normativa, em regra replicada pelos demais entes federativos,[181] poderia gerar questionamentos a respeito da possibilidade de terminação ou substituição consensual do processo administrativo disciplinar, notadamente em face da reserva de lei.[182]

A propósito do tema, Thiago Marrara sustenta que "há uma série de razões a justificar a exigência de autorizativo de lei para a celebração dos compromissos de cessação como alternativa ao processo sancionador", dentre elas: "A ausência de discricionariedade da via punitiva";[183]

---

[180] "Art. 141. As penalidades disciplinares serão aplicadas:
I – pelo Presidente da República, pelos Presidentes das Casas do Poder Legislativo e dos Tribunais Federais e pelo Procurador-Geral da República, quando se tratar de demissão e cassação de aposentadoria ou disponibilidade de servidor vinculado ao respectivo Poder, órgão, ou entidade;
II – pelas autoridades administrativas de hierarquia imediatamente inferior àquelas mencionadas no inciso anterior quando se tratar de suspensão superior a 30 (trinta) dias;
III – pelo chefe da repartição e outras autoridades na forma dos respectivos regimentos ou regulamentos, nos casos de advertência ou de suspensão de até 30 (trinta) dias;
IV – pela autoridade que houver feito a nomeação, quando se tratar de destituição de cargo em comissão". (BRASIL. Lei nº 8.112, de 11 de dezembro de 1990. Dispõe sobre o regime jurídico dos servidores públicos civis da União, das autarquias e das fundações públicas federais. *Diário Oficial da União*, Brasília, DF: Presidência da República, 19 abr. 1991. Disponível em: https://www.planalto.gov.br/ccivil_03/leis/l8112cons.htm. Acesso em: 07 fev. 2024).

[181] Excetua-se o Município de Belo Horizonte, que, desde 2007, possui autorização legal expressa para resolução consensual de conflitos disciplinares por meio da Suspensão do Processo Disciplinar (Lei Municipal nº 9.310/2007). Avançando ainda mais, em 2021, o Município instituiu legalmente um sistema de aplicação consensual do regime disciplinar, por meio de Termo de Ajustamento Disciplinar (TAD), Suspensão do Processo Disciplinar (SUSPAD), Acordo Substitutivo (*plea bargaining* disciplinar) e mediação (Lei Municipal nº 11.300/21). Esse sistema foi avaliado no "Concurso de Boas Práticas Correcionais da Controladoria Geral da União" no ano de 2023 e ficou em 1º lugar na categoria "Demais entes federais, estaduais, municipais e distritais".

[182] Segundo Erbhard Schmidti-Assman, a reserva de lei tem efeito limitador no âmbito de competência do Poder Executivo, já que as matérias alcançadas pela reserva, que não tenham sido objeto de prévia regulação legal, não podem ser regulamentadas pela Administração. Existem duas linhas de evolução: a doutrina da reserva de lei centrada na atividade de intervenção ou limitação (na qual se inclui o regime disciplinar) e a que opera no plano ou ordem institucional. O autor propõe ainda o critério da essencialidade, com uma regulação escalonada, nos espaços onde normas de nível infralegal possam satisfazer, concretamente, a necessidade reguladora. Nesses âmbitos, o critério da essencialidade opera como uma máxima de política legislativa, incidindo no sentido de limitar a intensidade regulatória do legislador precisamente aos aspectos essenciais. Desse modo, a doutrina da reserva de lei, que, ao menos a princípio, se ocupa tão somente de assinalar as hipóteses em que se requer uma prévia regulação legal, acaba influenciando também na determinação do grau de precisão da lei adequado ao objeto de regulação. (SCHMIDT-ASSMAN, Eberhard. *La teoría general del derecho administrativo como sistema*: objeto y fundamentos de la construcción sistemática. Madrid: INAP-Marçal Pons, 2003. p. 197-205).

[183] "Em regra, a decisão unilateral punitiva não está sob o poder de escolha do administrador público, daí porque não se pode utilizar a lógica 'ad maius, ad minori' (quem pode o mais pode o menos). A legislação em geral dispõe que, uma vez encontrados indícios

"a hierarquia das normas"; "a exigência de legitimação democrática e lei para as decisões administrativas"; e "os riscos gerados pela adoção de práticas consensuais não autorizadas quer para o ente regulador e seus agentes, quer para o regulado e para a própria manutenção do compromisso".[184]

Bruna Rodrigues Colombarolli, em sentido similar, critica a instituição de acordos substitutivos (mais especificamente termos de ajustamento de conduta) por meio de regulamentos, uma vez que a medida "afasta a incidência de procedimentos e de sanções que são consagrados em lei em sentido formal". Segundo ela, "a consagração do ajuste em Instrução Normativa permite, em termos práticos, que ato normativo secundário revogue disposições presentes em lei em sentido formal, o que é inconcebível com a estrutura hierarquizada do ordenamento jurídico brasileiro".[185] Todavia, mais à frente, a pesquisadora ressalta que "a consagração da medida contratual em lei em sentido formal pode ser feita por meio de cláusula geral, competindo à Administração Pública regulamentar o emprego do instituto, nos moldes do art. 84, IV, do Texto Constitucional".[186]

Juliana Bonacorsi de Palma, em sua dissertação de mestrado, defendida em 2010, observa que "a Administração Pública federal não dispõe de permissivo genérico para a atuação consensual" e ressalta que "a atuação administrativa consensual é possível quando houver

---

de autoria e materialidade relativos ao comportamento ilícito, a Administração deverá instaurar processo sancionador e, caso obtenha provas e não se configure prescrição, punirá o infrator". (MARRARA, Thiago. Regulação consensual: o papel dos compromissos de cessação de prática no ajustamento de condutas dos regulados. *Revista Digital de Direito Administrativo*, v. 4, n. 1, p. 274-293, 2017. Disponível em: https://www.revistas.usp.br/rdda/article/view/125810/122719. Acesso em 7 fev. 2024).

[184] "Em termos pragmáticos, ela [a previsão legal dos acordos] é essencial para conferir à via consensual estabilidade e oferecer aos regulados e ao ente regulador todos os benefícios que o modelo de ajustamento consensual de condutas permite. Como repisado, a autorização legal torna-se dispensável exclusivamente na hipótese de deslegalização do sistema punitivo regulatório – mas mesmo aqui existirá alguma autorização legal enraizada na vontade dos representantes do povo, qual seja: a norma que prevê a deslegalização". (MARRARA, Thiago. Regulação consensual: o papel dos compromissos de cessação de prática no ajustamento de condutas dos regulados. *Revista Digital de Direito Administrativo*, v. 4, n. 1, p. 274-293, 2017. Disponível em: https://www.revistas.usp.br/rdda/article/view/125810/122719. Acesso em 7 fev. 2024).

[185] COLOMBAROLLI, Bruna Rodrigues. *Contratos sobre exercício de poder administrativo repressivo*. Tese (Doutorado), Universidade Federal de Minas Gerais, Faculdade de Direito, Belo Horizonte, 2018. p. 310.

[186] COLOMBAROLLI, Bruna Rodrigues. *Contratos sobre exercício de poder administrativo repressivo*. Tese (Doutorado), Universidade Federal de Minas Gerais, Faculdade de Direito, Belo Horizonte, 2018. p. 315.

expressa autorização legal, mesmo que o ente administrativo não disponha de regulamento para versar sobre a dinâmica do instrumento concertado".[187]

Em sentido diverso, Maurício Morais Tonin sustenta, em obra publicada no ano de 2017, que "a disciplina jurídica dos acordos substitutivos não configura reserva de lei, de modo que a Administração se encontra legitimada para editar normas, no exercício de sua competência normativa, que prevejam esses acordos".[188]

Tal controvérsia, porém, foi superada em 2018, com a edição da Lei nº 13.655/18, que incluiu na Lei de Introdução às Normas do Direito Brasileiro (LINDB), norma permissiva genérica de celebração de compromissos na Administração Pública,[189] com o objetivo de estabelecer "o regime jurídico para negociação entre autoridades públicas e particulares".[190] Veja-se o texto da regra:

> Art. 26. Para eliminar irregularidade, incerteza jurídica ou situação contenciosa na aplicação do direito público, inclusive no caso de expedição de licença, a autoridade administrativa poderá, após oitiva do órgão jurídico e, quando for o caso, após realização de consulta pública, e presentes razões de relevante interesse geral, celebrar compromisso com os interessados, observada a legislação aplicável, o qual só produzirá efeitos a partir de sua publicação oficial.
> §1º O compromisso referido no caput deste artigo:
> I – buscará solução jurídica proporcional, equânime, eficiente e compatível com os interesses gerais;
> II – (VETADO);
> III – não poderá conferir desoneração permanente de dever ou condicionamento de direito reconhecidos por orientação geral;

---

[187] PALMA, Juliana Bonacorsi de. *Atuação administrativa consensual*. Dissertação (mestrado), Universidade de São Paulo, Faculdade de Direito, São Paulo, 2010. p. 28. Disponível em: https://www.teses.usp.br/teses/disponiveis/2/2134/tde-18112011-141226/publico/Dissertacao_Juliana_Bonacorsi_de_Palma.pdf. Acesso em 7 fev. 2024.

[188] TONIN, Maurício Morais. *Arbitragem, mediação e outros métodos de solução de conflitos envolvendo o poder público*. São Paulo: Almedina, 2019. p. 217.

[189] Daniel Ferreira defende ("cogita", em suas palavras), que a Lei nº 13.105/2015 (Código de Processo Civil) já havia criado uma "cláusula geral e aberta, para além de incentivadora, da consensualização mesmo diante de conflitos instalados perante a Administração Pública de qualquer ordem, inclusive a partir de potencial ou provado cometimento de infrações administrativas". (FERREIRA, Daniel. Sanção ou acordo: um novo dilema para a administração pública brasileira? *In*: MOTTA, Fabrício; GABARDO, Emerson (Coords.). *Crise e reformas legislativas na agenda do Direito Administrativo*. XXXI Congresso Brasileiro de Direito Administrativo. Belo Horizonte: Fórum, 2018. p. 64).

[190] Conforme justificativa apresentada ao Senado Federal pelo autor do Projeto de Lei, o então Senador Antonio Anastasia.

IV – deverá prever com clareza as obrigações das partes, o prazo para seu cumprimento e as sanções aplicáveis em caso de descumprimento.
§2º (VETADO).[191]

A regra "faz parte de um conjunto de iniciativas do legislador no sentido de incentivar uma maior consensualidade na aplicação do direito público" e "atua como uma espécie de cláusula geral, ampliando consideravelmente o âmbito para a realização de autocomposições, no poder de polícia, inclusive".[192] Por possuir efeitos imediatos e vinculantes na condução dos processos administrativos, obriga o administrador público à sua aplicação concomitantemente com a Lei de Processo Administrativo (geral ou especificamente aplicável ao caso concreto).[193]

O compromisso para eliminação de irregularidade, incerteza jurídica ou situação contenciosa na aplicação do direito público, agora previsto no art. 26 da LINDB, assemelha-se ao instituto da terminação convencional de processos administrativos, previsto na legislação de diversos países da Europa continental. Como exemplo, na Espanha, o instituto foi inicialmente previsto na Lei nº 30/1992, que trata do "Régimen Jurídico de las Administraciones Públicas y del Procedimiento Administrativo Común", da seguinte forma:

> Artículo 88. Terminación convencional.
> 1. Las Administraciones Públicas podrán celebrar acuerdos, pactos, convenios o contratos con personas tanto de derecho público como privado, siempre que no sean contrarios al Ordenamiento Jurídico ni versen sobre materias no susceptibles de transacción y tengan por objeto satisfacer el interés público que tienen encomendado, con el alcance, efectos y régimen jurídico específico que en cada caso prevea la disposición que lo regule, pudiendo tales actos tener la consideración de finalizadores de los procedimientos administrativos o insertarse en

---

[191] BRASIL. Lei nº 13.655, de 25 de abril de 2018. Inclui no Decreto-Lei nº 4.657, de 4 de setembro de 1942 (Lei de Introdução às Normas do Direito Brasileiro), disposições sobre segurança jurídica e eficiência na criação e na aplicação do direito público. *Diário Oficial da União*, Brasília, DF: Presidência da República, 26 de abril de 2018. Disponível em: https://www.planalto.gov.br/ccivil_03/_ato2015-2018/2018/lei/l13655.htm. Acesso em 7 fev. 2024.

[192] AVELINO, Murilo Teixeira; PEIXOTO, Ravi. *Consensualidade e poder público*. 2. ed. São Paulo: JusPodivm, 2023. p. 78.

[193] FORTINI, Cristiana; BUENO, Amaral Roque. A amplitude da segurança jurídica no processo administrativo correlacionada aos efeitos da Lei nº 13.655/18. In: BITENCOURT NETO, Eurico; MARRARA, Thiago (Coord.). *Processo administrativo brasileiro*: estudos em homenagem aos 20 Anos da Lei Federal de processo administrativo. Belo Horizonte: Fórum, 2019. p. 173-197. Disponível em: https://www.forumconhecimento.com.br/livro/3994/4146/25519. Acesso em 7 fev. 2024.

los mismos con carácter previo, vinculante o no, a la resolución que les ponga fin.

2. Los citados instrumentos deberán establecer como contenido mínimo la identificación de las partes intervinientes, el ámbito personal, funcional y territorial, y el plazo de vigencia, debiendo publicarse o no según su naturaleza y las personas a las que estuvieran destinados.

3. Requerirán en todo caso la aprobación expresa del Consejo de Ministros, los acuerdos que versen sobre materias de la competencia directa de dicho órgano.

4. Los acuerdos que se suscriban no supondrán alteración de las competencias atribuidas a los órganos administrativos ni de las responsabilidades que correspondan a las autoridades y funcionarios relativas al funcionamiento de los servicios públicos.[194] [195]

A regra espanhola autoriza a terminação consensual de processos administrativos em geral, especialmente daqueles que, ordinariamente, serviriam para a prática de atos unilaterais e imperativos.[196] *Mutatis mutandis*, o art. 26 da LINDB, ao traçar o regime jurídico das negociações públicas em geral, passa a funcionar como fundamento legal das diversas espécies de acordos administrativos, inclusive daqueles de natureza substitutiva na esfera disciplinar. Por seu caráter nacional,

---

[194] Atualmente, na Espanha, a terminação convencional de processos administrativos é prevista na Ley nº 39/95, que trata "del Procedimiento Administrativo Común de las Administraciones Públicas". (ESPANHA. Cortes Generales. *Lei nº 39, de 1 de outubro de 2015*. Del Procedimiento Administrativo Común de las Administraciones Públicas. Madrid. Disponível em: https://www.boe.es/buscar/pdf/2015/BOE-A-2015-10565-consolidado.pdf. Acesso em 7 fev. 2024).

[195] ESPANHA. Cortes Generales. *Lei nº 30, de 26 de novembro de 1992*. Régimen Jurídico de las Administraciones Públicas y del Procedimiento Administrativo Común. Madrid. Disponível em: https://www.boe.es/buscar/pdf/1992/BOE-A-1992-26318-consolidado.pdf. Acesso em 7 fev. 2024. Tradução livre: "Artigo 88. Resolução Convencional. 1. As Administrações Públicas podem celebrar acordos, pactos, convênios ou contratos com pessoas tanto de direito público quanto privado, desde que não sejam contrários à Ordem Jurídica, não abranjam matérias não passíveis de transação e tenham por objetivo satisfazer o interesse público que lhes foi confiado, com o alcance, efeitos e regime jurídico específico previstos em cada caso pela disposição que o regulamenta, podendo tais atos ser considerados conclusivos dos procedimentos administrativos ou serem incorporados a eles como pré-requisitos, vinculativos ou não, à resolução que lhes ponha fim. 2. Esses instrumentos devem estabelecer, como conteúdo mínimo, a identificação das partes envolvidas, o âmbito pessoal, funcional e territorial, e o prazo de vigência, devendo ser publicados ou não conforme sua natureza e as pessoas a quem se destinam. 3. Exigirão, em qualquer caso, a aprovação expressa do Conselho de Ministros os acordos que abordem matérias da competência direta desse órgão. 4. Os acordos celebrados não implicarão alteração das competências atribuídas aos órgãos administrativos nem das responsabilidades que correspondem às autoridades e funcionários em relação ao funcionamento dos serviços públicos".

[196] ALFONSO, Luciano Parejo. Los actos administrativos consensuales en el derecho Español. *Revista de Direito Constitucional & Administrativo*, Belo Horizonte: Fórum, n. 13, jul./set. 2003.

passa a autorizar que todos os órgãos e entidades do país venham a celebrar negócios dessa natureza.[197]

Esse, inclusive, é o atual entendimento do Instituto Brasileiro de Direito Administrativo (IBDA), que editou, em 2019, o Enunciado nº 21 da I Jornada de Direito Administrativo com o seguinte teor: "Os artigos 26 e 27 da LINDB constituem cláusulas gerais autorizadoras de termos de ajustamento, acordos substitutivos, compromissos processuais e instrumentos afins, que permitem a solução consensual de controvérsias".

Essa visão, porém, não está livre de controvérsias, notadamente na seara punitiva, conforme demonstra o veto presidencial ao inciso II do §1º do art. 26 da LINDB. O dispositivo autorizaria a "transação quanto a sanções e créditos relativos ao passado", mas foi vetado supostamente por aplicação do princípio da "reserva legal", e por se considerar que o permissivo "poderia representar estímulo indevido ao não cumprimento das respectivas sanções, visando posterior transação".

Não se pode concordar com as razões do veto. A uma, porque o dispositivo em questão, caso houvesse sido sancionado, consistiria justamente em (mais uma) autorização legal para realização de acordos substitutivos, observando-se, assim, o princípio da reserva legal. A duas, porque a consensualidade possui, sob o aspecto material, fundamento direto na própria Constituição da República, como alternativa não excludente da imperatividade, e não obsta a aplicação e execução das sanções próprias nos casos cabíveis. E, a três, porque a utilização racional e adequada dos acordos substitutivos, nos casos em que cabíveis, longe de estimular o não cumprimento de obrigações e sanções, tende a incentivar o ajustamento de condutas ilícitas, nutrindo, assim, potencial pedagógico talvez superior ao da sanção unilateralmente aplicada.

De toda forma, entende-se que dispositivo vetado era mesmo redundante em relação ao *caput* do art. 26 da LINDB, que contém, como já se disse, norma permissiva genérica para a celebração de acordos em geral na Administração Pública.[198] A hipótese específica prevista no inciso II do §1º ("sanções e créditos relativos ao passado") já estava

---

[197] GUERRA, Sérgio; PALMA, Juliana Bonacorsi de. Art. 26 da LINDB: novo regime jurídico de negociação com a Administração Pública. *Revista Direito Administrativo*, Rio de Janeiro, p. 135-169, nov. 2018. Edição Especial: Direito Público na Lei de Introdução às Normas de Direito Brasileiro – LINDB (Lei nº 13.655/2018).

[198] MACHADO, Gabriel Soares dos Santos. *Acordos administrativos a partir do art. 26 da LINDB*: consensualidade, tensões, sentido e processo. Dissertação (Mestrado). FGV, Rio de Janeiro, 2019. p. 71.

necessariamente contida na regra *caput*, que se mostra, portanto, suficiente para fundamentar os acordos, inclusive em sede sancionatória, desde que observada a "legislação aplicável", se existente.[199]

Além disso, se bem observada, a redação do dispositivo vetado apenas remetia às sanções e créditos relativos ao passado, ou seja, às sanções já aplicadas e aos créditos já constituídos no momento de celebração do acordo. Inclusive, nas razões de veto, aludiu-se a "sanções e créditos relativos ao tempo pretérito e imputados em decorrência de lei". Assim, o objetivo do veto foi apenas o de "impedir o efeito retroativo da aplicação do compromisso no tempo, mas não a de proibir a celebração de futuros acordos administrativos substitutivos de sanção".[200] [201]

Mas, pode-se dizer, nem mesmo esse objetivo foi atingido, pois o *caput* do art. 26 não possui restrições quanto ao momento da celebração do acordo (antes ou após a imposição da sanção ou a constituição do crédito). A proibição do chamado "efeito retroativo" apenas seria possível mediante inserção expressa de regra excepcional ao *caput*, uma vez que o veto de parágrafos não tem o condão de modificá-lo. Portanto, o compromisso pode ser celebrado "antes da instauração do processo administrativo", "no curso do processo administrativo", "na fase de decisão, ou seja, quando da edição do ato administrativo – em geral, para substituí-lo", "na fase recursal", ou, ainda, "na constituição da coisa julgada administrativa".[202] Pode-se, inclusive, estipular

---

[199] DANIEL, Felipe Alexandre Santa Anna Mucci. *O direito administrativo sancionador aplicado aos contratos da Administração Pública e os acordos substitutivos de sanção*. Curitiba: Íthala, 2022. p. 343.

[200] SILVA, Victor Carvalho Pessoa de Barros e Silva. *Acordos administrativos substitutivos de sanção*. Dissertação (Mestrado), PUC/SP, São Paulo, 2019. p. 40.

[201] No âmbito dos acordos de não persecução cível, existe controvérsia doutrinária semelhante. Luiz Manoel Gomes Júnior e Diogo de Araújo Lima afirmam a possibilidade de celebração do negócio após o trânsito em julgado da decisão condenatória "parece coerente e razoável, pois, não se pode perder de mira, quando da celebração do acordo de não persecução cível, a defesa do interesse do patrimônio público, que restaria prejudicada, em determinados casos, se mantida a inflexível fixação de limite temporal". (GOMES JÚNIOR, Luiz Manoel; LIMA, Diogo de Lima. Aspectos gerais e controvertidos do acordo de não persecução cível. *Revista do Ministério Público do Estado do Rio de Janeiro*, n. 80, abr./jun. 2021).
Em sentido oposto, Fabrício Rocha Bastos sustenta que o acordo somente pode ocorrer anteriormente ao trânsito em julgado, pois o objetivo do instituto é justamente a solução consensual do conflito. (BASTOS, Fabrício Rocha. Acordo de não persecução cível – questões procedimentais e processuais. *Revista do Ministério Público do Estado do Rio de Janeiro*, Rio de Janeiro, n. 81, jul./set. 2021).

[202] GUERRA, Sérgio; PALMA, Juliana Bonacorsi de. Art. 26 da LINDB: novo regime jurídico de negociação com a Administração Pública. *Revista Direito Administrativo*, Rio de Janeiro, p. 135-169, nov. 2018. Edição Especial: Direito Público na Lei de Introdução às Normas de Direito Brasileiro – LINDB (Lei nº 13.655/2018).

diferenciação dos benefícios do acordo substitutivo de acordo com o momento da celebração.[203]

Em âmbito disciplinar, porém, essa discussão fica praticamente esvaziada, pois as sanções, em regra, previstas nos estatutos (advertência ou repreensão, suspensão, demissão, destituição e cassação de aposentadoria e disponibilidade) são automaticamente executáveis, independentemente da vontade do processado. Assim, não haveria nem mesmo espaço para acordos substitutivos após a coisa julgada administrativa nesse particular. Pode-se cogitar, porém, o acordo substitutivo em relação à obrigação de ressarcimento ao erário, que, embora não seja propriamente sanção disciplinar, pode ser efeito cível da condenação. Nesse caso, o acordo, posterior à coisa julgada, limitar-se-ia à forma de pagamento, conforme será mais detalhadamente demonstrado em tópicos seguintes.

Em suma, entende-se que o art. 26 da LINDB constitui fundamento legal suficiente para a celebração de acordos substitutivos em matéria disciplinar em toda a Administração Pública nacional.[204] Cada

---

[203] Thiago Marrara observa que a Lei de Defesa da Concorrência "previu um escalonamento ou uma gradação dos benefícios gerados pela colaboração conforme o momento da adesão ao programa de leniência. Em contraste com a Lei Anticorrupção – que criou um modelo bastante frágil e imperfeito, alheio aos avanços que já se viam no SBDC –, o direito da concorrência faz uma clara e justa distinção entre: (i) leniência prévia, que permite o abatimento integral da multa; (ii) leniência concomitante, que ocasiona a redução da multa em 1/3 a 2/3 e (iii) a leniência plus, que, como visto, garante a redução de no máximo 1/3 do valor da multa cominada, além de benefícios de leniência prévia no segundo processo administrativo. Ao traçar essa distinção e oferecer maiores benefícios ao infrator que se oferecer a colaborar com o CADE antes que ele tenha qualquer conhecimento da prática infrativa, a LDC novamente estimula a 'corrida pela leniência' e valoriza seu programa de colaboração". (MARRARA, Thiago. Acordos no direito da concorrência. *Revista de Defesa da Concorrência*, v. 8, n. 2. 2020. Disponível em: https://revista.cade.gov.br/index.php/revistadedefesadaconcorrencia/article/view/451/352. Acesso em 25 nov. 2023).

[204] Tal entendimento foi sufragado pela Rede de Corregedorias, instituído pela Resolução CGU nº 1, de 7 de maio de 2019, ao aprovar minuta de regulamento de acordos substitutivos disciplinares apresentada por Grupo de Trabalho, com fundamento no art. 26 da LINDB. Conforme noticiado, "o objetivo geral da minuta é servir de modelo desse tipo de regulamento para que possa ser utilizado pelos membros interessados da Rede", além de "desburocratizar a Administração Pública, simplificando e substituindo controles que possuem custo de implementação nitidamente desproporcional ao seu benefício potencial; de solucionar situações de menor potencial ofensivo de maneira justa e adequada, principalmente, quando se constatar infração de dano reparável que é decorrente de mero erro de gestão ou quando for possível a recuperação do agente público por meio de seu aprimoramento; além de ser instrumento jurídico, fornecido ao Estado, que possibilita a identificação de infrações graves". (BRASIL. CGU. GT da rede de corregedorias apresenta minuta regulamentadora de acordos substitutivos em matéria disciplinar. *Portal Gov.br*, 23 abr. 2024. Disponível em: https://www.gov.br/corregedorias/pt-br/aconteceu-aqui/noticias/2024/gt-da-rede-de-corregedorias-apresenta-minuta-regulamentadora-de-acordos-substitutivos-em-materia-disciplinar. Acesso em 23 jul. 2024).

entidade federativa pode, ainda, editar lei específica sobre o tema ou regulamentar diretamente o art. 26 da LINDB, uma vez que este expressamente afirma que o compromisso genérico deve observar a "legislação aplicável". Essa disposição preserva, inclusive, a legislação anteriormente editada para regular acordos substitutivos específicos, que, portanto, não se encontra revogada.[205]

2.4 Conformação normativa das hipóteses de solução consensual em matéria disciplinar

Embora existam diversas disposições constitucionais consagradoras da consensualidade administrativa, notadamente os princípios democrático e da eficiência (artigos 1º e 37, *caput*), entende-se que não existe direito público subjetivo[206] à celebração de acordos substitutivos disciplinares.[207] A juridicidade e a normalidade da ação consensual não

---

[205] GUERRA, Sérgio; PALMA, Juliana Bonacorsi de. Art. 26 da LINDB: novo regime jurídico de negociação com a Administração Pública. *Revista Direito Administrativo*, Rio de Janeiro, p. 135-169, nov. 2018. Edição Especial: Direito Público na Lei de Introdução às Normas de Direito Brasileiro – LINDB (Lei nº 13.655/2018).

[206] Felipe Alexandre Santa Anna Mucci Daniel afirma que "tanto atos administrativos discricionários quanto vinculados podem ser fonte para sua existência [do direito público subjetivo]. Quando se trata de atos vinculados, descumprido o que objetivamente a norma garante ao particular, abre-se a ele a possibilidade de pleitear o direito judicialmente. Já no caso dos autos discricionários, é possível que no caso concreto os limites da discricionariedade sejam ultrapassados pela Administração, com ofensa a princípios constitucionais, o que pode gerar direito público subjetivo do particular a ser pleiteado no âmbito judicial". (DANIEL, Felipe Alexandre Santa Anna Mucci. *O direito administrativo sancionador aplicado aos acordos da Administração Pública e os acordos substitutivos de sanção*. Curitiba: Íthala, 2022. p. 302).

[207] Em sentido contrário, a respeito do acordo de leniência previsto na Lei nº 12.846/2013, Maurício Zockun afirma que "a Administração não goza de margem de liberdade para celebrar ou não o acordo de leniência, uma vez constatada a ocorrência dos pressupostos necessários à sua formação". (ZOCKUN, Maurício. Vinculação e discricionariedade no acordo de leniência. *Direito do Estado*, n. 142, 2016. Disponível em: http://www.direitodoestado.com.br/colunistas/Mauricio-Zockun/vinculacao-e-discricionariedade-no-acordo-de-leniencia. Acesso em 25 nov. 2023).
Luciano Ferraz afirma que existiria um dever da Administração Pública de, sempre que possível, buscar a solução para as questões jurídicas e conflitos que vivencia pela via do consenso. (FERRAZ, Luciano. Termo de Ajustamento de Gestão (TAG): do sonho à realidade. *Revista Eletrônica sobre a Reforma do Estado (RERE)*, Salvador: Instituto Brasileiro de Direito Público, n. 27, setembro, outubro, novembro 2011. Disponível em: http://www.direitodoestado.com.br/codrevista.asp?cod=577. Acesso em 7 fev. 2024).
Daniel Ferreira não chega a afirmar que existiria um direito subjetivo ao acordo na Administração Pública, mas sustenta que: "Sendo o Brasil constituído num Estado Democrático de Direito – como explicitado na Constituição da República –, praticamente se obriga a preferir soluções concertadas a consertos supostamente obtidos por meio da imposição da sanção, inclusive na esfera administrativa, pelo simples fato de que assim se revelaria a democracia em sua vertente substancial e não apenas formal". (FERREIRA, Daniel. Sanção

suprimem totalmente o poder imperativo da Administração Pública, notadamente em matéria sancionatória. A relação entre imperatividade e consensualidade, como já se disse, é de complementaridade, do que decorre, logicamente, a validade da atuação imperativa em determinadas hipóteses.

Considera-se, assim, que "não existe na legislação brasileira a criação de direito público subjetivo ao acordo de forma genérica",[208] embora seja possível a previsão do direito à proposta (mas não à celebração) de acordo pela legislação especial para casos específicos. Portanto, a eleição pela via jurídica válida (acordo substitutivo ou decisão unilateral) somente pode se dar no caso concreto,[209] a depender, fundamentalmente, das circunstâncias objetivas e subjetivas da possível infração disciplinar e da conformação normativa (legislativa e/ou regulamentar) da solução consensual possivelmente aplicável à espécie.

Nesse sentido, a partir do quadro normativo traçado no tópico anterior, vislumbram-se, no ordenamento jurídico brasileiro, as seguintes hipóteses de conformação legislativa das soluções consensuais: i) ausência de legislação especial a regular os acordos substitutivos em matéria disciplinar, que, portanto, serão baseados diretamente no art. 26 da LINDB, a depender de juízo discricionário do administrador; ii) legislação especial que prevê a proposta do acordo substitutivo disciplinar

---

ou acordo: um novo dilema para a administração pública brasileira? *In*: MOTTA, Fabrício; GABARDO, Emerson (Coords.). *Crise e reformas legislativas na agenda do Direito Administrativo*. XXXI Congresso Brasileiro de Direito Administrativo. Belo Horizonte: Fórum, 2018. p. 67). Em sentido similar, Cleuler Barbosa das Neves não alude textualmente a direito subjetivo, mas sustenta a existência de "um dever jurídico de promover uma avaliação e mesmo uma tentativa de resolver consensualmente as disputas envolvendo o Estado", que "decorre da interpretação do ordenamento jurídico (partindo de uma concepção construtivista do Direito) e da nova perspectiva dada à noção de interesse público que vincula a atuação administrativa do Estado a uma atuação consensual, mais compatível com os primados do Estado Democrático de Direito". (NEVES, Cleuler Barbosa das; FERREIRA FILHO, Marcílio da Silva Ferreira. Dever de consensualidade na atuação administrativa. *Revista de Informação Legislativa: RIL*, v. 55, n. 218, p. 63-84, abr./jun. 2018. Disponível em: http://www12.senado.leg.br/ril/edicoes/55/218/ril_v55_n218_p63. Acesso em 7 fev. 2024).

[208] DANIEL, Felipe Alexandre Santa Anna Mucci. *O direito administrativo sancionador aplicado aos contratos da Administração Pública e os acordos substitutivos de sanção*. Curitiba: Íthala, 2022. p. 303.

[209] "É dizer, o que efetivamente a autoridade se encontra vinculada é com o atingimento das finalidades públicas, em termos de repressão do ilícito verificado, bem como criando desincentivos – para o próprio e para terceiros – da prática futura de tal ilícito. Se esta finalidade pública será atingida mediante a persecução sancionadora ou ainda através da celebração de acordo de leniência anticorrupção, caberá à autoridade competente a análise do caso concreto e suas especificidades, de forma a proferir decisão devidamente motivada nestes termos". (BIANCHI, Bruno Guimarães. *Acordos de leniência*: entre a consensualidade e a imperatividade na lei anticorrupção. Curitiba: Íthala, 2023. p. 53).

como direito público subjetivo do servidor em caso de cumprimento dos requisitos legais; iii) legislação especial que estabelece fase pré-processual obrigatória para tentativa de composição entre as partes; iv) legislação especial que veda a celebração do acordo substitutivo em determinadas hipóteses.

A primeira hipótese mencionada (ausência de legislação especial a regular o acordo substitutivo) tem como fundamento direto o art. 26 da LINDB, que autoriza a celebração de compromissos quando presentes "razões de relevante interesse geral".[210] Nesse caso, a Administração Pública possui discricionariedade na decisão sobre o oferecimento ou não de proposta de acordo, devendo, entretanto, motivar a eventual recusa com circunstâncias concretas que afastem o interesse geral na solução consensual. Conforme Onofre Alves Batista Júnior e Juliana Bonacorsi de Palma:

> Por outro giro, se o Direito estabelecer cláusula setorial autorizativa e se as normas administrativas não estabelecerem qualquer critério substantivo expresso para a opção pela via consensual ou pela via autoritária de atuação administrativa, deve-se concluir que a escolha por uma ou outra opção é discricionária, sem prejuízo de esta norma poder limitar ou parametrizar a escolha a ser feita pelo administrador público. Por certo, porém, cabe impor ao decisor, nas margens discricionárias, o poder/dever de perseguir a melhor alternativa possível para o bem comum. Se a opção se dá nas margens abertas à valoração da Administração, o que não resulta da cláusula setorial autorizativa é um direito do interessado à opção em favor da forma convencional, ou seja, não existe direito subjetivo à celebração de contratos alternativos.[211]

A celebração do acordo substitutivo encontra-se envolta na discricionariedade administrativa, o que implica afirmar que a atuação imperativa ou consensual são opções colocadas à disposição da Administração Pública, para escolha da margem de liberdade conferida pelo ordenamento

---

[210] "Os acordos substitutivos são instrumentos administrativos que poderão ser ocasionalmente aplicados pela Administração Pública, sempre que, de ofício ou por provocação de interessado, verificar que uma decisão unilateral de um processo poderá ser vantajosamente por um acordo, em que o interesse público, a cargo do Estado, possa ser atendido de modo mais eficiente, mais duradouro, mais célere ou com menores custos". (MOREIRA NETO, Diogo de Figueiredo. Novos institutos consensuais da ação administrativa. In: LIMA, Sérgio Mourão Corrêa (Coord.). Temas de Direito Administrativo: estudos em homenagem ao Professor Pedro Paulo de Almeida Dutra. Rio de Janeiro: Forense, 2006. p. 93-94).

[211] BATISTA JÚNIOR, Onofre Alves. Transações administrativas. São Paulo: Quartier Latin do Brasil, 2007. p. 468-469.

jurídico. Desde que procedimental e devidamente fundamentada, a Administração pode prosseguir o processo sancionador e, comprovada a responsabilidade administrativa, aplicar a sanção ou celebrar o acordo substitutivo, mediante consentimento do administrado, após etapa de negociação da prerrogativa sancionatória.[212]

O enunciado normativo do art. 26 da LINDB é similar ao do art. 17-B da Lei nº 8.429/92, que autoriza a celebração de acordo de não persecução cível (ANPC), em matéria de improbidade administrativa, "conforme as circunstâncias do caso concreto" e desde que consideradas "a personalidade do agente, a natureza, as circunstâncias, a gravidade e a repercussão social do ato de improbidade, bem como as vantagens, para o interesse público, da rápida solução do caso". Veja-se:

> Art. 17-B. O Ministério Público poderá, conforme as circunstâncias do caso concreto, celebrar acordo de não persecução civil, desde que dele advenham, ao menos, os seguintes resultados:
> I – o integral ressarcimento do dano;
> II – a reversão à pessoa jurídica lesada da vantagem indevida obtida, ainda que oriunda de agentes privados.
> §1º A celebração do acordo a que se refere o caput deste artigo dependerá, cumulativamente:
> I – da oitiva do ente federativo lesado, em momento anterior ou posterior à propositura da ação;
> II – de aprovação, no prazo de até 60 (sessenta) dias, pelo órgão do Ministério Público competente para apreciar as promoções de arquivamento de inquéritos civis, se anterior ao ajuizamento da ação;
> III – de homologação judicial, independentemente de o acordo ocorrer antes ou depois do ajuizamento da ação de improbidade administrativa.
> §2º Em qualquer caso, a celebração do acordo a que se refere o caput deste artigo considerará a personalidade do agente, a natureza, as circunstâncias, a gravidade e a repercussão social do ato de improbidade, bem como as vantagens, para o interesse público, da rápida solução do caso.[213]

---

[212] PALMA, Juliana Bonacorsi de. *Sanção e acordo na administração pública*. São Paulo: Malheiros, 2015. p. 285.

[213] BRASIL. Lei nº 8.429, de 2 de junho de 1992. Dispõe sobre as sanções aplicáveis em virtude da prática de atos de improbidade administrativa, de que trata o §4º do art. 37 da Constituição Federal; e dá outras providências (Redação dada pela Lei nº 14.230, de 2021). Diário Oficial da União, Rio de Janeiro, 3 de junho de 1992. Disponível em: https://www.planalto.gov.br/ccivil_03/leis/l8429.htm. Acesso em 07 fev. 2024.

Sobre o tema, o Instituto Brasileiro de Direito Administrativo (IBDA) aprovou o Enunciado nº 32 na II Jornada de Direito Administrativo, que reconhece a discricionariedade do órgão de acusação na análise quanto ao oferecimento do acordo, afastando-se, por consequência, e *a priori*, o direito público subjetivo das pessoas físicas e jurídicas investigadas.[214] Por outro lado, o mesmo enunciado exige do órgão legitimado a motivação expressa das razões de eventual negativa de proposição no caso concreto.[215] Veja-se o enunciado:

> 32. A análise quanto ao oferecimento de ANPC compete ao Ministério Público ou à pessoa jurídica lesada, de modo que a sua celebração

---

[214] Relativamente ao acordo de não persecução penal, Mauro Messias critica "a cláusula aberta contida no art. 28-A, *caput*, do CPP, qual seja, 'desde que necessário e suficiente para a reprovação e prevenção do crime'", pois "dada a vagueza de sua redação, a cláusula de abertura permite que o membro do Ministério Público possa, com ampla discricionariedade, negar a investigados a oportunidade de acordo de não persecução penal. Segundo o autor, "além de possibilitar a ordenação e o controle da atividade ministerial, a existência de requisitos claros é importante, sobretudo para a esfera jurídica do investigado/acordante. Nesse sentido, embora tratando da suspensão condicional do processo, o STJ já afirmou que o preenchimento dos requisitos previstos no artigo 89 da Lei nº 9.099/95 garante ao acusado o direito púbico subjetivo ao recebimento de sursis processual, a qual "não pode ficar a alvedrio do MP (HC nº 131.108/RJ). Nessa linha de raciocínio, considerando *ubi eadem ratio ibi idem jus* (onde houver o mesmo fundamento haverá o mesmo direito), preenchidos os requisitos previstos no art. 28-A do CPP, teria o investigado direito público subjetivo à audiência extrajudicial de acordo de não persecução penal". Sem embargo de seu posicionamento pessoal, o autor reconhece que "o posicionamento mais recente do Sodalício superior caminha em outra direção, na forma da seguinte tese, aplicável por analogia ao acordo de não persecução penal: 'a suspensão condicional do processo não é direito subjetivo do acusado, mas sim um poder-dever do Ministério Público, titular da ação penal, a quem cabe, com exclusividade, analisar a possibilidade do referido instituto, desde que o faça de forma fundamentada' (HC nº 417.876/PE). Em reforço, a Súmula 696 do STF, igualmente por analogia, indica que a proposta de acordo configura poder-dever do Ministério Público, e não direito público subjetivo do investigado. Uníssono o entendimento do STF no MS nº 35.693 AgR/DF, com relação à colaboração ou delação premiada: inexiste direito líquido e certo a compelir o Ministério Público à celebração do acordo de delação premiada, diante da fase de negociação entre os interessados e da necessidade de distanciamento do Estado-juiz do cenário investigativo". (MESSIAS, Mauro. *Acordo de não persecução penal, teoria e prática*. 2. ed. Rio de Janeiro: Lumen Juris, 2020. p. 33-34). Ao analisar os inquéritos dos atos de 8 de janeiro, o Supremo Tribunal Federal pacificou que os investigados não possuem direito subjetivo ao acordo de não persecução penal, possuindo o Ministério Público "discricionariedade mitigada" para, motivadamente, decidir pelo seu oferecimento ou não. (BRASIL. STF. *Inq nº 4922 RD-segundo*. Rel. Min. Alexandre de Moraes. Tribunal Pleno. Julgado em 25 abr. 2023. Publicado em 9 mai. 2023).

[215] "Naturalmente que, seja pela celebração do acordo, seja por não celebrar, deve a autoridade proceder com a devida motivação de sua decisão, expondo os motivos pelos quais entende de uma forma ou de outra. E, por consequência disso, deve-se concluir que não há uma vinculação estrita na celebração do acordo de leniência anticorrupção, desde que a decisão nesse sentido seja devidamente fundamentada". (BIANCHI, Bruno Guimarães. *Acordos de leniência*: entre a consensualidade e a imperatividade na lei anticorrupção. Curitiba: Íthala, 2023. p. 52).

não constitui direito público subjetivo das pessoas físicas e jurídicas investigadas, acusadas ou condenadas, muito embora seja reconhecido aos acusados de suposta prática de ato de improbidade administrativa direito à apreciação da hipótese de solução negocial, cabendo aos legitimados motivar expressamente as razões de eventual negativa de proposição no caso concreto.[216]

Cristiana Fortini e Felipe Alexandre Santa Anna Mucci Daniel sustentam que esse dever de motivação, em caso de recusa ao acordo, decorre justamente da preferência dada à consensualidade em detrimento da imperatividade pela Constituição da República:

> Embora se reconheça que na aplicação da sanção administrativa há discricionariedade da Administração para escolher entre acordo ou ato unilateral, defende-se aqui, com base no princípio constitucional da eficiência, que o acordo tem preferência em relação à sanção e que seu afastamento, se ocorrer, deve ser feito de forma motivada, estando tal decisão sujeita a controle pelo Poder Judiciário. Com efeito, dizer que o acordo é preferencial em relação à sanção não significa que a via do acordo do acordo substitutivo sempre será a mais adequada ou eficiente. Entretanto, ela é a preferencial e, para afastá-la, o administrador deve motivar a sua decisão.[217]

A segunda hipótese mencionada (legislação especial que prevê a proposta do acordo substitutivo como direito público subjetivo do servidor em caso de cumprimento dos requisitos legais) tem como exemplo o Termo de Ajustamento de Conduta instituído pela União por meio da Portaria Normativa nº 27, de 11 de outubro de 2022. Segundo o art. 61, *caput*, "o Termo de Ajustamento de Conduta – TAC consiste em procedimento administrativo voltado à resolução consensual de conflitos em casos de infração disciplinar de menor potencial ofensivo". O parágrafo único do dispositivo dispõe que "os órgãos e entidades do Poder Executivo federal deverão optar pela celebração do TAC, visando à eficiência, à efetividade e à racionalização de recursos públicos, desde

---

[216] IBDA. II Enunciados do IBDA – Jornada de Pirenópolis. Mudanças na Lei de Improbidade Administrativa. *Fórum Administrativo – FA*, Belo Horizonte, a. 23, n. 269, p. 13-22, jul. 2023.

[217] FORTINI, Cristiana; DANIEL, Felipe Alexandre Santa Anna Mucci. Os acordos substitutivos de atividade sancionatória unilateral em contratos da Administração Pública no Brasil. *Sequência Estudos Jurídicos e Políticos*, [S. l.], v. 44, n. 93, p. 1-31, 2023. DOI: 10.5007/2177-7055.2023.e94635. Disponível em: https://periodicos.ufsc.br/index.php/sequencia/article/view/94635. Acesso em 7 fev. 2024.

que atendidos os requisitos previstos nesta Portaria Normativa". Os requisitos para a celebração do TAC estão previstos nos artigos 62 e 63 da portaria normativa:

> Art. 62. Considera-se infração disciplinar de menor potencial ofensivo a conduta punível com advertência ou suspensão de até 30 (trinta) dias, nos termos do inciso II do art. 145 da Lei nº 8.112, de 11 de dezembro de 1990, ou com penalidade similar, prevista em lei ou regulamento interno.
> Parágrafo único. No caso de servidor público não ocupante de cargo efetivo e de empregado público, o TAC somente poderá ser celebrado nas infrações puníveis com a penalidade de advertência.
>
> Art. 63. O TAC somente será celebrado quando o investigado:
> I – não tenha registro vigente de penalidade disciplinar em seus assentamentos funcionais;
> II – não tenha firmado TAC nos últimos 2 (dois) anos, contados a partir da publicação do instrumento; e
> III – tenha ressarcido, ou se comprometido a ressarcir, eventual dano causado à Administração Pública.
> §1º Não incide a restrição do inciso II quando a infração de menor potencial ofensivo tiver sido cometida em momento prévio ao TAC anteriormente celebrado.
> §2º O eventual ressarcimento ou compromisso de ressarcimento de dano causado à Administração Pública deve ser comunicado à área de gestão de pessoas do órgão ou entidade para aplicação, se for o caso, do disposto no art. 46 da Lei nº 8.112, de 1990.[218]

Nesse caso, o administrador não possui discricionariedade na decisão sobre oferecer ou não a proposta de TAC (inteligência da expressão "deverão optar"). Trata-se de direito público subjetivo do servidor que cumpre todos os requisitos objetivos e subjetivos da portaria normativa. É interessante notar a diferença em relação à técnica legislativa do art. 26 da LINDB, que não estabelece requisitos objetivos ou subjetivos para que o administrado adquira o direito à proposta, dependendo esta, exclusivamente, de razões de "interesse geral". O

---

[218] BRASIL. *Portaria Normativa CGU nº 27, de 11 de outubro de 2022*. Dispõe sobre o Sistema de Correição do Poder Executivo Federal de que trata o Decreto nº 5.480, de 30 de junho de 2005, e sobre a atividade correcional nos órgãos e entidades do Poder Executivo Federal. Brasília, DF: Controladoria-Geral da União, 2022. Disponível em: https://www.gov.br/transportes/pt-br/assuntos/corregedoria/arquivos-corregedoria/repositorio/portaria-normativa-cgu-no-27-2022.pdf. Acesso em 8 fev. 2024.

regulamento federal, portanto, tem por efeito reduzir a zero a discricionariedade do gestor no oferecimento da proposta.

Sem embargo, esse mesmo regulamento, que vincula o ato de oferecimento da proposta, confere ao administrador certa discricionariedade na definição do seu conteúdo, ao estabelecer que "as obrigações estabelecidas pela Administração devem ser proporcionais e adequadas à conduta praticada".[219] Assim, compete à Administração Pública elaborar o conteúdo da proposta, que não é totalmente vinculado, cabendo ao servidor decidir se a aceita ou recusa. Pode haver, inclusive, contraproposta. No limite, a tentativa de composição pode se frustrar por ausência de consenso.

Conforme afirma Thiago Marrara, mesmo nos casos em que o oferecimento da proposta é vinculado, "no tocante à celebração, porém, a discricionariedade necessita ser reconhecida. Afinal, pode ser que a negociação falhe, a minuta final não agrade ao órgão regulador com poder de decisão, aspectos temporais afastem os efeitos benéficos do acordo".[220] Não parece ser juridicamente possível obrigar as partes a celebrarem o acordo, pois a voluntariedade é seu elemento essencial.

---

[219] "Art. 68. As obrigações estabelecidas pela Administração devem ser proporcionais e adequadas à conduta praticada, visando mitigar a ocorrência de nova infração e compensar eventual dano.
§1º As obrigações estabelecidas no TAC poderão compreender, dentre outras:
I – a reparação do dano causado;
II- a retratação do interessado;
III – a participação em cursos visando à correta compreensão dos seus deveres e proibições ou à melhoria da qualidade do serviço desempenhado;
IV – o acordo relativo ao cumprimento de horário de trabalho e compensação de horas não trabalhadas;
V – o cumprimento de metas de desempenho; e
VI – a sujeição a controles específicos relativos à conduta irregular praticada". (BRASIL. *Portaria Normativa CGU nº 27, de 11 de outubro de 2022*. Dispõe sobre o Sistema de Correição do Poder Executivo Federal de que trata o Decreto nº 5.480, de 30 de junho de 2005, e sobre a atividade correcional nos órgãos e entidades do Poder Executivo Federal. Brasília, DF: Controladoria-Geral da União, 2022. Disponível em: https://www.gov.br/transportes/pt-br/assuntos/corregedoria/arquivos-corregedoria/repositorio/portaria-normativa-cgu-no-27-2022.pdf. Acesso em 8 fev. 2024).

[220] MARRARA, Thiago. Regulação consensual: o papel dos compromissos de cessação de prática no ajustamento de condutas dos regulados. *Revista Digital de Direito Administrativo*, v. 4, n. 1, p. 274-293, 2017. Disponível em: https://www.revistas.usp.br/rdda/article/view/125810/122719. Acesso em 7 fev. 2024. Em outra oportunidade, o mesmo autor afirma que: "A celebração do compromisso, em contraste com a abertura da negociação, é ato discricionário, marcado por um juízo de conveniência e oportunidade", mas ressalva que a Administração Pública não pode se recusar a firmar o acordo por considerar insatisfatórias as cláusulas que ela mesmo propôs nas negociações, em razão da vedação ao comportamento contraditório. (MARRARA, Thiago. Acordos no direito da concorrência. *Revista de Defesa da Concorrência*, v. 8, n. 2. 2020.

A terceira hipótese mencionada (legislação especial que estabelece fase pré-processual obrigatória para tentativa de composição entre as partes) tem como exemplo a mediação na Lei Municipal nº 7.169/96, do Município de Belo Horizonte (Estatuto dos Servidores Públicos). Segundo o art. 194-A, "a mediação será utilizada nos casos que envolverem conflitos interpessoais relacionados ao serviço público, verificados entre servidores públicos ou entre eles e munícipes, sempre antes da instauração do processo administrativo disciplinar". O parágrafo único do dispositivo determina que "a resolução do conflito nos termos do *caput* deste artigo impedirá a instauração de processo administrativo disciplinar contra as partes envolvidas".

É dizer: nos casos definidos objetivamente pelo dispositivo legal ("conflitos interpessoais relacionados ao serviço público, verificados entre servidores públicos ou entre eles e munícipes") a mediação é fase pré-processual obrigatória ("sempre antes da instauração do processo administrativo disciplinar"). Em consequência, o processo administrativo disciplinar sancionatório somente poderá ser instaurado se não houver êxito na tentativa de composição entre as partes. Os servidores envolvidos podem até mesmo se recusar a participar da mediação, mas à Administração Pública não é dado instaurar o processo administrativo diretamente sem antes tentar a mediação entre as partes envolvidas. Em todo caso, o acordo não é obrigatório e depende do êxito da mediação.

Finalmente, a quarta hipótese mencionada (legislação especial que veda a celebração do acordo substitutivo em determinadas hipóteses) tem como exemplo o art. 196, §3º, da Lei Municipal nº 7.169/96, do Município de Belo Horizonte (Estatuto dos Servidores Públicos), que veda a celebração do acordo substitutivo disciplinar quando a conduta apurada se enquadrar em determinados tipos infracionais previstos na lei.

> Art. 196 – A CTGM poderá celebrar acordo substitutivo disciplinar, no qual o servidor público deverá confessar a prática da infração e submeter-se à penalidade de repreensão ou suspensão, conforme o caso. [...]

Disponível em: https://revista.cade.gov.br/index.php/revistadedefesadaconcorrencia/article/view/451/352. Acesso em 25 nov. 2023.

§3º – O acordo substitutivo não será cabível quando a conduta apurada se enquadrar nos incisos I, II, VIII, IX, X, XI, XII, XIII, XIV, XVI e XVII do art. 189 desta lei.[221]

Nesse caso, o legislador, ao ponderar e concretizar os princípios constitucionais envolvidos, considerou que, em determinados tipos de infração (p. ex. "crime contra a administração pública", "abandono de cargo ou função" e "crimes contra a dignidade sexual e crime de corrupção de menores, em serviço ou na repartição"), o interesse público somente poderia ser atingido mediante decisão unilateral de caráter imperativo. Em consequência, a Administração Pública não possui discricionariedade para oferecer proposta de acordo, sendo-lhe vedado, *a priori*, fazê-lo.

Obviamente, a legislação de regência dos diversos tipos de acordos substitutivos está sujeita à análise de constitucionalidade, a partir dos já citados dispositivos constitucionais que consagram a consensualidade como modo normal de ação administrativa na Constituição de 1988. Ademais, a própria Administração Pública pode se autovincular por precedentes[222] em casos que, a princípio, lhe conferiam discricionariedade.[223] Finalmente, conforme já ressaltado em linhas anteriores,

---

[221] BELO HORIZONTE. Lei nº 7.169, de 30 de agosto de 1996. Instituiu o Estatuto dos Servidores Públicos do Quadro Geral de Pessoal do Município de Belo Horizonte vinculados à Administração Direta (VETADO) e dá outras providências. *Câmara Municipal de Belo Horizonte*, Belo Horizonte, 30 de ago. de 1996. Disponível em: https://www.cmbh.mg.gov.br/atividade-legislativa/pesquisar-legislacao/lei/7169/1996#:~:text=Disp%C3%B5e%20sobre%20o%20plano%20de%20carreira%20dos%20servidores%20e%20empregados,remunerat%C3%B3rios%20e%20d%C3%A1%20outras%20provid%C3%AAncias. Acesso em 07 fev. 2024.

[222] Juliana Bonacorsi de Palma, em sentido contrário, afirma que "a celebração do acordo substitutivo também não pode ser considerada um direito oponível pelo particular com fulcro no princípio da igualdade, pelo fato de cada caso ser notadamente particular em relação a outro". (PALMA, Juliana Bonacorsi de. *Sanção e acordo na administração pública*. São Paulo: Malheiros, 2015. p. 285). Entende-se, porém, que, mesmo com particularidades, determinados casos podem ser substancialmente equiparáveis a outros, principalmente em matéria disciplinar, em que os comportamentos cotidianos ilícitos são repetitivos.

[223] Felipe Alexandre Santa Anna Mucci Daniel afirma que "no caso dos acordos substitutivos de sanção, havendo sido firmado o entendimento em caso idêntico anterior pela sua utilização, deve a Administração seguir a mesma orientação em casos similares futuros ou justificar com base nas peculiaridades do caso concreto as razões pelas quais afastará a incidência do acordo. De um modo ou de outro, a existência de tais precedentes administrativos é medida que poderá ser levada em conta pelo Poder Judiciário no controle do ato que decide desconsiderar o acordo". (DANIEL, Felipe Alexandre Santa Anna Mucci. *O direito administrativo sancionador aplicado aos contratos da Administração Pública e os acordos substitutivos de sanção*. Curitiba: Íthala, 2022. p. 322-333). Para Murilo Teixeira Avelino e Ravi Peixoto, essa conclusão decorre dos princípios da impessoalidade e da segurança jurídica, que "impõem que o tratamento dispensado a situações semelhantes seja o mesmo e a negativa na celebração do compromisso seja embasada em fundamentação que demonstre a distinção

o direito público subjetivo, inexistente *a priori*, pode surgir nos casos em que os limites da discricionariedade são ultrapassados, abrindo-se, assim, a possibilidade de controle do ato pelo Poder Judiciário.[224]

Estabelecidas, nessa parte inicial do trabalho, as possibilidades válidas e normais de atuação administrativa (imperativa e consensual), bem como os critérios para eleição de uma e outra nos casos concretos, passa-se a analisar os elementos essenciais de cada qual. No caso de exercício imperativo do poder disciplinar, o foco da análise será a sanção disciplinar. E, no caso do exercício consensual, o foco será o acordo substitutivo.

---

do caso paradigma em relação ao caso concreto sob análise". (AVELINO, Murilo Teixeira; PEIXOTO, Ravi. *Consensualidade e poder público*. 2. ed. São Paulo: JusPodivm, 2023. p. 79).

[224] "Se, em hipótese de discricionariedade, verificar o juiz que a opção do Administrador não se achava entre as resguardadas legalmente, anulará o ato. Não se substituirá à Administração, suprindo-lhe a vontade defeituosa. Apenas invalidará o seu comportamento anterior, deixando-lhe a oportunidade de praticar novo ato, contido entre os limites opcionais previstos na lei. Assim estará garantida a não invasão das funções administrativas pelos juízes". (ARAÚJO, Florivaldo Dutra de. *Motivação e controle do ato administrativo*. 9. ed. Belo Horizonte: Del Rey, 2005. p. 134).

CAPÍTULO 3

EXERCÍCIO IMPERATIVO DO PODER DISCIPLINAR

O Direito Administrativo sancionador, em sentido amplo, abarca institutos outros para além das sanções propriamente ditas, tais como medidas acautelatórias, alertas, recomendações, notificações.[225] Mas, pelo menos em matéria disciplinar, a imperatividade consiste basicamente no exercício da "prerrogativa sancionatória", entendida esta como "a faculdade detida pela Administração Pública de impor unilateral e imperativamente sanções administrativas".[226] Nesse aspecto, a aludida prerrogativa conforma a atuação administrativa por meio de atos administrativos específicos, imperativos e unilaterais (as sanções), que afirmam a autoridade da administração frente ao servidor.[227] Bem por isso, o estudo do exercício imperativo do poder disciplinar deve se iniciar, necessariamente, pela análise crítica da própria sanção disciplinar.

3.1 Sanção administrativa e sanção penal

Carlos Alberto Conde da Silva Fraga, ao tratar do "fenômeno sancionador", distingue duas concepções: a unitária, mais comum na Espanha, e a dual, mais comum em Portugal. Para a primeira, "o

---

[225] GROTTI, Dinorá Adelaide Musetti; OLIVEIRA, José Roberto Pimenta. Direito administrativo sancionador brasileiro: breve evolução, identidade, abrangência e funcionalidades. *Interesse Público - IP*, a. 22, n. 120, mar./ abr. 2020. Disponível em: https://www.forumconhecimento.com.br/periodico/172/41921/91565. Acesso em 27 nov. 2022.

[226] PALMA, Juliana Bonacorsi de. *Sanção e acordo na administração pública*. São Paulo: Malheiros, 2015. p. 87.

[227] PALMA, Juliana Bonacorsi de. *Sanção e acordo na administração pública*. São Paulo: Malheiros, 2015. p. 89.

ordenamento punitivo do Estado tem uma dupla manifestação: o Direito Penal e o Direito Administrativo sancionador",[228] o que "leva a que todo o poder sancionador da Administração esteja sujeito aos mesmos princípios constitucionais considerados fundamentais para a realização do Estado de direito, entre os quais os oriundos do direito penal".[229]

Ainda segundo o autor, no sistema português, "prevalece a concepção administrativista, entendendo-se que o direito penal e o disciplinar detêm uma natureza diferente, baseada na diferente teleologia das infrações".[230] Não se perfilha, portanto, "que o poder sancionar do Estado é uno", "embora se admita que alguns princípios do direito penal e processual penal possam ter aplicação em direito disciplinar".[231]

No Brasil, Juliana Bonacorsi de Palma parece seguir essa última corrente, ao sustentar que a competência sancionatória detida pela Administração Pública não encontra fundamento no *ius puniendi*, mas "na prerrogativa sancionatória prevista nos textos legais, a ser exercida nos termos e limites definidos pelo regime administrativo ao qual se relacione" e que "o direito administrativo conta com normas que conformam o exercício da prerrogativa sancionatória pelo Poder Público, conferindo-lhe peculiaridade em relação ao sistema de direito penal". Diante disso, conclui que "o transplante de princípios e preceitos próprios deste regime mostra-se inapropriado para lidar com a atuação administrativa sancionatória".[232]

Por outro lado, Florivaldo Dutra de Araújo afirma que "não há como se apontar distinção de natureza entre os ilícitos penais e os administrativos", já que "ambos decorrem do poder punitivo do estado, na busca da preservação de determinados valores sociais, em face de escolhas políticas feitas nos limites da Constituição".[233] Fábio Medina Osório observa que, a partir da jurisprudência das Cortes Constitucionais

---

[228] FRAGA, Carlos Alberto Conde da Silva. *O poder disciplinar no Estatuto dos trabalhadores da Administração Pública*. 2. ed. Lisboa: Petrony Editora, 2013. p. 35.
[229] FRAGA, Carlos Alberto Conde da Silva. *O poder disciplinar no Estatuto dos trabalhadores da Administração Pública*. 2. ed. Lisboa: Petrony Editora, 2013. p. 35.
[230] FRAGA, Carlos Alberto Conde da Silva. *O poder disciplinar no Estatuto dos trabalhadores da Administração Pública*. 2. ed. Lisboa: Petrony Editora, 2013. p. 60.
[231] FRAGA, Carlos Alberto Conde da Silva. *O poder disciplinar no Estatuto dos trabalhadores da Administração Pública*. 2. ed. Lisboa: Petrony Editora, 2013. p. 60.
[232] FRAGA, Carlos Alberto Conde da Silva. *O poder disciplinar no Estatuto dos trabalhadores da Administração Pública*. 2. ed. Lisboa: Petrony Editora, 2013. p. 89.
[233] ARAÚJO, Florivaldo Dutra de. Reflexos da decisão judicial penal na esfera administrativo disciplinar. *Revista da Procuradoria-Geral do Município de Belo Horizonte - RPGMBH*, Belo Horizonte, a. 4, n. 8, jul./dez. 2011.

europeias e do Tribunal Europeu de Direitos Humanos, a doutrina tende a afirmar que não há diferença substancial entre infrações administrativas e infrações penais – consequentemente, não haveria diferença substancial, mas apenas de grau, entre as respectivas sanções.[234]

Em âmbito jurisprudencial, tal questão foi recentemente enfrentada pelo Supremo Tribunal Federal ao julgar o Tema 1.199 da repercussão geral, que tratava da

> Eventual (ir)retroatividade das disposições da Lei nº 14.230/2021, em especial, em relação: (I) a necessidade da presença do elemento subjetivo dolo para a configuração do ato de improbidade administrativa, inclusive no artigo 10 da LIA; e (II) a aplicação dos novos prazos de prescrição geral e intercorrente.[235]

Discutia-se, em suma, se a norma do art. 5º, inciso XL, da Constituição da República ("lei penal não retroagirá, salvo para beneficiar o réu") aplicar-se-ia ao sistema de responsabilização por improbidade administrativa.

No voto vencedor, o Ministro Alexandre de Moraes, relator do caso, afirmou, com base na doutrina de José Roberto Pimenta e Dinorá Adelaide Musetti Grossi,[236] que "diferentemente do Direito Penal, que materializa o *ius puniendi* na seara judicial, mais precisamente no juízo criminal", "o Direito Administrativo Sancionador tem aplicação no exercício do *ius puniendi* administrativo" e concluiu que ambos são "expressões do poder punitivo estatal, porém representando sistemas sancionatórios que 'não guardam similitude de lógica operativa'".

Ainda segundo o relator, haveria "impossibilidade de aplicação do Direito Penal ao sistema de improbidade, por expressa determinação

---

[234] OSÓRIO, Fabio Medina. *Direito administrativo sancionador*. 7. ed. São Paulo: Thomson Reuters Brasil, 2020. p. 127.

[235] BRASIL. Supremo Tribunal Federal (Tribunal Pleno). *Tema nº 1.199*. Definição de eventual (IR)RETROATIVIDADE das disposições da Lei nº 14.230/2021, em especial, em relação: (I) A necessidade da presença do elemento subjetivo – dolo – para a configuração do ato de improbidade administrativa, inclusive no artigo 10 da LIA; e (II) A aplicação dos novos prazos de prescrição geral e intercorrente. Relator: Min. Alexandre de Moraes, 12 de dez. 2022. Disponível em: https://portal.stf.jus.br/jurisprudenciaRepercussao/verAndamentoProcesso.asp?incidente=4652910&numeroProcesso=843989&classeProcesso=ARE&numeroTema=1199. Acesso em 8 fev. 2024.

[236] GROTTI, Dinorá Adelaide Musetti; OLIVEIRA, José Roberto Pimenta. Direito administrativo sancionador brasileiro: breve evolução, identidade, abrangência e funcionalidades. *Interesse Público - IP*, a. 22, n. 120, mar./ abr. 2020. Disponível em: https://www.forumconhecimento.com.br/periodico/172/41921/91565. Acesso em 27 nov. 2022.

constitucional que prevê responsabilidades diversas (CF, art. 37, §4º)" e que a "nova lei optou, expressamente, por estabelecer a aplicação do Direito Administrativo Sancionador no âmbito do sistema de improbidade administrativa, reforçando a natureza civil do ato de improbidade". Especificamente sobre a norma constitucional de retroatividade benéfica da lei penal, o Ministro afirmou que "não tem aplicação automática para a responsabilidade por atos ilícitos civis de improbidade administrativa". Ainda segundo o Ministro:

> A norma constitucional que estabelece a retroatividade da lei penal mais benéfica funda-se em peculiaridades únicas desse ramo do direito, o qual está vinculado à liberdade do criminoso (princípio do favor *libertatis*), fundamento inexistente no Direito administrativo sancionador; sendo, portanto, regra de exceção, que deve ser interpretada restritivamente, prestigiando-se a regra geral da irretroatividade da lei e a preservação dos atos jurídicos perfeitos; principalmente porque no âmbito da jurisdição civil, impera o princípio *tempus regit actum*.[237]

Sem embargo dessa conclusão, mais à frente, o Ministro ponderou que a nova norma mais benéfica "não retroagirá para aplicar-se a fatos pretéritos com a respectiva condenação transitada em julgado, mas tampouco será permitida sua aplicação a fatos praticados durante sua vigência, mas cuja responsabilização judicial ainda não foi finalizada". Ao final, especificamente sobre a questão da revogação do tipo culposo de improbidade administrativa, foi firmada a seguinte tese: "A nova Lei nº 14.230/2021 aplica-se aos atos de improbidade administrativa culposos praticados na vigência do texto anterior da lei, porém sem condenação transitada em julgado, em virtude da revogação expressa do texto anterior".

Ao determinar que a norma revogadora do tipo infracional culposo alcançaria os atos praticados anteriormente à sua vigência, respeitado, apenas, o limite da coisa julgada, o Supremo Tribunal Federal acabou por reconhecer, naquela oportunidade, a aplicação da

---

[237] BRASIL. Supremo Tribunal Federal (Tribunal Pleno). *Tema nº 1.199*. Definição de eventual (IR)RETROATIVIDADE das disposições da Lei nº 14.230/2021, em especial, em relação: (I) A necessidade da presença do elemento subjetivo – dolo – para a configuração do ato de improbidade administrativa, inclusive no artigo 10 da LIA; e (II) A aplicação dos novos prazos de prescrição geral e intercorrente. Relator: Min. Alexandre de Moraes, 12 de dez. 2022. Disponível em: https://portal.stf.jus.br/jurisprudenciaRepercussao/verAndamentoProcesso.asp?incidente=4652910&numeroProcesso=843989&classeProcesso=ARE&numeroTema=1199. Acesso em 8 fev. 2024.

teoria da retroatividade média ou mitigada, embora tenha afastado a retroatividade máxima – esta última aplicável na esfera penal.[238] Em outras palavras, o STF, ainda que implicitamente, aplicou ao caso o princípio constitucional da retroatividade benéfica (art. 5º, inciso XL), mas, considerando as peculiaridades do Direito Administrativo sancionador, impôs-lhe limite temporal não aplicado no âmbito do Direito Penal (coisa julgada).

Até mesmo em relação à prescrição, o STF, ao julgar o Tema 1.199, embora tenha afirmado, literalmente, na tese, que "o novo regime prescricional previsto na Lei nº 14.230/2021 é irretroativo", determinou a aplicação dos "novos marcos temporais a partir da publicação da lei". Significa dizer que os novos marcos – mais benéficos, uma vez que inexistia prescrição intercorrente na lei antiga –, aplicar-se-ão inclusive aos fatos ocorridos anteriormente à vigência da nova lei, mas a contagem do prazo apenas se iniciará a partir da publicação desta. No fundo, esse entendimento também acarreta retroatividade mitigada, pois o novo regime atingirá fatos pretéritos, sendo vedada apenas a contagem retroativa do prazo.

Realmente, a regra contida no art. 5º, inciso XL, da Constituição da República representa a concreção do princípio geral da retroatividade benéfica específica e literalmente para o Direito Penal ("lei penal não retroagirá, salvo para beneficiar o réu"). Se isso, por um lado, não

---

[238] Conforme esclarece o Ministro Roberto Barroso, com base na doutrina de José Carlos de Matos Peixoto (Curso de Direito Romano, Editorial Peixoto S.A., 1943, tomo I, p. 212-213), "a retroatividade máxima ocorre 'quando a lei nova abrange a coisa julgada (sentença irrecorrível) ou os fatos jurídicos consumados'; a retroatividade média se dá 'quando a lei nova atinge os direitos exigíveis, mas não realizados antes de sua vigência'; a retroatividade mínima sucede 'quando a lei nova atinge apenas os efeitos dos fatos anteriores, verificados após a sua entrada em vigor'". (BRASIL. Supremo Tribunal Federal (Tribunal Pleno). *Ação Direta de Inconstitucionalidade nº 1.220*. Direito constitucional. Ação Direta de Inconstitucionalidade. Índices aplicáveis para a correção monetária de débitos trabalhistas. Inconstitucionalidade. Modulação dos efeitos temporais da decisão. Relator: Min. Roberto Barroso, 19 dez. 2019. Disponível em: https://redir.stf.jus.br/paginadorpub/paginador.jsp?docTP=TP&docID=752222410. Acesso em 7 fev. 2024). Assim, a retroatividade mínima se diferencia das hipóteses em que ocorre a aplicação imediata da lei, porque "enquanto nesta [retroatividade mínima] são alteradas, por lei, as consequências jurídicas de fatos ocorridos anteriormente – consequências estas certas e previsíveis ao tempo da ocorrência do fato –, naquela [aplicação imediata da lei] a lei atribui novos efeitos jurídicos, a partir de sua edição, a fatos ocorridos anteriormente" (BRASIL. Supremo Tribunal Federal (Tribunal Pleno). *Ação Declaratória de Constitucionalidade nº 29*. Ações declaratórias de constitucionalidade e ação direta de inconstitucionalidade em julgamento conjunto. Lei complementar nº 135/10. Hipóteses de inelegibilidade. Art. 14, §9º, da Constituição Federal. Moralidade para o exercício de mandatos eletivos [...]. Relator: Min. Luiz Fux, 16 de fev. 2012. Disponível em: https://redir.stf.jus.br/paginadorpub/paginador.jsp?docTP=TP&docID=2243342. Acesso em 7 fev. 2024).

vincula automaticamente o legislador e o intérprete em outras áreas do Direito,[239] por outro, não impede que o mesmo princípio tenha aplicação com efeitos diversos no âmbito do Direito Administrativo sancionador. No presente trabalho, por questão de recorte temático, não se analisam criticamente os parâmetros de conformação do princípio utilizados pelo STF em matéria de improbidade. Afirma-se apenas que, de fato, é possível reconhecer efeitos diversos do mesmo princípio geral nas esferas do Direito Penal e do Direito Administrativo sancionador.[240]

A decisão do STF, analisada sob esse viés, pode servir de paradigma para alteração do foco da discussão no Brasil. Na verdade, não há identidade absoluta, de conceito ou de regime jurídico, entre as sanções penais e administrativas. O que ocorre é que os princípios relacionados ao direito fundamental de defesa em processos punitivos (devido processo legal, contraditório, ampla defesa, retroatividade benéfica, *non reformatio in pejus*) não são propriamente princípios do Direito Penal, e sim princípios gerais do Direito.

Bem por isso, tais princípios devem ser aplicados a todo e qualquer caso que envolva pretensão punitiva estatal. Mas essa aplicação não acarreta efeitos idênticos em todos as searas. Os princípios incidem *cum grano salis*, a depender da natureza da sanção (penal, administrativa, tributária). A função do Direito Administrativo sancionador, nesse

---

[239] Em âmbito tributário, por exemplo, a retroatividade benéfica aplica-se a "ato não definitivamente julgado", na forma do art. 106, inciso II, do Código Tributário Nacional.

[240] Essa conclusão, aliás, não é nova no âmbito do Superior Tribunal de Justiça, que já vinha fazendo a aplicação *cum grano salis* de princípios do Direito Penal ao direito disciplinar. Alude-se, por exemplo, ao princípio do juiz natural, que impede peremptoriamente a instituição de juízos temporários para julgamento de causas penais concretas (hipótese conhecida como tribunal de exceção). Em matéria disciplinar, porém, entende o STJ que "a designação de comissão temporária para promover processo administrativo disciplinar é legítima, nos termos da Lei nº 8.112/1990, já que a existência de comissão permanente para a apuração de faltas funcionais só é exigida para os casos determinados em lei". (BRASIL. Superior Tribunal de Justiça (1ª Seção). *Mandado de Segurança nº 16.927/DF – Distrito Federal*. Processual civil e administrativo. Mandado de segurança individual. Agentes penitenciários federais. Processo administrativo disciplinar - PAD. Pena de demissão. Descumprimento de decisão proferida no MS nº 2009.34.00.037833-8. Vedação para cumprir eventual punição. Determinação direcionada ao diretor do departamento penitenciário nacional - DEPEN, não impedindo o ministro de estado da justiça de decidir o processo disciplinar. Necessidade de comissão prévia. Inexistência. Participação de servidor não estável na comissão processante. Membro que alcançou a estabilidade 15 dias após constituída a comissão, não tendo praticado nenhum ato instrutório durante esse período. Não havendo o apontamento nem tampouco a comprovação de eventual prejuízo aos impetrantes, incide o princípio do *pas de nullité sans grief*. Ordem denegada. Relatora: Min. Regina Helena Costa, 10 maio 2017. Disponível em: https://processo.stj.jus.br/SCON/GetInteiroTeorDoAcordao?num_registro=201101208241&dt_publicacao=15/05/2017. Acesso em 7 fev. 2024).

particular, é sistematizar e estudar tais princípios de acordo com as especificidades das sanções administrativas, criando uma dogmática própria, e não transplantar acriticamente a dogmática do Direito Penal.[241]

3.2 Sanção disciplinar: fundamento, finalidades e regime jurídico

Rafael Munhoz de Mello afirma que sanção administrativa é espécie do gênero sanção jurídica, esta entendida "como a consequência negativa atribuída à inobservância de um comportamento prescrito pela norma jurídica, que deve ser imposta pelos órgãos competentes, se necessário, com a utilização de meios coercitivos". Avançando, o mesmo autor ressalva que "há peculiaridades que identificam a sanção administrativa entre as demais sanções jurídicas", sendo que a principal delas "diz respeito ao sujeito competente para sua imposição, a saber, a própria Administração Pública". Para ele, "trata-se de elemento decisivo para identificá-la", ou seja, "se a medida punitiva não é imposta pela Administração Pública, de sanção administrativa não se trata".[242]

Em sentido oposto, Fábio Medina Osório alerta que devem ser evitados os conceitos de sanção administrativa que levem em consideração apenas o sujeito competente para sua prática (pressuposto formal do ato administrativo). Em outras palavras, não se pode conceituar sanção administrativa apenas e tão somente como aquela cuja competência para aplicação caiba ao Poder Executivo ou a outro Poder no exercício da função tipicamente administrativa. Na realidade, é a natureza da relação jurídica de direito material que define a natureza da sanção correspondente.[243] É dizer: sanção administrativa é aquela regida pelo regime jurídico administrativo. Seguindo esse caminho, o aludido autor propõe o seguinte conceito:

> Consiste a sanção administrativa, portanto, em um mal ou castigo, porque tem efeitos aflitivos, com alcance geral e potencialmente pro futuro,

---

[241] DANIEL, Felipe Alexandre Santa Anna Mucci. *O direito administrativo sancionador aplicado aos contratos da Administração Pública e os acordos substitutivos de sanção*. Curitiba: Íthala, 2022. p. 98.

[242] MELLO, Rafael Munhoz de. Sanção administrativa e o princípio da culpabilidade. *Revista de Direito Administrativo e Constitucional*, Belo Horizonte, a. 5, n. 22, p. 1-253, out./dez. 2005.

[243] OSÓRIO, Fabio Medina. *Direito administrativo sancionador*. 7. ed. São Paulo: Thomson Reuters Brasil, 2020. p. 91-93.

imposto pela Administração Pública, materialmente considerada, pelo Judiciário ou por corporações de direito público, a um administrado, jurisdicionado, agente público, pessoa física ou jurídica, sujeitos ou não a relações especiais de sujeição com o Estado, como consequência de uma conduta ilegal, tipificada em norma proibitiva, com uma finalidade repressora ou disciplinar, no âmbito de aplicação formal e material do Direito Administrativo.[244]

O entendimento de Fábio Medina Osório parece ter sido adotado na Lei nº 14.230/21, que alterou a Lei nº 8.429/92 e posicionou o sistema de responsabilização por improbidade administrativa no âmbito do Direito Administrativo sancionador (art. 1º, §4º), muito embora as sanções previstas na mesma lei (art. 12) sejam aplicáveis exclusivamente pelo Poder Judiciário (art. 17). Também a Lei nº 12.846/13, conhecida como Lei Anticorrupção, estabelece sanções aplicáveis pela própria Administração Pública (art. 6º – "responsabilização administrativa") e pelo Poder Judiciário (art. 19 – "responsabilização judicial"), sem atribuir natureza distinta a umas e outras. Pelo contrário, o art. 20 prevê fungibilidade entre elas, ao dispor que, nas ações ajuizadas pelo Ministério Público, "poderão ser aplicadas as sanções previstas no art. 6º, sem prejuízo daquelas previstas neste Capítulo, desde que constatada a omissão das autoridades competentes para promover a responsabilização administrativa".

Em suma, as sanções administrativas consistem nos efeitos negativos previstos em lei para violações às normas previstas no regime jurídico administrativo, cuja competência de aplicação pode recair, a depender da disposição legal, na própria Administração Pública ("responsabilização administrativa") ou no Poder Judiciário ("responsabilização judicial"). Em ambos os casos, a natureza material da sanção é a mesma (administrativa), alterando-se apenas o processo necessário e a autoridade competente para a sua aplicação (processo administrativo ou judicial; autoridade administrativa ou judicial), tudo isso a depender de opção política do legislador.

Nesse cenário, a sanção disciplinar revela-se espécie de sanção administrativa, por ser regida por regime jurídico administrativo. Constitui-se em "consequência jurídica desfavorável prevista em lei e imposta ao servidor público estatutário, após a obediência ao devido

---

[244] OSÓRIO, Fabio Medina. *Direito administrativo sancionador*. 7. ed. São Paulo: Thomson Reuters Brasil, 2020. p. 112.

processo legal, em razão do cometimento de infração funcional a ele imputável pela Administração Pública".[245] A infração funcional, ou disciplinar, "nada mais é do que uma ação humana que o estatuto declarou como ilícita, por consistir em ato contrário à adequada prestação dos serviços públicos".[246] O regime jurídico (conjunto de regas e princípios) da sanção disciplinar constitui-se, basicamente, do estatuto funcional de cada entidade federativa, nos termos do art. 39, *caput*, da Constituição da República, sem prejuízo da incidência de eventuais outras normas legais ou regimentais componentes do regime jurídico especial de regência.

3.3 Sanções disciplinares em espécie

A única sanção disciplinar prevista expressamente na Constituição da República é a de demissão, a mais grave possível nessa esfera, nos termos do art. 41, inciso II, segundo o qual "o servidor público estável só perderá o cargo mediante processo administrativo em que lhe seja assegurada ampla defesa". Mas, conforme já ressaltado, a competência legislativa em matéria de estatuto funcional e regime disciplinar é de cada ente federativo, que pode instituir outras sanções disciplinares específicas, desde que respeitados os princípios da legalidade, proporcionalidade, dignidade da pessoa humana e o valor social do trabalho.

Na esfera federal, o Estatuto dos Servidores Públicos, Lei nº 8.112/90 prevê as seguintes sanções disciplinares: advertência; suspensão; demissão; destituição de cargo em comissão e função comissionada; e cassação de aposentadoria ou disponibilidade (art. 127). Além disso, prevê a possibilidade de conversão da sanção de suspensão em multa, se houver conveniência para o serviço público, na base de 50% (cinquenta por cento) por dia de vencimento ou remuneração, ficando o servidor obrigado a permanecer em serviço. Os demais entes federados tendem a seguir essa estrutura, com pouquíssimas variações.[247]

---

[245] PEREIRA, Flávio Henrique Unes. *Sanções disciplinares*: o alcance do controle jurisdicional. Belo Horizonte: Fórum, 2020. p. 48.

[246] PEREIRA, Flávio Henrique Unes. *Sanções disciplinares*: o alcance do controle jurisdicional. Belo Horizonte: Fórum, 2020. p. 48.

[247] No Estado de Minas Gerais e no Município de Belo Horizonte, por exemplo, os Estatutos chamam de "repreensão" a sanção que corresponde à advertência da Lei nº 8.112/90 (art. 244, I, da Lei Estadual nº 869/52 e art. 188, I, da Lei Municipal nº 7.169/96). Além disso, no Estado de Minas Gerais, existe a penalidade de multa autônoma em relação à de suspensão

A advertência é a mais branda das sanções, adequada para infrações leves e consiste em admoestação formal da Administração Pública com o intuito de evitar a reincidência.[248] Somente pode ser aplicada após o devido processo legal, ainda que sob a forma de "sindicância", com garantia de contraditório e ampla defesa.[249] Enquanto sanção disciplinar, com todos os efeitos típicos, inclusive para fins de reincidência, a advertência não se confunde com eventuais reprimendas ou orientações cotidianas e operacionais da chefia imediata, verbais e por escrito, no exercício do poder hierárquico.[250]

A suspensão é a sanção de gravidade média adequada para infrações de potencial ofensivo igualmente médio ou reincidência em infrações leves.[251] A sua principal característica é repercutir financeiramente na esfera jurídica do servidor, por implicar o seu afastamento do serviço por período determinado, no curso do qual não será devida a remuneração.[252] A multa, aplicada autonomamente ou em substituição

---

e dois tipos de penalidade expulsiva, denominadas "demissão" e "demissão a bem do serviço público" (art. 244, incisos II, V e VI, da Lei Estadual nº 869/52).

[248] LIMA, Fábio Lucas de Albuquerque. *Elementos de direito administrativo disciplinar*. 1. ed. Belo Horizonte: Fórum, 2014. p. 135. Disponível em: https://www.forumconhecimento.com.br/livro/L1232. Acesso em 14 mar. 2024.

[249] "Esta Corte possui orientação jurisprudencial no sentido de que, quando a penalidade a ser aplicada ao servidor se restringir à advertência ou à suspensão inferior a 30 dias, é dispensada a abertura de processo administrativo disciplinar – sendo suficiente, nesses casos, a apuração e consequente aplicação de penalidade por sindicância –, no entanto, devem ser respeitados os princípios da ampla defesa e do contraditório, o que não ocorreu no caso dos autos". (BRASIL. Superior Tribunal de Justiça (6ª Turma). *Agravo Regimental no Recurso em Mandado de Segurança nº 19.208/RS – Rio Grande do Sul*. Administrativo. Agravo regimental no recurso ordinário em mandado de segurança. Servidor público. Pena de suspensão por dez dias. Inexigência de abertura de processo administrativo disciplinar. Sindicância. Desrespeito ao contraditório e à ampla defesa. Lei nº 10.098/94. Hierarquia igual ou superior a do sindicado. Não cumprimento. Nulidade. Reconhecimento. Agravo regimental desprovido. Relator: Min. Ericson Maranho (Desembargador Convocado do TJ/SP), 12 maio 2015. Disponível em: https://processo.stj.jus.br/SCON/GetInteiroTeorDoAcordao?num_registro=200401613038&dt_publicacao=25/05/2015. Acesso em 7 fev. 2024).

[250] A fim de diferenciar os institutos (sanção e orientação), a Controladoria Geral do Município de Belo Horizonte criou o "Termo de Apontamento Funcional Pedagógico", a ser aplicado pela chefia imediata "no exercício do poder de fiscalização e orientação do servidor público" (art. 31 e Anexo I da Portaria 1/2022 CTGM). Por não ostentar natureza de sanção, a medida não é registrada na pasta funcional, não gera reincidência e não traz qualquer sorte de prejuízo funcional. Serve, apenas, para orientar o servidor a adequar sua conduta, sob pena de, não o fazendo, instaurar-se processo sancionatório.

[251] LIMA, Fábio Lucas de Albuquerque. *Elementos de direito administrativo disciplinar*. 1. ed. Belo Horizonte: Fórum, 2014. p. 136. Disponível em: https://www.forumconhecimento.com.br/livro/L1232. Acesso em 14 mar. 2024.

[252] LIMA, Fábio Lucas de Albuquerque. *Elementos de direito administrativo disciplinar*. 1. ed. Belo Horizonte: Fórum, 2014. p. 134. Disponível em: https://www.forumconhecimento.com.br/livro/L1232. Acesso em 14 mar. 2024.

à suspensão, também possui como principal característica a repercussão financeira, mas, nesse caso, o servidor não se afasta do serviço. Bem por isso, o percentual da multa jamais poderá equivaler à totalidade da remuneração, sob pena de transformar o trabalho do servidor em gratuito.

A demissão é a sanção mais grave, adequada para infrações graves ou reincidência em infrações médias. Corresponde à expulsão do servidor público, ainda que estável, nos termos do art. 41 da Constituição da República.[253] Teleologicamente, a estabilidade, na perspectiva do servidor, "pretende evitar a demissão injusta".[254] Na perspectiva do Estado, "garante a proteção da autonomia funcional, da moralidade pública e da própria relação de administração".[255] Disso decorre que o servidor público estável, em regra,[256] não pode ser exonerado por iniciativa da Administração Pública, mas pode ser demitido em virtude de infração disciplinar. A depender de previsão no respectivo estatuto, a demissão pode gerar incompatibilidade para nova investidura no serviço público por determinado período.[257]

---

[253] "Art. 41. São estáveis, após três anos de efetivo exercício, os servidores nomeados para cargo de provimento efetivo em virtude de concurso público". (BRASIL. [Constituição (1988)]. *Constituição da República Federativa do Brasil de 1988*. Brasília, DF: Presidência da República, 1988. Disponível em: https://www.planalto.gov.br/ccivil_03/constituicao/constituicao.htm. Acesso em 7 fev. 2024).

[254] PEREIRA, Flávio Henrique Unes. *Sanções disciplinares*: o alcance do controle jurisdicional. Belo Horizonte: Fórum, 2020. p. 100.

[255] PEREIRA, Flávio Henrique Unes. *Sanções disciplinares*: o alcance do controle jurisdicional. Belo Horizonte: Fórum, 2020. p. 100.

[256] O art. 169, §4º, da Constituição da República prevê hipótese excepcional de "perda do cargo" do servidor público estável por ultrapassagem do limite de despesa com pessoal: "Art. 169 [...] §4º Se as medidas adotadas com base no parágrafo anterior [redução em pelo menos vinte por cento das despesas com cargos em comissão e funções de confiança; exoneração dos servidores não estáveis] não forem suficientes para assegurar o cumprimento da determinação da lei complementar referida neste artigo, o servidor estável poderá perder o cargo, desde que ato normativo motivado de cada um dos Poderes especifique a atividade funcional, o órgão ou unidade administrativa objeto da redução de pessoal". Nesse caso, o servidor fará jus a indenização correspondente a um mês de remuneração por ano de serviço, nos termos do §5º. (BRASIL. [Constituição (1988)]. *Constituição da República Federativa do Brasil de 1988*. Brasília, DF: Presidência da República, 1988. Disponível em: https://www.planalto.gov.br/ccivil_03/constituicao/constituicao.htm. Acesso em 7 fev. 2024).

[257] Nesse sentido, o art. 137 da Lei nº 8.112/90 dispõe: "Art. 137. A demissão ou a destituição de cargo em comissão, por infringência do art. 117, incisos IX e XI, incompatibiliza o ex-servidor para nova investidura em cargo público federal, pelo prazo de 5 (cinco) anos". (BRASIL. Lei nº 8.112, de 11 de dezembro de 1990. Dispõe sobre o regime jurídico dos servidores públicos civis da União, das autarquias e das fundações públicas federais. *Diário Oficial da União*, Brasília, DF: Presidência da República, 19 abr. 1991. Disponível em: https://www.planalto.gov.br/ccivil_03/leis/l8112cons.htm. Acesso em: 07 fev. 2024).

Constitucionalmente, a demissão está prevista no art. 41, inciso II, e não se confunde com as outras hipóteses de perda do cargo, previstas nos incisos I (sentença judicial transitada em julgado) e no inciso III (mediante procedimento de avaliação periódica de desempenho, na forma de lei complementar, assegurada ampla defesa). Essa última hipótese, inclusive, ainda não pode ser aplicada na prática, pois a eficácia do dispositivo constitucional depende de lei complementar a ser editada necessariamente pelo Congresso Nacional,[258] sendo vedado aos demais entes federados tratar do tema.[259]

A sanção de destituição importa perda do cargo em comissão ou da função de confiança. Embora não haja estabilidade nesses vínculos, a destituição, por sua natureza de sanção disciplinar, não se confunde com a exoneração de ofício pela Administração Pública, que tem natureza de ato de gestão de pessoal. No primeiro caso, as garantias do contraditório e da ampla defesa se aplicam, no segundo, não. A destituição pode ou não acarretar a expulsão do serviço público. Caso o servidor seja detentor também de cargo efetivo, voltará para a carreira em consequência da destituição, ressalvada a hipótese de aplicação conjunta da sanção de demissão.

Finalmente, a cassação da aposentadoria ou disponibilidade[260] é aplicada aos servidores que, já estando na inativa, houverem praticado infrações sujeitas a demissão quando ainda estavam na atividade. A constitucionalidade dessa sanção foi questionada em face do caráter contributivo e solidário do regime próprio de previdência social dos servidores públicos, mas definitivamente afastada pelo Supremo

---

[258] Atualmente, tramita na Câmara dos Deputados o Projeto de Lei Complementar nº 51/2019, que disciplina a hipótese de perda do cargo público por insuficiência de desempenho do servidor público estável, aplicável a todos entes federados.

[259] Nesse sentido, vide: BRASIL. Supremo Tribunal Federal (Tribunal Pleno). *Ação Direta de Inconstitucionalidade nº 230*. Ação direta de inconstitucionalidade. Defensor público estadual: garantias e prerrogativas. Art. 178, inc. I, alíneas f e g, II e IV da constituição do Rio de Janeiro (renumerados para art. 181, inc. I, alíneas f e g, II e IV). Relatora: Min. Cármen Lúcia, 1º fev. 2010. Disponível em: https://redir.stf.jus.br/paginadorpub/paginador.jsp?docTP=AC&docID=630104. Acesso em 7 fev. 2024.

[260] A sanção, na verdade, consiste na cassação e não na concessão ou aplicação da disponibilidade. "A rigor, não é a disponibilidade uma penalidade, embora possa ocasionar danos ao servidor a ela sujeitado. A figura da disponibilidade do servidor ocorre no serviço público quando, por exemplo, é extinto o cargo ou declarada sua desnecessidade no órgão ou entidade a que pertence o servidor estável". (LIMA, Fábio Lucas de Albuquerque. *Elementos de direito administrativo disciplinar*. 1. ed. Belo Horizonte: Fórum, 2014. p. 144. Disponível em: https://www.forumconhecimento.com.br/livro/L1232. Acesso em 14 mar. 2024).

Tribunal Federal, em controle concentrado,[261] no julgamento da ADPF nº 418, conforme se vê da ementa a seguir citada:

> ARGUIÇÃO DE DESCUMPRIMENTO DE PRECEITO FUNDAMENTAL. CONSTITUCIONAL E ADMINISTRATIVO. ARTS. 127, IV, E 134 DA LEI Nº 8.112/1990. PENALIDADE DISCIPLINAR DE CASSAÇÃO DE APOSENTADORIA OU DISPONIBILIDADE. EMENDAS CONSTITUCIONAIS NºS 3/1993, 20/1998 E 41/2003. PENALIDADE QUE SE COMPATIBILIZA COM O CARÁTER CONTRIBUTIVO E SOLIDÁRIO DO REGIME PRÓPRIO DE PREVIDÊNCIA DOS SERVIDORES. PODER DISCIPLINAR DA ADMINISTRAÇÃO PÚBLICA. AÇÃO JULGADA IMPROCEDENTE. 1. As Emendas Constitucionais nº 3/1993, 20/1998 e 41/2003 estabeleceram o caráter contributivo e o princípio da solidariedade para o financiamento do regime próprio de previdência dos servidores públicos. Sistemática que demanda atuação colaborativa entre o respectivo ente público, os servidores ativos, os servidores inativos e os pensionistas. 2. A contribuição previdenciária paga pelo servidor público não é um direito representativo de uma relação sinalagmática entre a contribuição e eventual benefício previdenciário futuro. 3. A aplicação da penalidade de cassação de aposentadoria ou disponibilidade é compatível com o caráter contributivo e solidário do regime próprio de previdência dos servidores públicos. Precedentes. 4. A perda do cargo público foi prevista no texto constitucional como uma sanção que integra o poder disciplinar da Administração. É medida extrema aplicável ao servidor que apresentar conduta contrária aos princípios básicos e deveres funcionais que fundamentam a atuação da Administração Pública. 5. A impossibilidade de aplicação de sanção administrativa a servidor aposentado, a quem a penalidade de cassação de aposentadoria se mostra como única sanção à disposição da Administração, resultaria em tratamento diverso entre servidores ativos e inativos, para o sancionamento dos mesmos ilícitos, em prejuízo do princípio isonômico e da moralidade administrativa, e representaria indevida restrição ao poder disciplinar da Administração em relação a servidores aposentados que cometeram faltas graves enquanto em atividade, favorecendo a impunidade. 6. Arguição conhecida e julgada improcedente.[262]

---

[261] O Supremo Tribunal Federal já havia manifestado esse entendimento anteriormente, em processos de cunho subjetivo, como por exemplo, no MS nº 21.948/RJ, Pleno. Rel. Min. Néri da Silveira. *DJ*, 07 dez. 1995.

[262] BRASIL. Supremo Tribunal Federal (Tribunal Pleno). *Arguição de Descumprimento de Preceito Fundamental nº 418*. Arguição de Descumprimento de Preceito Fundamental. Constitucional e administrativo. Arts. 127, IV, e 134 da Lei nº 8.112/1990. Penalidade disciplinar de cassação de aposentadoria ou disponibilidade. Emendas constitucionais nº 3/1993, 20/1998 e 41/2003. Penalidade que se compatibiliza com o caráter contributivo e solidário do regime próprio

Independentemente da espécie da sanção cabível no caso concreto, o certo é que o poder disciplinar, como, de resto, todas as manifestações do poder punitivo do Estado, encontra limitações em garantias individuais fundamentais previstas na Constituição. Para os fins do presente trabalho, interessa a análise do princípio da culpabilidade, que acarreta a natureza necessariamente subjetiva da responsabilidade disciplinar, e as garantias do contraditório e da ampla defesa, inafastáveis na hipótese de exercício imperativo do poder.

3.4 Princípio da culpabilidade e responsabilidade disciplinar subjetiva

Vigora no ordenamento brasileiro o princípio geral da culpabilidade, que decorre, explicitamente, do art. 5º, inciso LVII (presunção de inocência)[263] e, implicitamente, do art. 1º (Estado de Direito, proporcionalidade e vedação ao excesso), impedindo-se a responsabilidade administrativa[264] decorrente de mera conduta, assente na objetivação da culpa.[265] Trata-se, assim, de princípio limitador da atividade sancionadora do Estado (*lato sensu*), garantidor de direitos fundamentais da pessoa humana contra o arbítrio estatal.[266]

---

de previdência dos servidores. Poder disciplinar da administração pública. Ação julgada improcedente. Relator: Min. Alexandre de Moraes, 15 abr. 2020. Disponível em: https://portal.stf.jus.br/processos/downloadPeca.asp?id=15342973934&ext=.pdf. Acesso em 7 fev. 2024.

[263] "Tratando-se de processo administrativo disciplinar – exercício da atividade sancionatória da Administração Pública – demanda-se a rigorosa aplicação do conjunto normativo que compõe o núcleo constitucional comum de processualidade, circunstância que faz incidir a plena aplicação do direito fundamental à presunção de inocência. O princípio reclama observância em qualquer processo de cunho sancionador, seja penal ou administrativo, conforme têm reiteradamente sustentado a doutrina e a jurisprudência espanholas". (BACELLAR FILHO, Romeu Felipe. Presunção de inocência no processo administrativo disciplinar. *Revista Brasileira de Estudos da Função Pública – RBEFP*, Belo Horizonte, a. 6, n. 18, p. 141-174, set./dez. 2017).

[264] Não se engloba na assertiva a responsabilidade civil, que admite objetivação, desde que prevista na Constituição ou em lei, como ocorre, por exemplo, no art. 37, §6º, da Constituição da República (responsabilidade civil do Estado) e no Código de Defesa do Consumidor (responsabilidade civil do fornecedor de produtos ou serviços).

[265] Nesse sentido, tratando da responsabilidade das pessoas jurídicas na Lei nº 12.846/13, vide: FERRAZ, Luciano. Reflexões sobre a Lei nº 12.846/2013 e seus impactos nas relações público-privadas: lei de improbidade empresarial e não lei anticorrupção. *Revista Brasileira de Direito Público – RBDP*, Belo Horizonte, a. 12, n. 47, p. 33-43, out./dez. 2014.

[266] PEREIRA, Flávio Henrique Unes. *Sanções disciplinares*: o alcance do controle jurisdicional. Belo Horizonte: Fórum, 2020. p. 79.

Especificamente no âmbito do direito administrativo sancionador, o aludido princípio exige que "a sanção administrativa retributiva seja aplicada apenas à ação que, além de típica e ilícita, seja também culpável".[267] Pode-se afirmar, assim, que a culpabilidade é elemento essencial da responsabilidade disciplinar,[268] de modo que a imposição de qualquer sanção, nessa esfera, requer a demonstração da responsabilidade subjetiva do servidor público.[269] Segundo Rafael Munhoz de Mello:

> O princípio da proporcionalidade tem ainda outra importante consequência no campo do direito administrativo sancionador: exige que a sanção administrativa retributiva seja aplicada apenas à ação que, além de típica e ilícita, seja também culpável. A imposição de sanção administrativa retributiva depende da culpa do infrator, em função do subprincípio da adequação, corolário do princípio da proibição do excesso ou da proporcionalidade, que por sua vez decorre do princípio fundamental do Estado de Direito, previsto no art. 1º da Constituição Federal de 1988. Tratando-se de princípio constitucional, como defendido no presente trabalho, o legislador infraconstitucional não pode afastar a culpabilidade do campo do direito administrativo sancionador, outorgando à Administração Pública competência para impor sanções administrativas retributivas, independentemente da culpa do particular.[270]

Tal entendimento vai ao encontro da própria teleologia das sanções administrativas.[271] Segundo Rafael Munhoz de Mello, "a sanção administrativa tem finalidade preventiva: aplica-se uma medida negativa ao infrator para prevenir a ocorrência de futuras infrações" e, por isso, "só cumpre sua finalidade preventiva se aplicada a quem age de modo doloso ou culposo". Por outro lado, a responsabilização objetiva do sujeito não previne a ocorrência futura de comportamentos tipificados

---

[267] MELLO, Rafael Munhoz de. Sanção administrativa e o princípio da culpabilidade. *Revista de Direito Administrativo e Constitucional*, Belo Horizonte, a. 5, n. 22, p. 1-253, out./dez. 2005.

[268] DANIEL, Felipe Alexandre Santa Anna Mucci. *O direito administrativo sancionador aplicado aos contratos da Administração Pública e os acordos substitutivos de sanção*. Curitiba: Íthala, 2022. p. 341.

[269] PEREIRA, Flávio Henrique Unes. *Sanções disciplinares*: o alcance do controle jurisdicional. Belo Horizonte: Fórum, 2020. p. 79.

[270] MELLO, Rafael Munhoz de. Sanção administrativa e o princípio da culpabilidade. *Revista de Direito Administrativo e Constitucional*, Belo Horizonte, a. 5, n. 22, p. 1-253, out./dez. 2005.

[271] Conforme afirma Flávio Henrique Unes Pereira, "a prevenção é a finalidade essencial das sanções disciplinares, o que, como visto, não desconsidera o eventual fim reparador da imagem pública da Administração". (PEREIRA, Flávio Henrique Unes. *Sanções disciplinares*: o alcance do controle jurisdicional. Belo Horizonte: Fórum, 2020. p. 51).

como infrações administrativas. Isso porque "o indivíduo que sem culpa praticou o comportamento típico não mudará seu modo de agir em face da imposição da sanção", "e nem é possível exigir a mudança, pois nada de ilegal havia em sua conduta: ele não desejou a conduta típica e tampouco agiu com negligência, imperícia ou imprudência".[272]

A esse propósito, a Lei nº 13.655/18 inseriu o art. 28 na LINDB para determinar que "o agente público responderá pessoalmente por suas decisões ou opiniões técnicas em caso de dolo ou erro grosseiro".[273] Entende-se que estão "abrangidos pela dicção legal os servidores públicos estatutários em geral, os empregados públicos, contratados no regime da CLT, além de agentes políticos e comissionados".[274] Trata-se de "cláusula geral do erro administrativo", "sobre a responsabilidade pessoal do agente tanto por atos decisórios, quanto por orientações", englobando, assim, "a contribuição do técnico que indica, conforme a sua *expertise*, um rumo a seguir" e a "ação concreta que causa transformação na esfera jurídica".[275]

Ao julgar a medida cautelar da ADI 6421, que questionava a limitação da responsabilidade civil e administrativa dos agentes públicos às hipóteses de erro grosseiro e de dolo, com base no art. 28 da LINDB e da MP 966/2020, o Supremo Tribunal Federal estabeleceu os seguintes parâmetros para caracterização do erro grosseiro:

> 1. Configura erro grosseiro o ato administrativo que ensejar violação ao direito à vida, à saúde, ao meio ambiente equilibrado ou impactos adversos à economia, por inobservância: (i) de normas e critérios científicos e técnicos; ou (ii) dos princípios constitucionais da precaução e da prevenção. 2. A autoridade a quem compete decidir deve exigir que as opiniões técnicas em que baseará sua decisão tratem expressamente: (i)

---

[272] MELLO, Rafael Munhoz de. Sanção administrativa e o princípio da culpabilidade. *Revista de Direito Administrativo e Constitucional*, Belo Horizonte, a. 5, n. 22, p. 1-253, out./dez. 2005.

[273] Para Flávio Henrique Unes Pereira, a Lei nº 13.655/18 consolidou o "entendimento de que sem dolo ou culpa (e no caso de erro grosseiro, a culpa grave) não haverá responsabilização do agente público". (PEREIRA, Flávio Henrique Unes. *Sanções disciplinares*: o alcance do controle jurisdicional. Belo Horizonte: Fórum, 2020. p. 82).

[274] BINENBOJM, Gustavo; CYRINO, André. O art. 28 da LINDB: a cláusula geral do erro administrativo. *Revista Direito Administrativo*, Rio de Janeiro, p. 203-224, nov. 2018. Edição Especial: Direito Público na Lei de Introdução às Normas de Direito Brasileiro – LINDB (Lei nº 13.655/2018).

[275] BINENBOJM, Gustavo; CYRINO, André. O art. 28 da LINDB: a cláusula geral do erro administrativo. *Revista Direito Administrativo*, Rio de Janeiro, p. 203-224, nov. 2018. Edição Especial: Direito Público na Lei de Introdução às Normas de Direito Brasileiro – LINDB (Lei nº 13.655/2018).

das normas e critérios científicos e técnicos aplicáveis à matéria, tal como estabelecidos por organizações e entidades internacional e nacionalmente reconhecidas; e (ii) da observância dos princípios constitucionais da precaução e da prevenção, sob pena de se tornarem corresponsáveis por eventuais violações a direitos.[276]

Juliana Bonacorsi de Palma e André Rosilho afirmam que: i) "o julgamento cautelar da MP nº 966/2020 representa a chancela das preocupações com relação à segurança jurídica na tomada de decisão pública e das soluções que as endereçam"; ii) "o STF referendou a constitucionalidade do art. 28 da LINDB e a consolidou como uma lei geral de hermenêutica"; e iii) "a LINDB se aplica em todas as relações envolvendo o Poder Público, inclusive no controle: os órgãos de controle devem observar as regras da LINDB e não podem construir interpretações jurídicas criativas que mitiguem o alcance de seus preceitos".[277]

Posteriormente, ao julgar o mérito da ADI 6.421, o STF ratificou a constitucionalidade do dispositivo e firmou os entendimentos de que "compete ao legislador ordinário dimensionar o conceito de culpa previsto no art. 37, §6º, da CF, respeitado o princípio da proporcionalidade, em especial na sua vertente de vedação à proteção insuficiente" e que "estão abrangidas pela ideia de erro grosseiro as noções de imprudência, negligência e imperícia, quando efetivamente graves".[278]

Deveras, o art. 28 da LINDB está inserido em um contexto legislativo mais amplo,[279] que intenta conferir maior segurança jurídica ao agente público (inclusive ao servidor, sujeito ao regime disciplinar

---

[276] BRASIL. Supremo Tribunal Federal (Tribunal Pleno). *Ação Direta de Inconstitucionalidade nº 6.421 MC*. Direito administrativo. Ações Diretas de Inconstitucionalidade. Responsabilidade civil e administrativa de agentes públicos. Atos relacionados à pandemia de Covid-19. Medida Provisória nº 966/2020. Deferimento parcial da cautelar. Relator: Min. Roberto Barroso, 21 maio 2020. Disponível em: https://redir.stf.jus.br/paginadorpub/paginador.jsp?docTP=TP&docID=754359227. Acesso em 7 fev. 2024.

[277] PALMA, Juliana Bonacorsi de; ROSILHO, André Rosilho. *Constitucionalidade do direito ao erro do gestor público do art. 28 da Nova LINDB*, v. 13, n. 23, jan./jun. 2021.

[278] BRASIL. STF. *ADI 6421*. Rel. Min. Luís Roberto Barroso. Tribunal Pleno. Julgado em 11 mar. 2024. Publicado em 17 abr. 2024.

[279] "A nova LINDB, com uma norma de aplicabilidade mais geral, procurou se somar a esse movimento legislativo, do qual ela não constituiu o marco inicial. E, claramente, ela também não seria o marco final, como prova a profunda alteração da LIA em 2021, para prever que a punição só ocorrerá nos casos em que houver intenção de agir dolosamente para se enriquecer ou para lesar a Administração, não bastando a ocorrência de ilegalidades ou a violação de princípios". (SUNDFELD, Carlos Ari. *Direito Administrativo*: o novo olhar da LINDB. 1. ed. Belo Horizonte: Fórum, 2022. Disponível em: https://www.forumconhecimento.com.br/livro/4378. Acesso em 15 nov. 2022).

estatutário), barrando, assim, os excessos cometidos pelos órgãos de acusação e julgamento sob a égide das legislações anteriores. O pano de fundo é a presunção de boa-fé dos agentes públicos, que deve guiar a atuação administrativa em qualquer caso, inclusive na esfera correcional.[280]

Especificamente em relação ao exercício imperativo do poder disciplinar (aplicação unilateral de sanção), entende-se que é inafastável o dever de apuração de culpabilidade, sendo que, nos casos do art. 28 da LINDB ("decisões ou opiniões técnicas"), será exigido dolo ou erro grosseiro (culpa grave). Essa apuração somente pode se dar no âmbito do devido processo legal, necessariamente estruturado em contraditório, com garantia da ampla defesa, conforme se passa a expor.

3.5 Imperatividade e devido processo legal

O princípio do devido processo legal é previsto expressamente no art. 5º, inciso LIV, da Constituição da República, segundo o qual "ninguém será privado da liberdade ou de seus bens sem o devido processo legal". Embora seja comumente relacionado ao processo judicial,[281] o princípio aplica-se a toda e qualquer ação estatal que possa afetar a liberdade e os bens jurídicos dos particulares.[282] De fato, "é a primeira vez que a cláusula do devido processo legal aparece em texto constitucional brasileiro, com a acepção expressa para os processos em geral, inclusive o administrativo".[283]

Conforme será exposto mais a frente, o aludido princípio incide também nos casos de exercício consensual do poder disciplinar (acordos substitutivos), com efeitos diversos (devido processo de negociação). Na hipótese de exercício imperativo (aplicação unilateral de sanção),

---

[280] Nesse mesmo movimento, mas na esfera da improbidade administrativa, a Lei nº 14.230/21 alterou a Lei nº 8.429/92, para se exigir dolo específico (vontade livre e consciente de alcançar o resultado ilícito a fim de obter proveito ou benefício indevido para si ou para outra pessoa ou entidade) para configuração de qualquer tipo infracional (artigos 9º, 10 ou 11), afastando-se, por consequência, a improbidade culposa e o dolo genérico (art. 11, §§1º e 2º).

[281] BARACHO, José Alfredo de Oliveira Baracho. Teoria geral do Processo Constitucional. *Revista Brasileira de Estudos Políticos*, p. 69-170, 2004.

[282] MELLO, Rafael Munhoz de. Processo administrativo, devido processo legal e a Lei nº 9.784/99. *Revista de Direito Administrativo e Constitucional*, a. 3, n. 11, jan./fev./mar. 2003.

[283] FIGUEIREDO, Lúcia Valle. Estado de Direito e devido processo legal. *Revista de Direito Administrativo*, [S. l.], v. 209, p. 7-18, 1997. p. 209. DOI: 10.12660/rda.v209.1997.47039. Disponível em: https://periodicos.fgv.br/rda/article/view/47039. Acesso em 7 fev. 2024.

o processo necessariamente deve ser estruturado na forma do art. 5º, inciso LV, da Constituição da República, que consagra os princípios do contraditório e da ampla defesa da seguinte forma: "Aos litigantes, em processo judicial ou administrativo, e aos acusados em geral são assegurados o contraditório e ampla defesa, com os meios e recursos a ela inerentes".[284]

Perceba-se que o dispositivo constitucional expressamente alude às ideias de litígio e acusação (inteligência das expressões "litigantes" e "acusados em geral"), referindo-se, pois, aos processos de natureza adversarial, como devem ser aqueles que precedem o ato unilateral de imposição de sanção. Em tais hipóteses, a Administração Pública efetivamente formula uma acusação[285] em face do servidor, que atua como parte no processo a título pessoal e não enquanto órgão do Estado. Nesse caso, ele poderá se defender e interpor todos os recursos administrativos e judiciais pertinentes, uma vez que é afetado como sujeito de direito e não como órgão.[286]

O contraditório está, assim, ligado essencialmente à ideia de participação adversarial, por meio da qual as partes com interesses contrapostos têm a oportunidade de conhecer e contradizer os seus argumentos mutuamente, influenciando, assim, o julgador. Conforme afirma Aroldo Plínio Gonçalves, com base na teoria de Elio Fazzalari, esse tipo de participação deve ser garantido sempre que o sujeito processual (*in casu*, o servidor público) puder vir a se submeter à atuação imperativa do Estado ao final do processo:

> A ideia da participação, como elemento integrante do contraditório, já era antiga. Mas o conceito de contraditório desenvolveu-se em uma dimensão mais ampla. Já não é a mera participação, ou mesmo a participação efetiva das partes no processo. O contraditório é a garantia da participação das

---

[284] Conforme afirmam Ramón Huapaya Tapia e Oscar Alejos Guzmán, o devido processo é uma garantia que se aplica a todo processo administrativo e não somente aos processos sancionadores. Mas, nestes, a garantia busca que a decisão final (sanção ou não) seja produto de uma série de atuações em que haja respeito ao direito de defesa do acusado em todas as suas manifestações. (TAPIA, Ramón Huapaya; GUZMÁN, Oscar Alejos. Los principios de la potestad sancionadora a la luz de las modificaciones del Decreto Legislativo nº 1272. *Revista De Derecho Administrativo*, n. 17, p. 52-76, 2019. Disponível em: https://revistas.pucp.edu.pe/index.php/derechoadministrativo/article/view/22165. Acesso em 19 nov. 2023).

[285] FRAGA, Carlos Alberto Conde da Silva. *O poder disciplinar no Estatuto dos trabalhadores da Administração Pública*. 2. ed. Lisboa: Petrony Editora, 2013. p. 469.

[286] GORDILLO, Agustín. *Tratado de Derecho Administrativo*, t. 4: el procedimiento administrativo. 6. ed. Belo Horizonte: Del Rey, 2003. p. I-18.

partes, em simétrica igualdade, no processo, e é garantia das partes porque o jogo da contradição é delas, os interesses divergentes são delas, são elas os "interessados e contrainteressados" na expressão de Fazzalari, enquanto, dentre todos os sujeitos do processo, são os únicos destinatários do provimento final, são os únicos sujeitos do processo que terão os efeitos do provimento atingindo a universalidade de seus direitos, ou seja, interferindo imperativamente em seu patrimônio.[287]

A garantia constitucional ao contraditório não se satisfaz, porém, apenas do ponto de vista formal, com a mera possibilidade de participação do interessado. Muito mais do que isso, deve ser observada em sua essência, cabendo "à Administração Pública examinar todos os argumentos colacionados pelo servidor a quem se atribui uma falta".[288] No âmbito do Estado Democrático de Direito, as partes processuais devem ter influência na formação do resultado do processo. Não se trata, assim, simplesmente, de um "direito de falar". "Muito mais do que isso, o contraditório é o direito de ser ouvido".[289] Nesse sentido, há precedente paradigmático do Supremo Tribunal Federal, lavrado a partir de jurisprudência e doutrina alemãs:

> Apreciando o chamado "Anspruch auf rechtliches Gehör" (pretensão à tutela jurídica) no direito alemão, assinala o Bundesverfassungsgericht que essa pretensão envolve não só o direito de manifestação e o de informação sobre o objeto do processo, mas, também, o direito de ver seus argumentos contemplados pelo órgão incumbido de julgar (Cf.: Decisão da Corte Constitucional alemã – BVerfGE 70, 288-293; sobre o assunto, ver, também, Pieroth e Schlink, Grundrechte – Staatsrecht II, Heidelberg, 1988, p. 281; Battis, Ulrich, Gusy, Christoph, Einführung in das Staatsrecht, 3. ed. Heidelberg, 1991, p. 363-364).
> Daí, afirmar-se, correntemente, que a pretensão à tutela jurídica corresponde, exatamente, à garantia consagrada no art. 5º LV, da Constituição, contém os seguintes direitos:

---

[287] GONÇALVES, Aroldo Plínio. *Técnica processual e teoria do processo*. 2. ed. Belo Horizonte: Del Rey, 2012. p. 108-109.

[288] FORTINI, Cristiana. Processo administrativo disciplinar no Estado democrático de direito: o devido processo legal material, o princípio da eficiência e a Súmula Vinculante nº 05 do Supremo Tribunal Federal. *Revista Brasileira de Estudos da Função Pública*, Belo Horizonte, v. 1, n. 3, set./dez. 2012. Disponível em: http://dspace/xmlui/bitstream/item/4962/PDIexibepdf.pdf?sequence=1. Acesso em 4 mar. 2023.

[289] CÂMARA, Alexandre Freitas. O novo CPC, o contraditório e a fundamentação das decisões no processo administrativo. *Revista Brasileira de Estudos da Função Pública – RBEFP*, Belo Horizonte, a. 6, n. 18, p. 29-39, set./dez. 2017.

1) direito de informação (Recht auf Information), que obriga o órgão julgador a informar, à parte contrária, os atos praticados no processo e sobre os elementos dele constantes;
2) direito de manifestação (Recht auf Äusserung), que assegura ao acusado a possibilidade de manifestar-se oralmente ou por escrito sobre os elementos fáticos e jurídicos constantes do processo;
3) direito de ver seus argumentos considerados (Recht auf Berücksichtigung), que exige do julgador capacidade, apreensão e isenção de ânimo (Aufnahmefähigkeit und Aufnahmebereitschaft) para contemplar as razões apresentadas (Cf.: Pieroth e Schlink, Grundrechte-Staatsrecht II, Heidelberg, 1988, p. 281; Battis e Gusy, Einführung in das Staatsrecht, Heidelberg, 1991, p. 363- 364; ver, também, Dürig/Assmann, in: Maunz-Dürig, Grundgesetz-Kommentar, art. 103, vol. IV, p. 85-99).
Sobre o direito de ver os seus argumentos contemplados pelo órgão julgador (Recht auf Berücksichtigung), que corresponde, obviamente, ao dever do juiz ou da Administração de a eles conferir atenção (Beachtenspflicht), pode-se afirmar que envolve não só o dever de tomar conhecimento (Kenntnisnahmepflicht), como também o de considerar, séria e detidamente, as razões apresentadas (Erwägungspflicht) (Cf.: Dürig/Assmann. in: Maunz-Dürig, Grundgesetz-Kommentar, art. 103, vol. IV, n. 97).[290]

A garantia do contraditório soma-se, necessariamente, à de ampla defesa, pois "de nada adiantaria conferir o momento para a defesa se o servidor não consegue produzi-la por falta de condições".[291] Portanto, é dever da Administração Pública não apenas permitir o exercício do direito de defesa (perspectiva passiva), mas efetivamente facilitá-lo (perspectiva ativa). E isso se dá, dentre outros, por meio da comunicação leal de todos os atos processuais; esclarecimento, inclusive por escrito, de todos os direitos do processado, em qualquer fase processual; e da produção, até mesmo de ofício, da prova necessária à busca da verdade

---

[290] BRASIL. Supremo Tribunal Federal (2ª Turma). *Recurso em Mandado de Segurança MS nº 31.661/DF – Distrito Federal*. Recurso ordinário em mandado de segurança. 2. Direito Constitucional e Comparado: CF 5º, LV e *Anspruch auf rechtliches Gehör*. 3. Procedimento administrativo e Lei nº 9.784/99. 4. Violação dos princípios da ampla defesa e do contraditório configurada. 5. Precedente: Agr. RE nº 426.147. Não apreciado o mérito administrativo, senão faltas procedimentais. 6. Recurso ordinário provido. Relator: Min. Gilmar Mendes, 10 dez. 2013. Disponível em: https://redir.stf.jus.br/paginadorpub/paginador.jsp?docTP=TP&docID=5808181. Acesso em 7 fev. 2024.

[291] FORTINI, Cristiana. Processo administrativo disciplinar no Estado democrático de direito: o devido processo legal material, o princípio da eficiência e a Súmula Vinculante nº 05 do Supremo Tribunal Federal. *Revista Brasileira de Estudos da Função Pública*, Belo Horizonte, v. 1, n. 3, set./dez. 2012. Disponível em: http://dspace/xmlui/bitstream/item/4962/PDIexibepdf.pdf?sequence=1. Acesso em 4 mar. 2023.

real ou material, com possibilidade de acompanhamento e controle por parte do processado.[292]

A Lei nº 9.784/99 possui dispositivo específico sobre os processos "de que possam resultar sanções" e "nas situações de litígio", determinando que, em casos tais, há a "garantia dos direitos à comunicação, à apresentação de alegações finais, à produção de provas e à interposição de recursos" (art. 2º, p. u., inciso X). O dispositivo deve ser compreendido como o mínimo necessário para a observância das garantias constitucionais, pois, na verdade, o processado tem o direito de se defender sob qualquer forma não vedada pelo ordenamento jurídico, em obséquio aos princípios da formalidade moderada e da verdade material (art. 2º, p. u., incisos VIII e IX).

O processo administrativo disciplinar de natureza sancionatória, com esse perfil adversarial, finaliza-se com ato unilateral e imperativo da Administração Pública (com um provimento, nas palavras de Aroldo Plínio Gonçalves).[293] Mas a compreensão desse ato administrativo deve ir além das noções clássicas de vinculação (subsunção pura e simples da lei) e discricionariedade (juízo de conveniência e oportunidade). Conforme se passa a expor, exige-se, necessariamente, a ponderação dos interesses e critérios revelados no curso do devido processo legal, para se atingir a decisão adequada para o caso concreto.

3.6 O ato unilateral de imposição de sanção: necessária ponderação de interesses e critérios

Ainda sob o enfoque do exercício imperativo do poder disciplinar, questiona-se a validade da Súmula 650 do Superior Tribunal de Justiça, segundo o qual "A autoridade administrativa não dispõe de discricionariedade para aplicar ao servidor pena diversa de demissão quando caraterizadas as hipóteses previstas no artigo 132 da Lei nº 8.112/1990".[294] O enunciado sumular parte do quadro simplificado

---

[292] GORDILLO, Agustín. *Tratado de Derecho Administrativo, t. 4*: el procedimiento administrativo. 6. ed. Belo Horizonte: Del Rey, 2003. p. II-27, II-28.

[293] GONÇALVES, Aroldo Plínio. *Técnica processual e teoria do processo*. 2. ed. Belo Horizonte: Del Rey, 2012. p. 87.

[294] O art. 132 da Lei nº 8.112/90, mencionado pela Súmula 650 do STJ, institui diversos tipos infracionais, de variado potencial ofensivo, que vão desde desídia (art. 132, inciso XIII c/c art. 117, inciso XV) até crime contra a administração pública ou improbidade administrativa (art. 132, incisos I e IV).

e bipolar de atos administrativos vinculados e discricionários – estes últimos restritos aos casos em que cabível a decisão administrativa com base em critérios de conveniência e oportunidade.[295] Mais do que isso, pressupõe que o próprio legislador já teria ponderado todos os critérios e valores envolvidos na questão disciplinar, definindo o caminho único para a satisfação do interesse público no caso concreto. Reclamar-se-ia do gestor público, assim, mero juízo de subsunção, como fundamento para a prática do ato vinculado de imposição da sanção.

Todavia, em tempos mais recentes, tem-se entendido que a lei não mais se limita a "vincular integralmente ou parcialmente a atuação administrativa e, neste último caso, conferir ao administrador competência discricionária". É dizer: "a ausência de predeterminação legal integral da ação administrativa não se resume aos quadros da discricionariedade administrativa, compõe um quadro mais amplo, que se tem chamado de margem de livre decisão administrativa".[296] Tal movimento

---

[295] Em sentido oposto ao da Súmula 650/STJ, Flávio Henrique Pereira Unes, ao tratar das sanções disciplinares, afirma que: "Não cabe, do mesmo modo, falar em discricionariedade – juízo de conveniência e oportunidade – na imposição de sanções administrativas, tendo em vista os princípios da culpabilidade e da dignidade da pessoa humana, como já examinado anteriormente. Ademais, demonstrou-se que a Teoria da Adequabilidade Normativa, manejada no devido processo legal, resulta em uma decisão adequada para o desfecho do processo administrativo sancionador, inexistindo, por conseguinte, espaço para escolhas a partir de um suposto juízo discricionário". (PEREIRA, Flávio Henrique Unes. *Sanções disciplinares*: o alcance do controle jurisdicional. Belo Horizonte: Fórum, 2020. p. 93).

[296] José Manuel Sérvulo Correa afirma que a expressão "margem de livre decisão" consiste num "superconceito" que abarca duas figuras: a discricionariedade propriamente dita e o "preenchimento volarativo de conceitos jurídicos indeterminados figurando na previsão (Tatbestand) de normas jurídicas". O autor compreende discricionariedade como o "poder concedido por lei a um órgão do poder – bem como o modo de atividade através da qual ele é exercido – de definir – no respeito do fim visado pela norma e, também, dos direitos fundamentais e de outros princípios básicos – o sentido de decisões concretas através da ponderação autônoma dos interesses públicos e privados relevantes". Já o "preenchimento, positivo ou negativo, do conceito juridicamente indeterminado não produz efeitos distintos do da verificação da ocorrência ou ausência, na situação real da vida, de elementos que correspondam a qualquer pressuposto enunciado na previsão da norma de uma maneira não vaga. Uma valoração ou prognose negativa significa que a norma não incide sobre a situação em causa. Trata-se, pois, de concluir sobre se a norma é ou não aplicável e não de determinar um sentido de decisão. No caso de o ser, tudo dependerá de, na estatuição, os efeitos de direito se encontrarem definidos ou de, pelo contrário, aquela possuir por seu turno uma textura aberta. No primeiro caso, o poder será vinculado. No segundo, estar-se-á perante um preceito acoplado (Koppelungsvorschrift) e, aí sim, uma dinâmica interativa entre previsão e estatuição trará consigo a absorção do juízo de valoração ou de prognose numa ponderação através da qual se preenchem outros espaços vazios no Tatbestand por forma a deste extrair uma diretriz de conformação do caso concreto". De toda forma, segundo o autor, "no âmbito da função administrativa, quer a discricionariedade quer a liberdade de avaliação e prognose avultam no quadro do princípio da separação de poderes, integrando uma reserva parcial de administração de fonte legislativa, a qual, por seu turno,

converge na "valorização da Administração Pública, em detrimento do Legislativo, ou, em outras palavras, a admissão de um espaço de maior protagonismo na execução da legalidade".[297]

Nesse sentido, a Lei nº 9.784/99 institui critérios para a decisão administrativa, que vão muito além da simples consideração de conveniência e oportunidade, tais como atuação "conforme a lei e o Direito", "atendimento a fins de interesse geral" ou "adequação entre meios e fins" (art. 2º). Mais especificamente em relação à dosimetria da sanção disciplinar, a Lei nº 8.112/90, que é objeto da Súmula 650 do STJ, confere um espaço livre de decisão ao gestor público, ao determinar que, na aplicação das penalidades, deverão ser consideradas a "natureza" e a "gravidade da infração cometida", os "danos que dela provierem para o serviço público", "as circunstâncias agravantes ou atenuantes" e "os antecedentes funcionais" (art. 128). No mesmo movimento, mais recentemente, a Lei nº 13.655/2018, ao alterar a LINDB, veio a determinar a consideração também dos "obstáculos", das "dificuldades reais do gestor", "das exigências das políticas públicas a seu cargo" e das "circunstâncias práticas que houverem imposto, limitado ou condicionado a ação do agente" (art. 128).

Tais normas atribuem ao gestor competência para ponderar critérios e parâmetros e definir racionalmente a decisão adequada para o caso concreto, em um juízo que passa ao largo da simples vinculação à lei prevista na Súmula 650 do STJ.[298] Os critérios e parâmetros previstos explícita ou implicitamente no ordenamento jurídico proporcionam linhas de orientação permanentes que conformam a atuação administrativa para além da simples subsunção da norma às hipóteses fáticas previstas na legislação.[299] Significa dizer, em termos mais práticos, que os parâmetros gerais (Lei nº 9.784/99 e LINDB) e as circunstâncias do

---

coloca limites ao poder dos tribunais de se substituírem na última prolação de tal tipo de pronúncias". (CORREIA, José Manuel Sérvulo. Margem de livre decisão, equidade e preenchimento de lacunas: as afinidades e os seus limites. *Revista de Direito Administrativo e Infraestrutura, Regulação e Compliance*, São Paulo, v. 7, n. 25, p. 237-264, abr./jun. 2023).

[297] BITENCOURT NETO, Eurico. *Concertação administrativa interorgânica, direito administrativo e organização no século XXI*. São Paulo: Almedina, 2017. p. 261-263.

[298] O Município de Belo Horizonte editou a Lei nº 11.676/24, que possui efeito *backlash* em relação à Súmula 650/STJ, ao dispor que "a autoridade julgadora poderá decidir motivadamente pela aplicação de penalidade menos gravosa em decorrência da ponderação dos critérios dispostos no art. 188-A desta lei".

[299] SCHMIDT-ASSMAN, Eberhard. *La teoría general del derecho administrativo como sistema*: objeto y fundamentos de la construcción sistemática. Madrid: INAP-Marçal Pons, 2003. p. 347-348.

caso concreto (Lei nº 8.112/90), analisadas a partir dessa ponderação, podem indicar que a aplicação da sanção de demissão não se afigura a mais racional ou adequada. E esse juízo se encontra na margem livre (e motivada) de decisão administrativa do gestor.

Tal entendimento é obsequioso à doutrina dos critérios ou parâmetros de Eberhard Schmidt-Assman, que postula uma atuação administrativa que seja, ao mesmo tempo, conforme o Direito, racional e razoável. Os critérios são orientações normativas da ação administrativa, que vão mais além do que a mera legalidade, aspirando à justiça: entre eles se encontram os de igualdade, proporcionalidade, economia, eficiência, transparência, consenso. Por meio de tais parâmetros, a racionalidade da ação administrativa faz-se efetiva.[300]

Em âmbito disciplinar, isso reverbera, fundamentalmente, em três constatações: i) existem diversos interesses públicos em jogo nos casos de infração disciplinar e não apenas o interesse público no caráter retributivo da sanção de demissão; ii) o infrator pode manifestar interesse privado em adequar a sua conduta em caso de permanência nos quadros públicos[301] e tal interesse deve ser considerado pela Administração Pública;[302] iii) a decisão disciplinar adequada e racional somente pode ser atingida mediante a ponderação de tais interesses, públicos e privados, à luz do princípio da proporcionalidade e dos critérios e parâmetros definidos pelo ordenamento jurídico.

Com efeito, não existe, na sociedade contemporânea, um interesse público único, absoluto, pressuposto e abstratamente contrário aos interesses privados, atingível mediante simples juízo vinculado de

---

[300] SCHMIDT-ASSMAN, Eberhard. *La teoría general del derecho administrativo como sistema*: objeto y fundamentos de la construcción sistemática. Madrid: INAP-Marçal Pons, 2003. p. 347-348.

[301] "Os interesses devem ser externalizados. Assim, para o direito público, também são relevantes as formas e regras de procedimento através das quais aqueles são afirmados". Nestes procedimentos realizam-se "articulação de interesses", "organização de interesses", "esclarecimento de interesses" e "colaboração entre interesses públicos e privados". (SCHMIDT-ASSMAN, Eberhard. *La teoría general del derecho administrativo como sistema*: objeto y fundamentos de la construcción sistemática. Madrid: INAP-Marçal Pons, 2003. p. 163-166, tradução livre).

[302] "O ordenamento jurídico não tem o dever de proteger nenhum interesse subjetivo, mas de, pelo menos, tomá-lo em consideração, sendo certo que o conhecimento dos interesses realmente presentes num determinado ramo da ação administrativa, das suas estruturas e das leis que regem a sua própria dinâmica, constitui um pressuposto necessário para um Direito Administrativo que deve cumprir tarefas de direção e controle social". (SCHMIDT-ASSMAN, Eberhard. *La teoría general del derecho administrativo como sistema*: objeto y fundamentos de la construcción sistemática. Madrid: INAP-Marçal Pons, 2003. p. 160-161, tradução livre).

subsunção da lei.³⁰³ Bem diferente disso, a verdade é que não se pode estabelecer a prevalência teórica e antecipada de determinados interesses sobre outros. Tal juízo deve se dar em "procedimento que reconduz o administrador público à interpretação do sistema de ponderações estabelecido na Constituição e na lei", obrigando-o "a realizar seu próprio juízo ponderativo, guiado pelo dever de proporcionalidade".³⁰⁴ Conforme esclarece Silvia Maria Costa Brega:

> Com efeito, tomando por base o conjunto de direitos fundamentais albergados no ordenamento constitucional brasileiro, conjunto esse que não pressupõe existir, necessariamente, antagonismo entre interesse público e interesse privado, melhor seria conceber a Administração Pública orientada pelos direitos fundamentais individuais e coletivos juridicamente protegidos.
> Em acréscimo, tendo por pressuposto que não existe prevalência apriorística de uma categoria de interesse sobre outra, e que o interesse público deve conviver com os direitos fundamentais dos cidadãos, parece certo que à Administração Pública cumpre recorrer aos princípios da razoabilidade e da proporcionalidade sempre que, diante de uma situação específica, seja necessário ponderar sobre o interesse a ser atendido. A partir dessa premissa e consideradas as linhas fundamentais que cercam a noção de interesse público, percebe-se que interesse privado e interesse público podem confluir. E, nesse contexto, é possível considerar que a Administração Pública não se está necessariamente afastando do interesse público ao atender um interesse particular de um cidadão, considerado em sua individualidade.³⁰⁵

Deveras, "o raciocínio ponderativo funciona como verdadeiro requisito de legitimidade dos atos da Administração Pública, traduzindo postura mais objetivamente comprometida com a realização dos princípios, valores e aspirações sociais expressos no documento

---

³⁰³ "Tampouco o interesse público constitui um conceito unívoco. Algumas leis recentes reconhecem isso, na medida em que não confiam a formulação dos interesses públicos a um único órgão, mas sim a diferentes órgãos com poderes partilhados ou concorrentes". (SCHMIDT-ASSMAN, Eberhard. *La teoría general del derecho administrativo como sistema*: objeto y fundamentos de la construcción sistemática. Madrid: INAP-Marçal Pons, 2003. p. 162, tradução livre).

³⁰⁴ BINENBOJM, Gustavo. Da supremacia do interesse público ao dever de proporcionalidade: um novo paradigma para o Direito Administrativo. *Revista de Direito Administrativo*, Rio de Janeiro, n. 239, p. 1-31, jan./mar. 2005.

³⁰⁵ BREGA, Silvia Maria Costa. Mediação e sua convergência com princípios da Administração Pública. *In*: MOREIRA et al. *Mediação e arbitragem na Administração Pública*. São Paulo: Almedina, 2020. p. 389.

constitucional". Assim, é dever do administrador público, para além da observância da legalidade, "percorrer as etapas de adequação, necessidade e proporcionalidade em sentido estrito, para encontrar o ponto arquimediano de justa ponderação entre direitos individuais e metas coletivas".[306]

A antiga visão da supremacia do interesse público sobre o privado deve ser substituída pela ideia de busca da satisfação dos interesses públicos (no plural), sem desconsideração dos interesses privados envolvidos. Não se trata, meramente, de mudança terminológica, tampouco de "substituição de uma fórmula por outra, como se, abstratamente ou aprioristicamente, a complexidade em torno do sentido do interesse público fosse, definitivamente, solucionada". O intuito, muito além disso, é impor ao administrador o mister de considerar "a realidade fática a partir da discursividade do devido processo, sem presunção em favor de qualquer interesse, seja o estatal ou o individual".[307] [308]

A propósito desse tema, pode-se imaginar, por exemplo, a ocorrência de uma infração disciplinar por desídia na esfera federal, punível, a princípio, com demissão, nos termos do art. 132, inciso XIII, c/c art. 117, XV, da Lei nº 8.112/90 e da Súmula 650 do STJ. Suponha-se, porém, que o infrator atue em área essencial (saúde ou educação) e que não haja concurso público válido com candidatos aprovados para a sua substituição. Suponha-se, ainda, que não haja reincidência nem maus antecedentes, que as metas definidas pela chefia fossem altas e que as condições de trabalho não fossem ideais. Suponha-se, por fim,

---

[306] BINENBOJM, Gustavo. Da supremacia do interesse público ao dever de proporcionalidade: um novo paradigma para o Direito Administrativo. *Revista de Direito Administrativo*, Rio de Janeiro, n. 239, p. 1-31, jan./mar. 2005.

[307] PEREIRA, Flávio Henrique Unes. *Regulação, fiscalização, sanção*: fundamentos e requisitos da delegação do exercício do poder de polícia administrativa a particulares. 2. ed. Belo Horizonte: Fórum, 2020. p. 49.

[308] Em sentido contrário, Daniel Wunder Hachem defende a "existência normativa do princípio da supremacia do interesse público no ordenamento constitucional brasileiro", que "traduz um dos pilares que compõe o regime jurídico administrativo, representando um dos dois conjuntos de ideias que peculiariza o Direito Administrativo em fase dos demais ramos jurídicos: a outorga de prerrogativas e benefícios especiais à Administração Pública, necessários à satisfação do interesse público e não encontráveis no Direito Privado". (HACHEM, Daniel Wunder. *Princípio constitucional da supremacia do interesse público*. Belo Horizonte: Fórum, 2011. p. 390). Emerson Gabardo também é crítico dessa nova visão que postula uma superação do clássico princípio da supremacia do interesse público. (GABARDO, Emerson. O princípio da supremacia do interesse público sobre o interesse privado como fundamento do Direito Administrativo Social. *Revista de Investigações Constitucionais*, v. 4, n. 2, p. 95-130, mai./ago. 2017. Disponível em: https://revistas.ufpr.br/rinc/article/view/53437. Acesso em 2 jul. 2022).

que o infrator esteja em situação de vulnerabilidade social, dependa da remuneração para o seu sustento e de sua família e tenha manifestado interesse em permanecer no cargo e adequar a sua conduta.

O que se propõe, em caso tal, é que muito além do simples juízo de subsunção previsto na Súmula 650 do STJ, o gestor, em seu espaço de livre decisão, pondere, no âmbito do devido procedimento equitativo e de forma motivada, os interesses públicos (retribuição da infração e continuidade do serviço essencial) e privados (função social do trabalho) envolvidos, à luz dos critérios e parâmetros previstos no ordenamento jurídico (proporcionalidade, antecedentes funcionais, consequências para o serviço público e realidade concreta do ambiente de trabalho). Somente assim se poderá chegar à medida disciplinar adequada e racional, por decisão unilateral ou consenso, tendente à satisfação do bem-estar geral, e não de um suposto interesse público único e pressuposto.[309]

---

[309] "Por bem-estar geral (bem comum) devemos entender o interesse comum formado a partir da conjunção de muitos interesses especiais, públicos e privados. A ideia de procedimento é o que permite que o âmbito da cooperação entre a Administração, a sociedade e os indivíduos entre em jogo na determinação concreta do bem comum". (SCHMIDT-ASSMAN, Eberhard. *La teoría general del derecho administrativo como sistema*: objeto y fundamentos de la construcción sistemática. Madrid: INAP-Marçal Pons, 2003. p. 166-167, tradução livre).

CAPÍTULO 4

EXERCÍCIO CONSENSUAL DO PODER DISCIPLINAR

Embora a atuação imperativa, inclusive em matéria disciplinar (aplicação unilateral de sanção), seja válida e adequada nas hipóteses cabíveis, desde que materializada no âmbito do devido processo legal, não se pode negar a sua feição *a priori* autoritária.[310] Como agravante, a estrutura clássica de apuração das possíveis infrações disciplinares não é acusatória, mas inquisitória, uma vez que "o sistema de composição e de julgamento dos processos administrativos disciplinares é feito pela mesma autoridade administrativa que instaura e, ao mesmo tempo, nomeia os integrantes da Comissão Disciplinar".[311]

Bem por isso, já há algum tempo, a doutrina tem sustentado a validade e a adequação do exercício do poder disciplinar de forma consensual, propiciando, assim, a integração entre os novos paradigmas de juridicidade e consensualidade.[312] A consensualidade administrativa passa, então, a ser vista como alternativa legítima para a solução de controvérsias em matéria disciplinar, a envolver, assim, "negociação, consenso e acordo no exercício das competências públicas".[313]

Em matéria disciplinar, especificamente, a consensualidade surge como apta a propiciar a integração entre os novos paradigmas da

---

[310] PALMA, Juliana Bonacorsi de. *Sanção e acordo na administração pública*. São Paulo: Malheiros, 2015. p. 81.
[311] BATISTA JÚNIOR, Onofre A.; CAMPOS, Sarah. A Administração Pública consensual na modernidade líquida. *Fórum Administrativo – FA*, Belo Horizonte, a. 14, n. 155, p. 31-43, jan. 2014.
[312] FERRAZ, Luciano. *Controle e consensualidade*. Belo Horizonte: Fórum, 2020. p. 210-211.
[313] BITENCOURT NETO, Eurico. *Concertação administrativa interorgânica, direito administrativo e organização no século XXI*. São Paulo: Almedina, 2017. p. 194.

juridicidade e da Administração consensual, permitindo que a atividade de controle não se sujeite exclusivamente a uma visão maniqueísta, "crime-castigo", assumindo contornos de diálogo institucional, na busca da maximização dos objetivos fundamentais do Estado Democrático de Direito.[314] O controle consensual notabiliza-se, portanto, pelo seu caráter humanista, que reconhece a falibilidade do ser humano e aposta na sua autorrecuperação, prestigiando o valor social do trabalho e o princípio da dignidade da pessoa humana.[315]

4.1 Acordos substitutivos

O exercício consensual do poder disciplinar se dá, fundamentalmente, por meio dos acordos substitutivos, que se "enquadram no amplo campo da Administração Pública concertada, no sentido do uso de meios pactuados em alternativa à atuação impositiva e unilateral". Trata-se, em especial, de casos em que órgãos de controle, no exercício da função correcional, "ao invés de instaurarem um procedimento sancionatório ou imporem unilateralmente sanção, optam, dentre outros, por acordar a correção de condutas ilícitas e a reparação de danos". O objetivo é obter colaboração e não simples submissão resignada e atingir, mais que a simples punição, o restabelecimento da atuação administrativa conforme a juridicidade.[316]

Ontologicamente, os acordos substitutivos são contratos administrativos,[317] uma vez que regidos pelo direito público, juridicamente vinculantes e sujeitos a controle judicial.[318] Caracterizam-se, substancialmente, pelo efeito suspensivo, inibidor ou terminativo do

---

[314] FERRAZ, Luciano. *Controle e consensualidade*. Belo Horizonte: Fórum, 2020. p. 207.

[315] FERRAZ, Luciano. Controle consensual da administração pública e suspensão do processo administrativo disciplinar (SUSPAD): a experiência do município de Belo Horizonte. *Interesse Público*, Belo Horizonte, v. 9, n. 44, p. 15-26, jul./ago. 2007.

[316] BITENCOURT NETO, Eurico. *Concertação administrativa interorgânica, direito administrativo e organização no século XXI*. São Paulo: Almedina, 2017. p. 359-360.

[317] Adota-se, no presente trabalho, o entendimento de que contrato é o acordo lícito formado por partes dotadas de capacidade jurídica, com vinculatividade, capaz de criar, modificar ou extinguir uma relação jurídica. Para qualificar o contrato como "administrativo", utiliza-se o critério "estatutário", ou seja, é administrativo o contrato regido pelo Direito Administrativo, como um Direito próprio, especial e privativo da Administração Pública, constituindo, assim, um "processo próprio de agir da Administração Pública". (BITENCOURT NETO, Eurico. *Concertação administrativa interorgânica, direito administrativo e organização no século XXI*. São Paulo: Almedina, 2017. p. 381, p. 385).

[318] BITENCOURT NETO, Eurico. *Concertação administrativa interorgânica, direito administrativo e organização no século XXI*. São Paulo: Almedina, 2017. p. 400.

processo administrativo sancionatório.[319] Em qualquer caso, quando celebrados e cumpridos, substituem a decisão unilateral e imperativa da Administração Pública (daí o nome "substitutivo"). Segundo Mauricio Morais Tonin:

> Uma das expressões mais relevantes da consensualidade é a realização de acordos em substituição à aplicação de sanção pela Administração Pública. Os acordos substitutivos correspondem aos acordos celebrados entre Administração Pública e particulares que importam na terminação consensual do processo administrativo mediante cumprimento das cominações pactuadas. A principal funcionalidade do acordo substitutivo consiste em apresentar uma alternativa à formalização da ação administrativa em atos imperativos e unilaterais, na medida em que a decisão final se materializa em um acordo.[320]

Murilo Teixeira Avelino e Ravi Peixoto diferenciam acordos integrativos (ou procedimentais)[321] de acordos substitutivos. Os primeiros "são aqueles em que a Administração Pública estipula, em conjunto com o particular, o conteúdo discricionário da decisão", com o objetivo de "sanar incertezas jurídicas, visando obter um pronunciamento claro e concreto da Administração pública sobre questão duvidosa".[322] Já os acordos substitutivos amoldam-se às hipóteses de atuação irregular do comprometente e têm por objetivo fundamental "eliminar a irregularidade detectada, por meio da celebração de acordo que gere o fim da atividade irregular, bem como estabeleça medidas para a sua superação".

---

[319] COLOMBAROLLI, Bruna Rodrigues. *Contratos sobre exercício de poder administrativo repressivo*. Tese (Doutorado), Universidade Federal de Minas Gerais, Faculdade de Direito, Belo Horizonte, 2018. p. 305.

[320] TONIN, Maurício Morais. *Arbitragem, mediação e outros métodos de solução de conflitos envolvendo o poder público*. São Paulo: Almedina, 2019. p. 217.

[321] Eurico Bitencourt Neto trata do tema sob a perspectiva da "concertação interorgânica terminativa do procedimento", a englobar "os variados mecanismos de acordos interorgânicos admissíveis no curso de um procedimento administrativo", ressalvando, porém, que "o Direito positivo brasileiro tem sido excessivamente tímido em sua configuração". (BITENCOURT NETO, Eurico. *Concertação administrativa interorgânica, direito administrativo e organização no século XXI*. São Paulo: Almedina, 2017. p. 353).

[322] "Em diversos momentos, o próprio Poder Público pode ser alvo da incerteza jurídica, seja pela demora para a tomada de uma decisão administrativa, como a concessão da licença para o exercício de uma atividade, seja por meio de uma discrepância de entendimentos sobre a aplicação de uma determinada norma na mesma Administração Pública". (AVELINO, Murilo Teixeira; PEIXOTO, Ravi. *Consensualidade e poder público*. 2. ed. São Paulo: JusPodivm, 2023. p. 60).

Segundo os autores, tais acordos são substitutivos de sanções e, de um modo geral, colocam fim ao processo, caso já instaurado.[323]

Ressalva-se, porém, que o acordo substitutivo não necessariamente leva à substituição integral da sanção disciplinar. Na verdade, o acordo substitui o ato unilateral e imperativo de imposição da sanção disciplinar, mas é possível que o próprio acordo preveja a submissão do servidor a sanções disciplinares em grau atenuado. Nessa hipótese, a sanção disciplinar não é imposta unilateral e imperativamente pela Administração Pública, como ocorre nos processos punitivos, mas negociada e contratualizada. O acordo, assim, não será extintivo da punibilidade, mas validador da sanção disciplinar.

Em termos práticos, é possível a celebração de acordo para a substituição integral da sanção por medidas como ajustamento de conduta, colaboração premiada ou ressarcimento ao erário. Mas também é possível a utilização do acordo substitutivo para que o infrator se submeta voluntariamente a determinada sanção disciplinar, necessariamente em grau atenuado. Nesse caso, o acordo é substitutivo da "atividade sancionatória unilateral",[324] mas não da sanção disciplinar propriamente dita, que será cumprida mediante acordo, em grau atenuado, e não mediante ato administrativo imperativo.

Significa dizer que os acordos substitutivos pressupõem, sempre, "o abandono do procedimento sancionatório, entendido como o iter estabelecido pela norma jurídica de apuração da verdade com vistas à aplicação [unilateral] de uma sanção". E, a depender do caso concreto e da legislação específica, podem ocasionar "o abandono da própria prerrogativa de punir em favor de providências mais efetivas para consecução do interesse público" ou ainda "a renúncia parcial à aplicação de uma sanção, seja em natureza, seja ainda em volume (montante)".[325]

Bem verdade que o acordo substitutivo pressupõe, sempre, um tratamento mais leniente ao infrator, pois essa é a barganha da

---

[323] AVELINO, Murilo Teixeira; PEIXOTO, Ravi. *Consensualidade e poder público*. 2. ed. São Paulo: JusPodivm, 2023. p. 60-61.

[324] FORTINI, Cristiana; DANIEL, Felipe Alexandre Santa Anna Mucci. Os acordos substitutivos de atividade sancionatória unilateral em contratos da Administração Pública no Brasil. *Sequência Estudos Jurídicos e Políticos*, [S. l.], v. 44, n. 93, p. 1-31, 2023. DOI: 10.5007/2177-7055.2023.e94635. Disponível em: https://periodicos.ufsc.br/index.php/sequencia/article/view/94635. Acesso em 7 fev. 2024.

[325] MARQUES NETO, Floriano de Azevedo; CYMBALISTA, Tatiana Matiello. Os acordos substitutivos do procedimento sancionatório e da sanção. *Revista Eletrônica de Direito Administrativo Econômico*. Salvador, n. 27, ago./set./out. 2011. Disponível em: http://www.direitodoestado.com.br/codrevista.asp?cod=597. Acesso em 16 ago. 2021.

Administração Pública. Sem a leniência, o acordo não se mostra atrativo, pelo que o servidor acabará optando por se defender em processo de natureza punitiva. Mas essa leniência pode se dar com a extinção total da punibilidade em alguns casos (infrações de menor potencial ofensivo) ou com a atenuação da sanção em outros (reincidência ou infrações de maior potencial ofensivo).

Conforme já elucidado, pelo menos desde a publicação da Lei nº 13.655/18, que acrescentou o art. 26 à LINDB, a utilização dos acordos substitutivos em matéria disciplinar não depende necessariamente da previsão de instrumentos específicos na legislação própria do ente.[326] A atuação consensual genérica, adequada à realidade do caso concreto, não apenas é permitida, como também desejável, sempre que o interesse público assim o exigir. Sem embargo, a observação crítica dos instrumentos disciplinares consensuais específicos já instituídos no ordenamento jurídico pátrio permite, para fins científicos e didáticos, a sua categorização e sistematização. Isso permite o apontamento das similitudes que os aproximam e das particularidades que os definem, bem como dos fundamentos e objetivos próprios de cada qual.

No presente trabalho, apresentar-se-ão os acordos substitutivos disciplinares divididos em quatro categorias, conforme o seu conteúdo material: ajustamento de conduta, confissão (*plea bargaining* disciplinar), colaboração premiada e ressarcimento ao erário[327] – o ressarcimento é aqui entendido como efeito cível da infração disciplinar. Em todos esses casos, o acordo substitui o ato unilateral e imperativo da Administração Pública.

Ressalva-se, porém, que essas categorias não são estanques e podem ser combinadas em um mesmo instrumento. É dizer: o servidor pode se comprometer a ajustar a conduta, confessar a sua prática, colaborar com a apuração, submeter-se a determinada sanção em grau atenuado e, ainda, assumir a obrigação de ressarcir o erário, tudo isso

---

[326] GUERRA, Sérgio; PALMA, Juliana Bonacorsi de. Art. 26 da LINDB: novo regime jurídico de negociação com a Administração Pública. *Revista Direito Administrativo*, Rio de Janeiro, p. 135-169, nov. 2018. Edição Especial: Direito Público na Lei de Introdução às Normas de Direito Brasileiro – LINDB (Lei nº 13.655/2018).

[327] Todas essas categorias foram contempladas na já mencionada minuta de regulamento de acordos substitutivos aprovada pela Rede de Corregedorias, instituída pela Resolução CGU nº 1, de 7 de maio de 2019. (BRASIL. CGU. GT da rede de corregedorias apresenta minuta regulamentadora de acordos substitutivos em matéria disciplinar. *Portal Gov.br*, 23 abr. 2024. Disponível em: https://www.gov.br/corregedorias/pt-br/aconteceu-aqui/noticias/2024/gt-da-rede-de-corregedorias-apresenta-minuta-regulamentadora-de-acordos-substitutivos-em-materia-disciplinar. Acesso em 23 jul. 2024).

no mesmo instrumento negocial. O mais importante aqui, para além da categorização, é delimitar o conteúdo material do acordo, a partir das peculiaridades da situação concreta.

A compreensão dos requisitos, limites e finalidades de cada espécie é essencial para a conformação do conteúdo do acordo ao caso concreto. Casos de baixo potencial ofensivo podem se resolver mediante simples ajustamento de conduta, sem exigência de confissão, colaboração, ressarcimento ou submissão a qualquer tipo de sanção. A colaboração premiada, como instrumento de obtenção de provas, nem sempre é adequada, revelando-se mais aderente aos casos de infrações cometidas em grupo. O dever de ressarcimento, entendido como efeito cível da infração disciplinar, apenas tem lugar se houver efetiva lesão ao erário, a fim de se evitar o enriquecimento sem causa da Administração Pública. Passa-se, assim, a analisar criticamente cada um desses casos.

4.2 Ajustamento de conduta

O ajustamento da conduta do infrator, conforme já visto, é um dos objetivos ínsitos à sanção disciplinar, que possui como elemento essencial o efeito pedagógico.[328] Mas esse objetivo, notadamente nas infrações de pequeno ou médio potencial ofensivo, pode ser atingido pela via consensual,[329] menos aflitiva ao infrator e menos onerosa à Administração Pública. Conforme afirma Onofre Alves Batista Júnior, o consenso, nesse caso, "previne o litígio, o que muitas vezes é do interesse do próprio responsável pela ofensa, além do que propicia celeridade na reparação da situação danosa, dando origem a título executivo extrajudicial hábil para a execução, em caso de descumprimento".[330]

Tendo isso em vista, ainda em 1990, o Código de Defesa do Consumidor (Lei nº 8.078/90), acresceu o §6º ao art. 5º da Lei de Ação Civil Pública (Lei nº 7.347/85), para dispor que "os órgãos públicos legitimados[331] poderão tomar dos interessados compromisso de ajusta-

---

[328] MELLO, Rafael Munhoz de. Sanção administrativa e o princípio da culpabilidade. *Revista de Direito Administrativo e Constitucional*, Belo Horizonte, a. 5, n. 22, p. 1-253, out./dez. 2005.

[329] TONIN, Maurício Morais. *Arbitragem, mediação e outros métodos de solução de conflitos envolvendo o poder público*. São Paulo: Almedina, 2019. p. 208.

[330] BATISTA JÚNIOR, Onofre Alves. *Transações administrativas*. São Paulo: Quartier Latin do Brasil, 2007. p. 450.

[331] "Art. 5º. Têm legitimidade para propor a ação principal e a ação cautelar: I – o Ministério Público; II – a Defensoria Pública; III – a União, os Estados, o Distrito Federal e os Municípios; IV – a autarquia, empresa pública, fundação ou sociedade de economia mista; V – a associação

mento de sua conduta às exigências legais, mediante cominações, que terá eficácia de título executivo extrajudicial".[332] O instrumento consagrou-se, na práxis jurídica, como Termo de Ajustamento de Conduta (TAC), entendido como "medida para fomentar a adoção espontânea de comportamentos relacionados a interesses difusos ou coletivos".[333] Segundo Carlos Ari Sundfeld e Jacintho Arruda Câmara:

> O objetivo da lei é evidente. Trata-se de dotar o órgão público de instrumento consensual que viabilize a pronta adoção, pelo particular, de comportamentos desejados. Privilegiou-se o resultado à busca incerta e demorada de sanções na via judicial. A celebração do termo de ajustamento de conduta também é um modo mais rápido para assegurar a aplicação efetiva da norma em discussão. Não se trata de instrumento de punição, mas de indução de comportamentos concretos. O termo constitui uma ferramenta para transformar em realidade abstratas prescrições legais. Quando firma o compromisso, o interessado se vincula a um dado plexo de obrigações, passando o pacto a constituir, por si só, um título executivo, independentemente de ação judicial de caráter constitutivo.[334]

---

que, concomitantemente: a) esteja constituída há pelo menos 1 (um) ano nos termos da lei civil; b) inclua, entre suas finalidades institucionais, a proteção ao patrimônio público e social, ao meio ambiente, ao consumidor, à ordem econômica, à livre concorrência, aos direitos de grupos raciais, étnicos ou religiosos ou ao patrimônio artístico, estético, histórico, turístico e paisagístico". (BRASIL. Lei nº 7.347, de 24 de julho de 1985. Disciplina a ação civil pública de responsabilidade por danos causados ao meio-ambiente, ao consumidor, a bens e direitos de valor artístico, estético, histórico, turístico e paisagístico (VETADO) e dá outras providências. *Diário Oficial da União*, Brasília, DF: Presidência da República, 25 jul. 1985. Disponível em: https://www.planalto.gov.br/ccivil_03/leis/l7347orig.htm. Acesso em 07 fev. 2024).

[332] A Lei nº 8.069/90, que dispõe sobre o Estatuto da Criança e do Adolescente, previu instrumento similar no art. 211: "Art. 211. Os órgãos públicos legitimados poderão tomar dos interessados compromisso de ajustamento de sua conduta às exigências legais, o qual terá eficácia de título executivo extrajudicial". (BRASIL. Lei nº 8.069, de 13 de julho de 1990. Dispõe sobre o Estatuto da Criança e do Adolescente e dá outras providências. *Diário Oficial da União*, Brasília, DF: Presidência da República, 16 de jul. de 1990, retificado em 27 de set. de 1990. Disponível em: https://www.planalto.gov.br/ccivil_03/leis/l8069. htm#:~:text=LEI%20N%C2%BA%208.069%2C%20DE%2013%20DE%20JULHO%20DE%20 1990.&text=Disp%C3%B5e%20sobre%20o%20Estatuto%20da,Adolescente%20e%20 d%C3%A1%20outras%20provid%C3%AAncias.&text=Art.%201%C2%BA%20Esta%20 Lei%20disp%C3%B5e,%C3%A0%20crian%C3%A7a%20e%20ao%20adolescente. Acesso em 07 fev. 2024).

[333] SUNDFELD, Carlos Ari; CÂMARA, Jacintho Arruda. O devido processo administrativo na execução de termo de ajustamento de conduta. *A&C Revista de Direito Administrativo e Constitucional*, Belo Horizonte, a. 8, n. 31, p. 90-95, jan./mar. 2008.

[334] SUNDFELD, Carlos Ari; CÂMARA, Jacintho Arruda. O devido processo administrativo na execução de termo de ajustamento de conduta. *A&C Revista de Direito Administrativo e Constitucional*, Belo Horizonte, a. 8, n. 31, p. 90-95, jan./mar. 2008.

O instrumento previsto na Lei de Ação Civil Pública inspirou a criação de acordos de ajustamento de conduta em outras searas do direito e da Administração Pública. Luciano Ferraz, a esse propósito, afirma que o Termo de Ajustamento de Gestão (TAG), posteriormente instituído no âmbito dos Tribunais de Contas, possui como "respaldo legislativo", para além da legislação específica dos tribunais de contas, justamente o art. 5º, §6º, da Lei nº 7.347/85.[335] No mesmo sentido, Patrícia Verônica Nunes Carvalho Sobral de Souza afirma que os Termos de Ajustamento de Gestão "têm na sua criação e inspiração os Termos de Ajuste de Conduta" e "possuem os mesmos objetivos: elidir um processo e funcionar também pedagogicamente com correção de rumos, sem a aplicação de sanções, que só seriam necessárias em não sendo o TAC cumprido pela parte signatária do mesmo".[336]

Em matéria disciplinar, o Município de Belo Horizonte foi pioneiro e instituiu a suspensão do processo administrativo disciplinar (SUSPAD), por meio da Lei nº 9.310/2007.[337] Trata-se de instrumento negocial por meio do qual o servidor infrator se compromete a manter bom comportamento por certo período, durante o qual o processo administrativo disciplinar fica suspenso. Caso o compromisso seja cumprido, ao final do prazo de vigência, a punibilidade é extinta e o processo é arquivado, sem imposição de sanção. Os objetivos principais são "a) conferir maior celeridade aos processos instaurados pela corregedoria do município (economia processual); b) permitir a autorrecuperação do servidor faltoso nas infrações de baixo potencial lesivo à disciplina interna da Administração".[338]

Bruna Rodrigues Colombarolli, a respeito da SUSPAD, afirma que a consequência pela prática de conduta irregular não é fixada unilateral e imperativamente pela Administração Pública, sendo resultado da própria vontade do agente público – comprometimento espontâneo em alterar seu padrão de conduta, adequando-o à normatividade. Assim, o instrumento "propicia a manutenção de ambiente de trabalho mais estável e produtivo, uma vez que afasta o clima de insegurança e de

---

[335] FERRAZ, Luciano. *Controle e consensualidade*. Belo Horizonte: Fórum, 2020. p. 229.
[336] SOUZA, Patrícia Verônica Nunes Carvalho Sobral. *O termo de ajustamento de gestão como forma de tutela de direitos sociais*. Belo Horizonte: Fórum, 2022. p. 162.
[337] O instrumento é hoje previsto na Lei Municipal nº 7.169/96, com a redação dada pela Lei Municipal nº 11.300/2021.
[338] FERRAZ, Luciano. *Controle e consensualidade*. Belo Horizonte: Fórum, 2020. p. 211.

tensão, muitas vezes criado pela instauração de processo administrativo sancionador".[339]

Conforme esclarece Luciano Ferraz, "as justificativas para a adoção da SUSPAD, mercê do giro teórico da concepção de controle, basearam-se também em estudos estatísticos", uma vez que, em levantamento realizado à época, constatou-se que "dos 1.022 procedimentos instaurados pela Corregedoria-Geral no ano de 2006, apenas 51 resultaram em penalidades de demissão (aproximadamente 5%)", mas "em apenas 10 desses processos a falta cometida tinha grande potencial lesivo à disciplina do serviço público (1%)".[340] Acrescenta o autor que:

> Assim sendo, a conclusão do levantamento empírico realizado foi de que o trabalho desempenhado pela Corregedoria de Belo Horizonte, mercê do modelo de controle-sanção, embora gerador de ampla demanda processual (com custos significativos para o erário, não se demonstrava como afinado às modernas dimensões principiológicas da eficiência, da eficácia e da economicidade. Mais do que isso, demonstrava também que o modelo tradicional não distinguia, para fins processuais, penalidades de maior e de menor potencial ofensivo e pouco contribuía para a conscientização do servidor acerca dos deveres que o exercício do cargo público implicava.[341]

Posteriormente, o Estado de Minas Gerais instituiu o Compromisso de Ajustamento Disciplinar (CAD), por meio do Decreto nº 46.906/2015,[342] e a União instituiu o Termo de Ajustamento de Conduta, em matéria disciplinar, por meio da Instrução Normativa CGU nº 02, de 30 de maio de 2017.[343] Em ambos os casos, trata-se de instrumento negocial, semelhante à SUSPAD, por meio do qual o servidor infrator, independentemente da existência de processo administrativo disciplinar, compromete-se a ajustar sua conduta em observância aos deveres e responsabilidades previstos na legislação vigente. Em contrapartida, a Administração Pública compromete-se a não instaurar (ou a arquivar) processo pelos mesmos fatos, caso o acordo seja cumprido pelo servidor.

---

[339] COLOMBAROLLI, Bruna Rodrigues. *Contratos sobre exercício de poder administrativo repressivo*. Tese (Doutorado), Universidade Federal de Minas Gerais, Faculdade de Direito, Belo Horizonte, 2018. p. 314.

[340] FERRAZ, Luciano. *Controle e consensualidade*. Belo Horizonte: Fórum, 2020. p. 212.

[341] FERRAZ, Luciano. *Controle e consensualidade*. Belo Horizonte: Fórum, 2020. p. 212.

[342] Atualmente, o instrumento é previsto no Decreto nº 48.418, de 16 de maio de 2022.

[343] Atualmente, o instrumento é previsto na Portaria Normativa CGU nº 27, de 11 de outubro de 2022.

A diferença entre a SUSPAD, do Município de Belo Horizonte, de um lado, e o CAD e o TAC, do Estado de Minas Gerais e da União, de outro, é processual. A primeira é necessariamente celebrada no curso do processo administrativo disciplinar, gerando a sua suspensão durante o prazo de vigência.[344] Já o CAD e o TAC podem ser celebrados antes ou no curso do processo administrativo disciplinar, sendo que, neste último caso, igualam-se à SUSPAD em todos os efeitos.[345] Todos esses instrumentos possuem natureza de acordo substitutivo de ajustamento de conduta, na medida em que evitam ou extinguem integralmente o processo punitivo ("efeito inibidor ou suspensivo"),[346] substituindo-se a decisão unilateral imperativa pelo consenso.

O principal traço do acordo de ajustamento de conduta disciplinar (SUSPAD, CAD e TAC) é a extinção total da punibilidade. Por isso, a sua utilização é recomendada em infrações de menor potencial ofensivo. A esse propósito, a Lei nº 7.169/96 do Município de Belo Horizonte apenas permite o TAD em casos de "conduta tipificada como infração disciplinar punível com repreensão" (art. 194-B) e veda a SUSPAD em hipóteses consideradas graves (art. 194-C). O Decreto nº 48.418, de 16 de maio de 2022, do Estado de Minas Gerais, autoriza o CAD "nas hipóteses de infrações sujeitas às penas de repreensão e suspensão" (art. 6º). E a Portaria Normativa CGU nº 27, de 11 de outubro de 2022, autoriza o TAC nos casos "de infração disciplinar de menor potencial ofensivo", entendida esta como "conduta punível com advertência ou suspensão de até 30 (trinta) dias" (art. 62).

---

[344] Nesse ponto, o instrumento assemelha-se à suspensão condicional do processo penal, prevista no art. 89 da Lei nº 9.099/95: "Art. 89. Nos crimes em que a pena mínima cominada for igual ou inferior a um ano, abrangidas ou não por esta Lei, o Ministério Público, ao oferecer a denúncia, poderá propor a suspensão do processo, por dois a quatro anos, desde que o acusado não esteja sendo processado ou não tenha sido condenado por outro crime, presentes os demais requisitos que autorizariam a suspensão condicional da pena (art. 77 do Código Penal)". (BRASIL. Lei nº 9.099, de 26 de setembro de 1995. Dispõe sobre os Juizados Especiais Cíveis e Criminais e dá outras providências. *Diário Oficial da União*, Brasília, DF: Presidência da República, 27 de aet. De 1995. Disponível em: https://www.planalto.gov.br/ccivil_03/leis/l9099.htm. Acesso em: 7 fev. 2024).

[345] Atualmente, no âmbito do Município de Belo Horizonte, existe o Termo de Ajustamento Disciplinar – TAD (art. 194-B da Lei Municipal nº 7.169/96), celebrado sempre antes do processo administrativo disciplinar, e a SUSPAD (art. 194-C da Lei Municipal nº 7.169/96), celebrada no curso do processo administrativo disciplinar. Sob o aspecto material, os instrumentos são idênticos (acordo de ajustamento de conduta).

[346] COLOMBAROLLI, Bruna Rodrigues. *Contratos sobre exercício de poder administrativo repressivo*. Tese (Doutorado), Universidade Federal de Minas Gerais, Faculdade de Direito, Belo Horizonte, 2018. p. 314.

Deveras, justamente por seu âmbito limitado de aplicação (infrações de menor potencial ofensivo), os acordos de ajustamento de conduta não esgotam as possibilidades de consenso na esfera disciplinar dos servidores públicos. Na verdade, os acordos substitutivos admitem variados conteúdos, intercambiáveis e adaptáveis à realidade e gravidade do caso concreto. Deve-se, portanto, ir além e fugir da visão reducionista de que todos os casos de médio ou alto potencial ofensivo desafiam necessariamente processo administrativo disciplinar punitivo finalizado com decisão unilateral. Os instrumentos a seguir analisados adequam-se a hipóteses outras para além daquelas solucionáveis mediante simples ajustamento de conduta.

4.3 Confissão (*plea bargaining* disciplinar)

Na esfera disciplinar, existem casos em que a gravidade da infração cometida ou a reincidência do servidor faltoso não autorizam – ou não recomendam – a total extinção da punibilidade, ainda que haja a solução consensual da controvérsia e o ajustamento da conduta. Por outro lado, esses mesmos casos, a depender das circunstâncias concretas, podem não recomendar, necessariamente, a aplicação unilateral da sanção disciplinar de demissão. A alternativa que se apresenta, nesse particular, é a utilização do acordo substitutivo como instrumento de barganha, oferecendo-se ao infrator a possibilidade de negociar a dosimetria da sanção disciplinar em troca da assunção contratual de culpa.

O instrumento possui evidente paralelo com o *plea bargaining*, típico do direito criminal estadunidense, que consiste na renúncia do acusado ao julgamento, com a troca da sua confissão por um tratamento mais leniente do que o que lhe seria potencialmente concedido no processo. Existem diversos tipos de acordo nessa seara, mas, seja qual for a estrutura, o *plea bargaining* oferece incentivos ao acusado pela renúncia de seus direitos a um julgamento.[347] Segundo Vinicius Gomes de Vasconcellos,

> [...] define-se a barganha como o instrumento processual que resulta na renúncia à defesa, por meio da aceitação (e possível colaboração) do réu à acusação, geralmente pressupondo a sua confissão, em troca

---
[347] FEELEY, Malcom M. Plea bargaining e a estrutura do processo criminal. *In*: GLOECKNER, Ricardo Jacobsen (Org.). *Plea Bargaining*. São Paulo: Tirant lo Blanch, 2019.

de algum benefício (em regra redução de pena), negociado e pactuado entre as partes ou somente esperado pelo acusado. Assim, são elementos essenciais à barganha a renúncia à defesa (desfigurando a postura de resistência e contestação do acusado), a imposição de uma punição antecipada e a esperança do réu em receber algum benefício por seu consentimento (ou em evitar uma punição em razão do exercício dos seus direitos).[348]

No Brasil, em âmbito criminal, o instituto que mais se aproxima da *plea bargaining* talvez seja o acordo de não persecução penal, instituído pela Lei Federal nº 13.964/19 (conhecida como "Pacote Anticrime"), que exige do acusado a confissão circunstancial da prática da infração em troca de condições mais favoráveis do que a pena potencialmente aplicável no processo penal (art. 28-A do CPP).[349]

Em âmbito disciplinar, no ano de 2021, o Município de Belo Horizonte instituiu acordo substitutivo no qual o servidor público, se lhe convier, confessa a prática da infração disciplinar e submete-se à penalidade de repreensão ou suspensão, conforme o caso (Lei nº 11.300/21, que altera a Lei nº 7.169/96). Conforme disposição legal, a penalidade estipulada no acordo substitutivo será necessariamente mais branda do que aquela projetada para o caso de condenação em processo punitivo (art. 196, *caput* e §2º). Por exigir a confissão do infrator e originar a submissão consensual à sanção atenuada, entende-se que o instituto consubstancia autêntico acordo de confissão ou *plea bargaining* disciplinar.

O interesse público satisfaz-se, nesse caso, pela resolução célere da controvérsia, prestigiando, assim, o princípio da razoável duração do processo (art. 5º, inciso LXXVIII, da Constituição da República). Possibilita-se, ainda, a manutenção do vínculo funcional (sem prejuízo da aplicação de sanção abrandada), o que prestigia os princípios

---

[348] VASCONCELLOS, Vinícius Gomes de. *Barganha e justiça criminal*: análise das tendências de expansão dos espaços de consenso no processo penal brasileiro. 2. ed. Belo Horizonte, São Paulo: D'Plácido, 2021. p. 67.

[349] A transação penal e a suspensão condicional do processo, previstas nos artigos 76 e 89 Lei nº 9.099/95, não exigem confissão. Em matéria de improbidade administrativa, o acordo de não persecução cível, atualmente previsto na Lei nº 8.429/92, com redação dada pela Lei nº 14.230/21, também não exige confissão do acusado. Já o acordo de leniência, previsto na Lei nº 12.846/13, exige, para além da confissão, a colaboração com as investigações (art. 16, inciso III). Por isso, tal instrumento se assemelha mais à colaboração premiada – espécie de acordo que será tratada em apartado, em tópico próximo.

da eficiência e da continuidade do serviço público (art. 37, *caput*, da Constituição da República).

A questão da exigência de confissão, para fins de celebração do acordo substitutivo, é controversa na doutrina brasileira, fundamentalmente por conta dos princípios da culpabilidade e da presunção de inocência, previstos no art. 5º, inciso LVII, da Constituição da República, segundo o qual "ninguém será considerado culpado até o trânsito em julgado de sentença penal condenatória". A esse propósito, Floriano de Azevedo Marques Neto e Rafael Véras de Freitas, ao tratarem do acordo previsto no art. 26 da LINDB, afirmam que:

> [...] para que o acordo de que cuida o dispositivo em comento seja eficaz, alguns quadrantes deverão orientar a sua aplicação. O primeiro deles é o de que do compromissário não poderá ser exigida a confissão da prática do ato violador do ordenamento jurídico, mas, tão somente, a adequação de sua conduta aos ditames fixados pela Administração Pública – do contrário, restariam violados os ditames da presunção da inocência (art. 5º, LVII, da CRFB) e da interdição da autoincriminação (previsto no art. 5º, LXIII, da CRFB e na Convenção Americana de Direitos Humanos e o Pacto Internacional sobre Direitos Civis e Políticos, da Organização das Nações Unidas, da qual o Brasil é signatário).[350]

Entende-se, porém, que os direitos ao silêncio e à não autoincriminação são renunciáveis, sendo facultado ao acusado, a qualquer momento, confessar a prática do ilícito, por estratégia de defesa ou motivos pessoais, independentemente da celebração de acordos. Essa assertiva é ainda mais verdadeira em âmbito disciplinar, pois o direito material em disputa (direito ao exercício do cargo público) é, ele mesmo, renunciável pelo servidor, mediante simples ato unilateral de vontade (exoneração). A confissão, portanto, é lícita *a fortiori*, pois quem pode o mais pode o menos (*non debet cui plus licet, quod minus est no licere*).

Duas ressalvas, porém, são necessárias. A primeira relaciona-se à utilização desvirtuada do acordo substitutivo de confissão como forma de relativização de direitos fundamentais, com base em ideias mercantilistas e utilitaristas da sanção ("o problema do inocente").[351]

---

[350] MARQUES NETO, Floriano de Azevedo; FREITAS, Rafael Véras de. *Comentários à Lei nº 13.655/2018 (Lei da Segurança para a Inovação Pública)*. Belo Horizonte: Fórum, 2019. p. 109-110.

[351] VASCONCELLOS, Vinícius Gomes de. *Barganha e justiça criminal*: análise das tendências de expansão dos espaços de consenso no processo penal brasileiro. 2. ed. Belo Horizonte, São Paulo: D'Plácido, 2021. p. 152.

Transforma-se o acordo em mais uma espécie de ato imperativo, impositivo e isolado do órgão de acusação, não como forma de atingimento do consenso, mas de compelir o acusado a confessar a prática do ilícito, independentemente da sua real culpabilidade.

Essa ressalva, porém, não é oponível ao acordo em si, mas à sua utilização indevida pelos órgãos de acusação. Embora esse risco não seja suprimível, é possível mitigá-lo mediante a instituição e a observância de processos participativos de negociação, que coloquem as partes em posição de igualdade e de diálogo real, e não de ameaça. Assim como o processo em contraditório mitiga, mas não elimina o risco de decisão injusta (condenação do inocente), o processo de negociação tende a mitigar o risco de acordos leoninos, o que deve ser buscado em sua máxima eficácia. Tal matéria será analisada com maior profundidade em capítulo posterior.

A segunda ressalva diz respeito à adequada compreensão da presunção de inocência no âmbito dos acordos substitutivos de confissão. Trata-se, de fato, de garantia fundamental que somente pode ser afastada em caso de trânsito em julgado de decisão condenatória, conforme literalmente previsto no art. 5º, inciso LVII, da Constituição da República. O dispositivo constitucional não afasta a presunção de inocência em caso de acordos substitutivos – ainda que homologados por decisão judicial ou administrativa. Bem por isso, deve-se entender que os acordos celebrados pelo servidor, ainda que por meio de confissão para fins de redução da sanção disciplinar, não poderão ser utilizados para fins de reincidência em casos de processos futuros.[352]

Além disso, deve-se ter especial atenção nos casos em que a conduta confessada pelo servidor também possa configurar, em tese, infração punível em outras esferas de responsabilização, notadamente a criminal. Nesses casos, a confissão realizada no acordo não constituirá prova propriamente dita, por ter sido realizada em etapa pré-processual, não sendo suficiente, por si só, para a condenação criminal, nos termos do art. 155 do CPP.[353] Aliás, mesmo a confissão judicial deve ser,

---

[352] Em relação ao acordo de não persecução penal, o §12 do art. 28-A do Código de Processo Penal é expresso ao determinar que "[a] celebração e o cumprimento do acordo de não persecução penal não constarão de certidão de antecedentes criminais, exceto para os fins previstos no inciso III do §2º deste artigo" (vedação à celebração de acordo se o agente foi beneficiado nos 5 (cinco) anos anteriores ao cometimento da infração, em acordo de não persecução penal, transação penal ou suspensão condicional do processo).

[353] "Art. 155. O juiz formará sua convicção pela livre apreciação da prova produzida em contraditório judicial, não podendo fundamentar sua decisão exclusivamente nos elementos

sempre, confrontada com as demais provas do processo, verificando-se se, entre ela e estas, existe compatibilidade. Há, ainda, a possibilidade de retratação, nos termos dos artigos 197[354] e 200[355] do CPP. Nesse sentido, o Superior Tribunal de Justiça recentemente proferiu o seguinte entendimento:

> Se a sentença condenou o paciente por falsidade ideológica e reconheceu a autoria delitiva exclusivamente com lastro em elementos produzidos na fase extrajudicial (depoimentos prestados durante o inquérito policial e ao Promotor de Justiça, além de confissão do celebrante de ANPP), não reproduzidos durante a instrução criminal e não submetidos ao devido contraditório, é de rigor reconhecer a insuficiência do standard probatório que autorizaria a condenação.[356]

Especificamente no âmbito disciplinar, a matéria foi enfrentada pela Procuradoria Geral do Estado de Goiás:

> A confissão formalizada no acordo de não persecução penal (ANPP) homologado pode integrar o processo administrativo disciplinar (PAD) que apura a mesma conduta como prova emprestada, desde que submetida ao contraditório após a sua reprodução no feito disciplinar,

---

informativos colhidos na investigação, ressalvadas as provas cautelares, não repetíveis e antecipadas". (BRASIL. Decreto-Lei nº 3.689, de 3 de outubro de 1941. Código de Processo Penal. *Diário Oficial da União*, Brasília, DF: Presidência da República, 13 de out. de 1941, retificado em 24 de out. de 1941. Disponível em: https://www.planalto.gov.br/ccivil_03/decreto-lei/del3689.htm. Acesso em 08 fev. 2024).

[354] "Art. 197. O valor da confissão se aferirá pelos critérios adotados para os outros elementos de prova, e para a sua apreciação o juiz deverá confrontá-la com as demais provas do processo, verificando se entre ela e estas existe compatibilidade ou concordância". (BRASIL. Decreto-Lei nº 3.689, de 3 de outubro de 1941. Código de Processo Penal. *Diário Oficial da União*, Brasília, DF: Presidência da República, 13 de out. de 1941, retificado em 24 de out. de 1941. Disponível em: https://www.planalto.gov.br/ccivil_03/decreto-lei/del3689.htm. Acesso em 08 fev. 2024).

[355] "Art. 200. A confissão será divisível e retratável, sem prejuízo do livre convencimento do juiz, fundado no exame das provas em conjunto". (BRASIL. Decreto-Lei nº 3.689, de 3 de outubro de 1941. Código de Processo Penal. *Diário Oficial da União*, Brasília, DF: Presidência da República, 13 de out. de 1941, retificado em 24 de out. de 1941. Disponível em: https://www.planalto.gov.br/ccivil_03/decreto-lei/del3689.htm. Acesso em 08 fev. 2024).

[356] BRASIL. Superior Tribunal de Justiça (6ª Turma). *Habeas Corpus nº 756.907/SP – São Paulo*. Habeas Corpus. Extorsão mediante sequestro. Reconhecimento por voz, em delegacia. Inobservância, por analogia, das formalidades do art. 226 do CP. Condenação lastreada em elemento informativo, não repetido em juízo. Violação do art. 155 do CPP. Inexistência de outra prova de autoria delitiva, produzida em contraditório judicial. Ordem concedida para absolver o paciente. Relator: Min. Rel. Rogerio Schietti Cruz, 13 set. 2022. Disponível em: https://processo.stj.jus.br/SCON/GetInteiroTeorDoAcordao?num_registro=201801904249&dt_publicacao=30/04/2021. Acesso em 7 fev. 2024.

e somente poderá subsidiar a convicção do julgador se corroborada por outras provas colhidas através do devido processo legal.[357]

Tal questão foi debatida no Supremo Tribunal Federal em relação ao Acordo de Não Persecução Penal (ANPP), no âmbito do *Habeas Corpus* (HC) nº 185.913, em que se discutia, dentre outros, se "é potencialmente cabível o oferecimento do ANPP mesmo em casos nos quais o imputado não tenha confessado anteriormente, durante a investigação ou o processo". O Tribunal, por maioria, concedeu a ordem de habeas corpus, para determinar a suspensão do processo e de eventual execução da pena até a manifestação motivada do órgão acusatório sobre a viabilidade de proposta do acordo de não persecução penal, conforme os requisitos previstos na legislação, passível de controle nos termos do art. 28-A, §14, do CPP, tudo nos termos do voto do Relator, Ministro Gilmar Mendes, vencidos os Ministros Alexandre de Moraes, Cármen Lúcia, Flávio Dino e Luiz Fux, que indeferiam a ordem.[358]

Em seu voto, o Ministro Gilmar Mendes destacou que a confissão exigida no ANPP é "circunstancial", e não "circunstanciada", "porque orienta-se ao exercício de manifestação da autonomia privada para fins exclusivamente negociais [*ad-hoc*], sem que seus termos possam ser reaproveitados contra o investigado depois, na hipótese de revogação do ANPP". Difere-se, assim, da confissão "propriamente dita", que somente pode ser feita no âmbito do processo judicial. Veja-se:

> Diante do cenário posto, analisado em face dos elementos adquiridos na Etapa de Investigação Criminal ou durante o Processo Judicial, o espaço negocial atribui o valor de verdade aos fatos, com o estabelecimento provisório da conduta reconhecida bilateralmente como existente e a sanção respectiva. Não há julgamento de mérito, nem coisa julgada sobre o evento histórico objeto da negociação, e sim consenso fático-jurídico circunstancial. Daí ser inválido o argumento de que a confissão deve ser antecedente, porque a confissão propriamente dita [CPP, art. 195-200]

---

[357] PROCURADORIA GERAL DO ESTADO DE GOIÁS. *Despacho nº 456/2023/GAB*. Consulta sobre matéria disciplinar. Goiânia: Procuradoria Geral do Estado de Goiás, 23 mar. 2023. Disponível em: https://www.procuradoria.go.gov.br/files/Despchos2019/Despacho2023/MARCO/Despacho456.pdf. Acesso em 7 set. 2023.

[358] BRASIL. Supremo Tribunal Federal (Tribunal Pleno). *Habeas Corpus nº 185.913*. Tribunal Pleno. Relator: Min. Gilmar Mendes. Julgamento em 8 ago. 2024. Disponível em: https://portal.stf.jus.br/processos/detalhe.asp?incidente=5917032. Acesso em 14 ago. 2024.

pressupõe imputação formalizada no contexto do Processo Judicial, situação diversa da abertura negocial propiciada pela Justiça Negocial.[359]

De toda forma, independentemente da definição da controvérsia no STF, o fato é que, na prática, a exigência de confissão para a celebração do acordo na esfera disciplinar tende a afastar o interesse do servidor nas hipóteses em que a infração disciplinar potencialmente gerar efeitos em outras esferas de responsabilização. Sobre isso, o Supremo Tribunal Federal julgou caso paradigmático, em que a empresa celebrara acordo de leniência com a Controladoria Geral da União e com a Advocacia Geral da União, mas depois veio a sofrer processo sancionatório pelos mesmos fatos perante o Tribunal de Contas da União. Por ocasião do julgamento, firmou-se entendimento no sentido de que "a coexistência de múltiplos regimes de leniência requer um esforço normativo de alinhamento dos incentivos premiais dos sistemas e de criação de mecanismos de cooperação entre as agências responsáveis pelo *enforcement* das legislações". No caso concreto, foi afastada a possibilidade de aplicação de sanção de inidoneidade pelo TCU pelos mesmos fatos abrangidos pelo acordo de leniência:

> [...] As impetrantes celebraram acordos de leniência com a CGU/AGU e com o MPF que continham previsões expressas no sentido de afastar as sanções administrativas da Lei Anticorrupção, as sanções previstas nos incisos I a IV do artigo 87 da Lei nº 8.666/1993 e ainda os efeitos e as penalidades previstas na Lei nº 8.429/1992. Além disso, os acordos previam a obrigação de reparação integral do dano. 4. Diante da sobreposição fática entre os ilícitos admitidos pelas colaboradoras perante a CGU/AGU e o objeto de apuração do controle externo, a possibilidade de o TCU impor sanção de inidoneidade pelos mesmos fatos que deram ensejo à celebração de acordo de leniência com a CGU/AGU não é compatível com o princípio constitucional da segurança jurídica e com a noção de proporcionalidade da pena. 5. Apesar de a Lei Anticorrupção (Lei nº 12.846/2013) não precluir a incidência da Lei nº 8.443/1992, nos casos concretos a imposição de inidoneidade pelo TCU poderia resultar em ineficácia das cláusulas dos acordos de leniência que preveem a isenção ou a atenuação das sanções administrativas estabelecidas nos arts. 86 a 88 da Lei nº 8.666/1993, por consequência, esvaziando a força normativa do art. 17 da Lei nº 12.846/2013. 6. A Lei

---

[359] BRASIL. Supremo Tribunal Federal (Tribunal Pleno). *Habeas Corpus nº 185.913*. Tribunal Pleno. Relator: Min. Gilmar Mendes. Julgamento em 8 ago. 2024. Disponível em: https://portal.stf.jus.br/processos/detalhe.asp?incidente=5917032. Acesso em 14 ago. 2024.

nº 8.433/1992 prevê outros meios menos gravosos para que o TCU possa garantir a reparação integral do dano ao erário, tais como a decretação de indisponibilidade de bens (art. 44, §2º) e a aplicação de multa (arts. 57 e 58). Essas medidas sancionatórias devem ser manejadas pela Corte de Contas considerando a sua proporcionalidade e os impactos sobre os acordos pactuados com a Administração Pública. 7. Segurança concedida para afastar a possibilidade de o TCU declarar a inidoneidade das impetrantes pelos fatos abarcados por acordo de leniência firmado com a AGU/CGU ou com o MPF.[360]

Deveras, o ideal é que se busque a integração, em um mesmo acordo, dos órgãos públicos competentes das diversas esferas de responsabilização envolvidas no caso, a fim de tornar o acordo mais atrativo e seguro para o servidor público.[361] Nesse sentido, é interessante o Acordo de Cooperação Técnica celebrado entre a Controladoria Geral da União (CGU), a Advocacia Geral da União (AGU), o Ministério da Justiça e Segurança Pública (MJSP) e o Tribunal de Contas da União, sob a Coordenação do Supremo Tribunal Federal, "em matéria de combate à corrupção no Brasil, especialmente em relação aos acordos de leniência da Lei nº 12.846/2013".[362] [363] Reconheceu-se, na oportunidade, a "natureza multifacetária e plural dos atos de corrupção", uma vez que:

> [...] esses atraem a incidência de um verdadeiro sistema de responsabilização que demanda a atuação articulada de várias instituições para combatê-la. Dentro deste sistema, destacam-se (i) as instituições com poder de investigação e persecução penal (no nível federal através da Polícia Federal e do Ministério Público Federal); (ii) as instituições encarregadas de promover ações judiciais pela prática de ato de

---

[360] BRASIL. Supremo Tribunal Federal (2ª Turma). *Mandado de Segurança nº 35.435*. Direito administrativo. Mandado de segurança. Acórdão do Tribunal de Contas da União (TCU). Tomadas de contas especiais. Investigações relacionadas a fraudes na construção da usina termonuclear de angra III. Impetrantes signatárias de acordos de leniência da Lei nº 12.846/2013 celebrados com a Controladoria-Geral da União (CGU), com a Advocacia Geral da União (AGU) ou com o Ministério Público Federal (MPF). Múltiplas esferas de responsabilização administrativa [...]. Relator: Min. Gilmar Mendes, 30 mar. 2021. Disponível em: https://redir.stf.jus.br/paginadorpub/paginador.jsp?docTP=TP&docID=756394688. Acesso em 7 fev. 2024.

[361] BIANCHI, Bruno Guimarães. *Acordos de leniência*: entre a consensualidade e a imperatividade na lei anticorrupção. Curitiba: Íthala, 2023. p. 194.

[362] CGU; AGU; MJSP. *Acordo de Cooperação Técnica de 2022*: Acordo de Leniência. Disponível em: https://portal.tcu.gov.br/data/files/11/16/BB/03/575C37109EB62737F18818A8/ACORDO%20DE%20COOPERACAO%20TECNICA%20_1_.pdf. Acesso em 07 fev. 2024.

[363] A Instrução Normativa TCU nº 94, de 21 de fevereiro de 2024, disciplina atuação do TCU decorrente do Acordo de Cooperação Técnica.

improbidade administrativa (no plano federal através do Ministério Público Federal e os entes públicos lesados, notadamente a União, representada pela Advocacia-Geral da União); (iii) as instituições comissionadas legalmente para exercer as funções próprias ao controle interno, à persecução administrativa nos termos da Lei nº 12.846/2013 e à prevenção e combate à corrupção (no âmbito do Poder Executivo federal, a cargo da Controladoria-Geral da União); bem como (iv) as instituições incumbidas do controle externo dos demais Poderes (que no âmbito federal é exercido pelo Tribunal de Contas da União).[364]

No aludido acordo, foi estabelecido o *non bis in idem* como "princípio específico aplicável aos acordos de leniência da Lei nº 12.846, de 2013".[365] Estabeleceram-se, ainda, como "ação sistêmica", os compromissos de "não utilizar, direta ou indiretamente, as provas para sancionamento da empresa colaboradora" e de "não aplicar as sanções de inidoneidade, suspensão ou proibição para contratar com a Administração Pública, para os ilícitos que venham a ser resolvidos no acordo de leniência". E, como "ação operacional", estabeleceram-se os deveres de "atuar e fomentar a atuação das signatárias do ACT de maneira cooperativa, colaborativa e sistêmica" e "desenvolver uma cultura sobre a necessidade de chamamento das demais instituições públicas com atuação no sistema anticorrupção brasileiro para exercício de suas atribuições e competências".

O instrumento, embora seja restrito à esfera federal e abranja apenas o acordo de leniência da Lei nº 12.846/13, serve de inspiração para os demais órgãos de controle do país, inclusive para atuação em outros tipos de acordo, tais como os disciplinares, estudados neste trabalho. O essencial é a participação colaborativa de todos os interessados, não apenas para potencializar a atratividade dos acordos, mas,

---

[364] CGU; AGU; MJSP. *Acordo de Cooperação Técnica de 2022*: Acordo de Leniência. Disponível em: https://portal.tcu.gov.br/data/files/11/16/BB/03/575C37109EB62737F18818A8/ACORDO%20DE%20COOPERACAO%20TECNICA%20_1_.pdf. Acesso em 07 fev. 2024.

[365] "Décimo quinto princípio: do *non bis in idem*, de modo que a celebração do acordo de leniência suspende a aplicação de sanções pelas SIGNATÁRIAS DO ACT em relação ao objeto do acordo, extinguindo-se a pretensão punitiva com o cumprimento integral do acordo, bem como admitindo-se a possibilidade de compensação entre valores e rubricas de mesma natureza jurídica e relacionados aos mesmos ilícitos sancionados nas diversas esferas de responsabilização". (CGU; AGU; MJSP. *Acordo de Cooperação Técnica de 2022*: Acordo de Leniência. Disponível em: https://portal.tcu.gov.br/data/files/11/16/BB/03/575C37109EB62737F18818A8/ACORDO%20DE%20COOPERACAO%20TECNICA%20_1_.pdf. Acesso em 07 fev. 2024).

fundamentalmente, para garantir segurança jurídica e evitar efeitos surpresa indesejáveis no futuro.

4.4 Colaboração premiada

Vários aspectos da colaboração premiada já foram tratados no tópico anterior, uma vez que são comuns ao acordo de confissão. Conforme afirmam Aury Lopes Júnior e Vitor Paczek, tanto na colaboração premiada como no *plea bargaining*, busca-se a confissão do acusado. A diferença é que, na primeira, a confissão deve vir acrescida de colaboração para punição de outras pessoas ou infrações, ou seja, de "efetiva contribuição probatória para a responsabilização de terceiros". Já para a segunda, a simples confissão circunstanciada basta.[366]

No Brasil, a colaboração premiada, como negócio jurídico processual e meio de obtenção de prova, é prevista atualmente na Lei nº 12.850/13, que "define organização criminosa e dispõe sobre a investigação criminal, os meios de obtenção da prova, infrações penais correlatas e o procedimento criminal". Segundo o art. 4º, o acordo pode gerar perdão judicial, redução da pena privativa de liberdade em até dois terços ou substituição desta por pena restritiva de direito, desde que ocasione um ou mais dos seguintes resultados: "a identificação dos demais coautores e partícipes da organização criminosa e das infrações penais por eles praticadas"; "a revelação da estrutura hierárquica e da divisão de tarefas da organização criminosa"; "a prevenção de infrações penais decorrentes das atividades da organização criminosa"; "a recuperação total ou parcial do produto ou do proveito das infrações penais praticadas pela organização criminosa"; "a localização de eventual vítima com a sua integridade física preservada".

Não há registro de instituição legislativa ou regulamentar da colaboração premiada em matéria disciplinar no país, embora já tenha

---

[366] A visão dos autores é crítica ao modelo negocial em matéria punitiva. Afirmam que ambas as medidas (colaboração premiada e *plea bargaining*) "possuem um ponto em comum, entre elas, e com o modelo inquisitório medieval: a necessidade de confissão". (LOPES JÚNIOR, Aury; PACZEK, Vitor. O plea bargaining no projeto anticrime: remédio ou veneno? *In*: GLOECKNER, Ricardo Jacobsen (Org.). *Plea Bargaining*. São Paulo: Tirant lo Blanch, 2019. p. 166). Em sentido oposto, André Luis Callegari e Raul Marques Linhares afirmam que a colaboração premiada pode ser vista, também, como "estratégia de defesa, orientada ao alcance do melhor resultado possível ao investigado ou acusado". (CALLEGARI, André Luis; LINHARES, Raul Marques. *Colaboração premiada*: lições práticas e teóricas de acordo com a jurisprudência do Supremo Tribunal Federal. Porto Alegre: Livraria do Advogado, 2016. p. 34).

havido essa proposta em âmbito acadêmico[367] e institucional.[368] Em âmbito jurisprudencial, recentemente, o Supremo Tribunal Federal, ao julgar o Tema 1.043 da repercussão geral, abriu a possibilidade de utilização do instrumento em esferas outras, para além da criminal.

No aludido julgamento, o STF decidiu que "é constitucional a utilização da colaboração premiada, nos termos da Lei nº 12.850/2013, no âmbito civil, em ação civil pública por ato de improbidade administrativa movida pelo Ministério Público". Conforme constou no voto condutor do acórdão, a possibilidade da celebração do acordo na esfera da improbidade decorre não diretamente da lei penal, mas de interpretação sistemática do "arcabouço jurídico vigente" e do "microssistema de defesa do patrimônio público".[369]

---

[367] Em dissertação de mestrado apresentada à Fundação Getúlio Vargas – FGV, Inácio de Loiola Montovani Fratini apresenta proposta de minuta de decreto para instituição de "acordo de não persecução disciplinar colaborativo" no Estado de São Paulo. Sustenta o autor que, "[a]tualmente, não existe no sistema disciplinar estadual qualquer mecanismo para buscar a colaboração do servidor público e poder fazer cessar práticas infracionais e delitivas e/ou efetivar a recomposição do patrimônio público, com identificação dos responsáveis pela prática lesiva ao erário, como se verifica no âmbito dos acordos de leniência e acordos de não persecução cível e penal". Assim, "[a] previsão de um modelo de acordo de não persecução disciplinar tem por objetivo possibilitar que os servidores envolvidos em infrações sujeitas às penas de demissão a bem do serviço público por atos de corrupção, por improbidade, direcionamento em licitações e outras formas de desvios de dinheiro, possam trazer ao conhecimento da Administração Pública esses fatos ilícitos, apresentando provas que permitam a imediata cessação das irregularidades e identificação de seus autores". (FRATINI, Inácio de Loiola Mantovani. *Regime jurídico dos instrumentos consensuais no sistema disciplinar do estado de São Paulo*: razões, instrumentos e perspectivas. Dissertação (mestrado). FGV, São Paulo, 2022. Disponível em: https://bibliotecadigital.fgv.br/dspace/bitstream/handle/10438/32830/Disserta%c3%a7%c3%a3o%20Inacio%20com%20as%20altera%c3%a7%c3%b5es%20propostas%20pela%20Banca%20Examinadora%20do%20Mestrado%2029%2010.pdf?sequence=3&isAllowed=y. Acesso em 7 fev. 2024).

[368] Reonauto da Silva Souza Júnior e Priscila Vaz Peixoto, servidores da Controladoria Geral da União, apresentaram ao órgão "Proposta de instituição da colaboração premiada disciplinar no ordenamento jurídico brasileiro", com o objetivo de possibilitar "maior efetividade no desvelamento de esquemas ilícitos contra a Administração Pública", mediante a apresentação de "elementos de informação ainda não conhecidos pela Administração e cuja busca seria muito dificultosa pelos meios tradicionais de apuração". Segundo eles, seria "necessária a instituição, mediante alteração legislativa, da Colaboração Premiada Disciplinar, com o objetivo de permitir que a Administração Pública, por meio de procedimentos disciplinares, alcance melhores resultados no desvelamento de esquemas ilícitos, contribuindo assim para maior efetividade no combate à corrupção no Brasil". (SOUZA JÚNIOR, Reonauto da Silva; PEIXOTO, Priscila Vaz. Proposta de instituição da colaboração premiada disciplinar no ordenamento jurídico brasileiro. *Cadernos Técnicos da CGU / Controladoria-Geral da União*, Brasília, nov. 2022. Disponível em: https://revista.cgu.gov.br/Cadernos_CGU/issue/view/42/49. Acesso em 7 fev. 2024).

[369] BRASIL. Supremo Tribunal Federal. ARE 1175650. Relator Ministro Alexandre de Moraes. Julgado em: 3 jul. 2023.

O voto condutor do acórdão remeteu, mais precisamente, à Lei nº 13.140/2015, que "dispõe sobre a mediação entre particulares como meio de solução de controvérsias e sobre a autocomposição de conflitos no âmbito da administração pública", ao art. 5º, §6º, da Lei nº 7.347/85, que institui o termo de ajustamento de conduta, à Lei nº 13.964/2019, que cria o acordo de não persecução cível e ao art. 16 da Lei nº 12.846/2013, que cria o acordo de leniência. Em acréscimo ao entendimento jurisprudencial, entende-se que o art. 26 da LINDB, por constituir cláusula permissiva genérica de acordos na Administração Pública, comporta acordos substitutivos com conteúdo de colaboração premiada, inclusive em âmbito disciplinar.[370]

O traço distintivo dos acordos de colaboração premiada, em relação aos demais acordos substitutivos abordados no presente trabalho, é a sua natureza processual de meio de obtenção de prova, não apenas em relação à apuração de infrações disciplinares, mas também para a elucidação de infrações de outras naturezas.[371] Especialmente nos casos de esquema de corrupção, a envolver agentes públicos e privados, a colaboração do servidor pode ajudar nas apurações de atos lesivos à Administração Pública (Lei nº 12.846/13), improbidade administrativa (Lei nº 8.429/92) e até mesmo criminais. Para tanto, o colaborador deve renunciar ao direito ao silêncio e se comprometer a dizer a verdade

---

[370] Registra-se a existência de entendimento do STJ em sentido contrário, manifestado antes do julgamento do Tema 1.043 pelo STF, no sentido de que "os benefícios da colaboração premiada não são aplicáveis no âmbito do processo administrativo disciplinar". (BRASIL. Superior Tribunal de Justiça (1ª Turma). *Agravo Interno no Recurso em Mandado de Segurança nº 48.925/SP – São Paulo*. Processual civil. Administrativo. Agravo interno no recurso ordinário em mandado de segurança. Código de processo civil de 2015. Aplicabilidade. Processo administrativo disciplinar. Auditor fiscal do município de São Paulo. Demissão. Arts. 188, III, e 189, V, VI, VIII, da lei municipal nº 8.989/79. Autonomia em relação ao processo penal. Colaboração premiada. Benefícios. Lei nº 12.850/13. Taxatividade. Extensão ao processo administrativo disciplinar. Impossibilidade. Princípio da legalidade. Ausência de previsão legal. [...]. Relatora: Min. Regina Helena Costa, 13 mar. 2018. Disponível em: https://www.stj.jus.br/websecstj/cgi/revista/REJ.exe/ITA?seq=1678032&tipo=0&nreg=201501884793&SeqCgrmaSessao=&CodOrgaoJgdr=&dt=20180405&formato=PDF&salvar=false. Acesso em 7 fev. 2024).

[371] Nesse contexto, Bruno Guimarães Bianchi afirma que o acordo de leniência é, na verdade, uma ferramenta que se vale da consensualidade para tornar a atuação sancionadora típica mais eficiente, e, portanto, imperativa. (BIANCHI, Bruno Guimarães. *Acordos de leniência*: entre a consensualidade e a imperatividade na lei anticorrupção. Curitiba: Íthala, 2023. p. 198).

acerca dos fatos sobre os quais possuir conhecimento e sobre o que lhe for perguntado.[372]

Deve-se ressaltar, porém, que o acordo de colaboração premiada é "instrumento a serviço da tarefa de produção de elementos de prova, mas não se constitui ele próprio em um elemento de prova".[373] Bem por isso, conforme decidiu o Supremo Tribunal Federal, no Tema 1.043 da repercussão geral, "as declarações do agente colaborador, desacompanhadas de outros elementos de prova, são insuficientes para o início da ação civil por ato de improbidade" e, igualmente, da persecução disciplinar. Portanto, é dever do colaborador apresentar elementos adicionais de prova para além da sua própria palavra, sendo que a utilidade desses elementos é condição *sine qua non* para a celebração do ajuste, conforme afirma Thiago Marrara:

> O Estado não está autorizado a mitigar ou extinguir as sanções em benefício de um infrator que conduz ao processo provas repetidas, provas impertinentes ou provas que o Estado possa obter facilmente por suas próprias forças e meios. Assim, na negociação, além de verificar o requisito temporal da oportunidade da leniência diante do momento processual, o órgão competente deverá examinar a potencialidade de cooperação e a utilidade das provas e das informações que o infrator colaborador se dispõe a entregar. A análise preliminar de potencialidade da cooperação não se confunde com o exame da cooperação que se faz ao término do processo administrativo sancionador e no qual se mensuram os benefícios do infrator diante das ações de colaboração que efetivamente executou ao longo da vigência do acordo.[374]

O mesmo autor salienta que o acordo de colaboração premiada se caracteriza como integrativo e não como substitutivo, já que "não serve para afastar ou substituir o processo administrativo, posto que sua finalidade é exatamente a de promover a cooperação para torná-lo viável e efetivo".[375] Segundo diz, "como o acordo serve para que a auto-

---

[372] CALLEGARI, André Luis; LINHARES, Raul Marques. *Colaboração premiada*: lições práticas e teóricas de acordo com a jurisprudência do Supremo Tribunal Federal. Porto Alegre: Livraria do Advogado, 2016. p. 104.

[373] CALLEGARI, André Luis; LINHARES, Raul Marques. *Colaboração premiada*: lições práticas e teóricas de acordo com a jurisprudência do Supremo Tribunal Federal. Porto Alegre: Livraria do Advogado, 2016. p. 35-36.

[374] MARRARA, Thiago. Comentários ao art. 16. *In*: MARRARA, Thiago; DI PIETRO, Maria Sylvia Zanella. *Lei Anticorrupção comentada*. Belo Horizonte: Fórum, 2017. p. 222-223.

[375] MARRARA, Thiago. Comentários ao art. 16. *In*: MARRARA, Thiago; DI PIETRO, Maria Sylvia Zanella. *Lei Anticorrupção comentada*. Belo Horizonte: Fórum, 2017. p. 197.

ridade pública obtenha provas que facilitem a instrução e a punição, é normal que o acordo conviva com o processo e com um ato administrativo final de natureza punitiva ou absolutória".[376]

No caso disciplinar, porém, o acordo pode ter conteúdo substitutivo em relação ao servidor colaborador, sem prejuízo da instauração ou continuidade do processo em relação aos demais agentes, na própria esfera disciplinar ou nas diversas outras. É dizer: o acordo de colaboração premiada pode prever, desde já, a sanção aplicável ao colaborador (em grau atenuado) ou até mesmo o perdão total. Nesse caso, substituirá integralmente o processo punitivo e sua decisão final. Paralelamente, as provas obtidas com a colaboração podem mesmo tornar viáveis e efetivos os processos punitivos instaurados, e posteriormente julgados unilateralmente, em face dos demais agentes.

4.5 Ressarcimento ao erário

O dever de ressarcimento ao erário não decorre diretamente da responsabilidade administrativa do servidor, mas da sua responsabilidade civil, nos termos do art. 37, §§5º e 6º, da Constituição da República,[377] dos artigos 186,[378] 187[379] e 927[380] do Código Civil, do art.

---

[376] MARRARA, Thiago. Comentários ao art. 16. *In*: MARRARA, Thiago; DI PIETRO, Maria Sylvia Zanella. *Lei Anticorrupção comentada*. Belo Horizonte: Fórum, 2017. p. 197.

[377] "Art. 37. [...] §5º A lei estabelecerá os prazos de prescrição para ilícitos praticados por qualquer agente, servidor ou não, que causem prejuízos ao erário, ressalvadas as respectivas ações de ressarcimento. §6º As pessoas jurídicas de direito público e as de direito privado prestadoras de serviços públicos responderão pelos danos que seus agentes, nessa qualidade, causarem a terceiros, assegurado o direito de regresso contra o responsável nos casos de dolo ou culpa". (BRASIL. [Constituição (1988)]. *Constituição da República Federativa do Brasil de 1988*. Brasília, DF: Presidência da República, 1988. Disponível em: https://www.planalto.gov.br/ccivil_03/constituicao/constituicao.htm. Acesso em 7 fev. 2024).

[378] "Art. 186. Aquele que, por ação ou omissão voluntária, negligência ou imprudência, violar direito e causar dano a outrem, ainda que exclusivamente moral, comete ato ilícito". (BRASIL. Lei nº 10.406, de 10 de janeiro de 2002. Institui o Código Civil. *Diário Oficial da União*, Brasília, DF: Presidência da República, 11 de jan. de 2002. Disponível em: https://www.planalto.gov.br/ccivil_03/leis/2002/l10406compilada.htm. Acesso em 08 fev. 2024).

[379] "Art. 187. Também comete ato ilícito o titular de um direito que, ao exercê-lo, excede manifestamente os limites impostos pelo seu fim econômico ou social, pela boa-fé ou pelos bons costumes". (BRASIL. Lei nº 10.406, de 10 de janeiro de 2002. Institui o Código Civil. *Diário Oficial da União*, Brasília, DF: Presidência da República, 11 de jan. de 2002. Disponível em: https://www.planalto.gov.br/ccivil_03/leis/2002/l10406compilada.htm. Acesso em 08 fev. 2024).

[380] "Art. 927. Aquele que, por ato ilícito (arts. 186 e 187), causar dano a outrem, fica obrigado a repará-lo". (BRASIL. Lei nº 10.406, de 10 de janeiro de 2002. Institui o Código Civil. *Diário Oficial da União*, Brasília, DF: Presidência da República, 11 de jan. de 2002. Disponível em:

11 da Lei nº 4.717/65 (Lei da Ação Popular)[381] e do art. 1º, inciso VIII, da Lei nº 7.347/85 (Lei da Ação Civil Pública).[382] Em complementação, é comum que os estatutos funcionais das diversas entidades prevejam regras atinentes à responsabilidade civil do servidor, sem prejuízo da penal e da administrativa, como ocorre nos artigos 121[383] e 122[384] da Lei nº 8.112/90.

Sem embargo da diferença ontológica entre as responsabilidades civil e administrativa, o fato é que o dano ao erário pode constituir elemento do tipo da infração disciplinar ou, mesmo não sendo, decorrer diretamente da sua prática. Em casos tais, é comum que os estatutos funcionais prevejam o dever de ressarcimento como consequência cível direta da condenação administrativa.[385] O objetivo é evitar a instauração

---

https://www.planalto.gov.br/ccivil_03/leis/2002/l10406compilada.htm. Acesso em 08 fev. 2024).

[381] "Art. 11. A sentença que, julgando procedente a ação popular, decretar a invalidade do ato impugnado, condenará ao pagamento de perdas e danos os responsáveis pela sua prática e os beneficiários dele, ressalvada a ação regressiva contra os funcionários causadores de dano, quando incorrerem em culpa". (BRASIL. Lei nº 4.717, de 29 de junho de 1965. Regula a ação popular. *Diário Oficial da União*, Brasília, DF: Presidência da República, 05 de jul. de 1965, republicado em 08 abr. 1974. Disponível em: https://www.planalto.gov.br/ccivil_03/leis/l4717.htm. Acesso em 07 fev. 2024).

[382] "Art. 1º Regem-se pelas disposições desta Lei, sem prejuízo da ação popular, as ações de responsabilidade por danos morais e patrimoniais causados: [...] VIII – ao patrimônio público e social". (BRASIL. Lei nº 7.347, de 24 de julho de 1985. Disciplina a ação civil pública de responsabilidade por danos causados ao meio-ambiente, ao consumidor, a bens e direitos de valor artístico, estético, histórico, turístico e paisagístico (VETADO) e dá outras providências. *Diário Oficial da União*, Brasília, DF: Presidência da República, 25 jul. 1985. Disponível em: https://www.planalto.gov.br/ccivil_03/leis/l7347orig.htm. Acesso em 07 fev. 2024).

[383] "Art. 121. O servidor responde civil, penal e administrativamente pelo exercício irregular de suas atribuições". (BRASIL. Lei nº 8.112, de 11 de dezembro de 1990. Dispõe sobre o regime jurídico dos servidores públicos civis da União, das autarquias e das fundações públicas federais. *Diário Oficial da União*, Brasília, DF: Presidência da República, 19 abr. 1991. Disponível em: https://www.planalto.gov.br/ccivil_03/leis/l8112cons.htm. Acesso em: 07 fev. 2024).

[384] "Art. 122. A responsabilidade civil decorre de ato omissivo ou comissivo, doloso ou culposo, que resulte em prejuízo ao erário ou a terceiros". (BRASIL. Lei nº 8.112, de 11 de dezembro de 1990. Dispõe sobre o regime jurídico dos servidores públicos civis da União, das autarquias e das fundações públicas federais. *Diário Oficial da União*, Brasília, DF: Presidência da República, 19 abr. 1991. Disponível em: https://www.planalto.gov.br/ccivil_03/leis/l8112cons.htm. Acesso em: 07 fev. 2024).

[385] Nesse sentido, o art. 136 da Lei nº 8.112/90: "Art. 136. A demissão ou a destituição de cargo em comissão, nos casos dos incisos IV, VIII, X e XI do art. 132, implica a indisponibilidade dos bens e o ressarcimento ao erário, sem prejuízo da ação penal cabível". (BRASIL. Lei nº 8.112, de 11 de dezembro de 1990. Dispõe sobre o regime jurídico dos servidores públicos civis da União, das autarquias e das fundações públicas federais. *Diário Oficial da União*, Brasília, DF: Presidência da República, 19 abr. 1991. Disponível em: https://www.planalto.gov.br/ccivil_03/leis/l8112cons.htm. Acesso em: 07 fev. 2024).

de um novo processo específico para fins de ressarcimento, nos casos em que os elementos da responsabilidade civil já houverem sido provados no curso do processo administrativo disciplinar.

Ocorre que o dano ao erário pode decorrer de infrações disciplinares de pequeno ou médio potencial ofensivo, praticadas sem dolo. Nessas hipóteses, a efetivação do ressarcimento pelo servidor importa mais ao interesse público do que a aplicação de sanções administrativas. Foi o que reconheceu o legislador do Município de Belo Horizonte, ao estipular que se o agente público for condenado exclusivamente pela infração disciplinar de lesão aos cofres públicos, na modalidade culposa, a sua punibilidade será extinta caso haja o ressarcimento voluntário (art. 189, §7º, da Lei Municipal nº 7.169/96).

O acordo substitutivo, nesse contexto, pode servir para impor consensualmente ao servidor a obrigação de ressarcimento ao erário, sem a necessidade de instauração e julgamento do processo administrativo disciplinar punitivo ou de processo cível próprio, privilegiando-se, assim, a eficiência administrativa. E isso pode se dar sem prejuízo de outras cláusulas que imponham ajustamento de conduta, submissão a sanções em grau atenuado e até mesmo colaboração premiada. Tal solução tende a ser mais eficiente do que exigir o ressarcimento integral prévio para fins de admissão do acordo, pois o servidor pode não ter condições de fazê-lo à vista. Assim, o acordo servirá para estipular as condições de pagamento – com a incidência dos consectários legais próprios (juros e correção monetária), se for o caso.

CAPÍTULO 5

CONSENSUALIDADE E DEVIDO PROCESSO LEGAL

Em tópico anterior, discorreu-se sobre o princípio do devido processo legal em matéria sancionatória, com enfoque nas garantias do contraditório e da ampla defesa, como requisito de validade do ato administrativo final, unilateral e imperativo. Entende-se, porém, que o aludido princípio incide, com efeitos diversos, também nos casos de atuação consensual da Administração Pública. Tal assertiva pressupõe interpretação da expressão "processo", contida no art. 5º, inciso LIV, da Constituição da República, para além do sentido que comumente se lhe emprega.

O termo "processo" é geralmente utilizado por processualistas e administrativistas para designar exclusivamente os processos adversariais, que envolvam relação litigiosa entre as partes interessadas, a ser resolvida unilateralmente pelo Estado após exercício da ampla defesa e do contraditório. Nesse sentido, alude-se à teoria processual do italiano Elio Fazzalari, desenvolvida no Brasil por Aroldo Plínio Gonçalves, que utiliza o critério do contraditório como elemento essencial do processo.[386]

Segundo essa teoria, o procedimento é tido como gênero, a significar a atividade estatal preparatória do ato final, regulada por determinada estrutura normativa e composta por uma sequência de atos e posições subjetivas.[387] Já o processo como espécie caracteriza-se pela participação dos interessados, em contraditório, na atividade de

---

[386] GONÇALVES, Aroldo Plínio. *Técnica processual e teoria do processo*. 2. ed. Belo Horizonte: Del Rey, 2012.
[387] GONÇALVES, Aroldo Plínio. *Técnica processual e teoria do processo*. 2. ed. Belo Horizonte: Del Rey, 2012. p. 87.

preparação do ato final.[388] Dessa forma, "a participação em contraditório se desenvolve entre as partes, porque a disputa se passa entre elas, elas são as detentoras de interesses que serão atingidos pelo provimento".[389] Os interessados, assim, atuam como "contraditores", em regime de "disputa", sendo-lhes garantida a "participação em simétrica paridade".[390]

Entre os administrativistas, Lúcia Valle Figueiredo, ao tratar da matéria, concentra suas atenções no art. 5º, inciso LV, da Constituição da República, que assegura aos "litigantes" e aos "acusados" o contraditório e a ampla defesa, com os meios e recursos a ela inerentes, em processo judicial ou administrativo. Para a autora, o procedimento seria apenas o conjunto de formalidades necessárias para emanação válida do ato final. Já o processo seria caraterizado pela litigância, contraposição de interesses ou acusação, sendo que, apenas nesse caso, estariam garantidos o contraditório e a ampla defesa.[391] Diz-se, assim, que a autora adota o critério da lide para diferenciar processo de procedimento.

Odete Medauar desenvolve o tema com profundidade na obra "A processualidade no Direito Administrativo", em que arrola os critérios até então utilizados pela doutrina processualista e administrativista para diferenciar processo de procedimento. Para além dos já mencionados critérios do contraditório (Elio Fazzalari e Aroldo Plínio Gonçalves) e da lide (Lúcia Valle Figueiredo), a autora arrola outros, como amplitude, complexidade, interesse concreto e abstrato, lide, controvérsia, teleológico e formal, ato e função, colaboração dos interessados. Ao final, a conclusão da autora acaba por incorporar o critério do contraditório para qualificação do "verdadeiro processo", como se vê:

> Utilizar a expressão processo administrativo significa, portanto, afirmar que o procedimento com participação dos interessados em contraditório, ou seja, o verdadeiro processo, ocorre também no âmbito da Administração Pública. E todos os elementos do núcleo comum da processualidade podem ser detectados no processo administrativo, assim: a) os elementos *in fieri* e pertinência ao exercício do poder estão presentes,

---

[388] GONÇALVES, Aroldo Plínio. *Técnica processual e teoria do processo*. 2. ed. Belo Horizonte: Del Rey, 2012. p. 98.

[389] GONÇALVES, Aroldo Plínio. *Técnica processual e teoria do processo*. 2. ed. Belo Horizonte: Del Rey, 2012. p. 104.

[390] GONÇALVES, Aroldo Plínio. *Técnica processual e teoria do processo*. 2. ed. Belo Horizonte: Del Rey, 2012. p. 103.

[391] FIGUEIREDO, Lúcia Valle. Estado de Direito e devido processo legal. *Revista de Direito Administrativo*, [S. l.], v. 209, p. 7-18, 1997. DOI: 10.12660/rda.v209.1997.47039. Disponível em: https://periodicos.fgv.br/rda/article/view/47039. Acesso em 7 fev. 2024.

pois o processo administrativo representa a transformação de poderes administrativos em ato; b) o processo administrativo implica sucessão encadeada e necessária de atos; c) é figura jurídica diversa do ato; quer dizer, o estudo do processo administrativo não se confunde com o estudo do ato administrativo; d) o processo administrativo mantém correlação com o ato final em que desemboca; e) há um resultado unitário a que se direcionam as atuações interligadas dos sujeitos em simetria de poderes, faculdades, deveres e ônus, portanto, em esquema de contraditório.[392]

Tal entendimento pode levar à compreensão de que o devido processo legal, previsto no art. 5º, inciso LIV, da Constituição da República, apenas seria exigido em processos adversariais, estruturados em contraditório, para a resolução unilateral de situações litigiosas – acusação contra defesa, autor contra réu ou Administração Pública contra servidor (matéria tratada anteriormente, em tópico específico). Mas o processo, como atividade preparatória do ato final, é requisito de validade de toda e qualquer ação estatal[393] e não apenas dos atos unilaterais de resolução de litígios. Em qualquer caso, deve ser assegurada a participação dos interessados, seja em contraditório (disputa) ou outra forma adequada à resolução do caso concreto.

Realmente, no modelo liberal de Estado, a participação dos particulares na atividade administrativa se restringia à defesa de seus direitos e interesses quando estes eram afetados unilateralmente pela Administração Pública. Daí a diferenciação do "verdadeiro processo", em que o cidadão se defendia em face da Administração Pública, do "mero procedimento", em que a própria Administração Pública preparava, *motu proprio*, a prática do ato final, sem a participação do particular. O processo, assim, significava a possibilidade de participação do interessado, em regime de disputa, e o procedimento materializava

---

[392] MEDAUAR, Odete. *A processualidade no Direito Administrativo*. Belo Horizonte: Fórum, 2021. p. 46-47.

[393] Nesse sentido, Ebhard Schmidt Assman destaca a existência de três tipos ideais de processo administrativo: o primeiro é estruturado para a resolução de conflitos, com possibilidade de apresentação de defesa e recurso. O segundo tem por objetivo condicionar *a priori* o modo pelo qual se tomam as decisões administrativas, conferindo-lhes racionalidade. Embora, nesse caso, não haja relação necessária de confronto, deve-se assegurar a intervenção de interessados, de forma colaborativa, a partir de audiências, consultas e assessorias. O terceiro tipo é estruturado para resolver situações em que se entrecruzam múltiplos interesses, servindo, assim, para que a defesa e a ponderação de todos eles sejam transparentes, com garantia de participação dos representantes de cada interesse em jogo. (SCHMIDT-ASSMAN, Eberhard. *La teoría general del derecho administrativo como sistema*: objeto y fundamentos de la construcción sistemática. Madrid: INAP-Marçal Pons, 2003. p. 361-362).

a impermeabilidade da atividade administrativa interna, afastando os interessados da construção do ato final.

Ocorre que, atualmente, por força dos princípios democrático, da cooperação e da eficiência, a participação dos interessados na atividade administrativa não mais se restringe ao contraditório clássico, estruturado em torno de um esquema de confrontação entre as partes. O processo é hoje visto "como instrumento de direção da atuação administrativa" ou como "matriz da manifestação administrativa, seja nas atuações individualizadas, restritivas ou constitutivas de direitos, seja nas atuações genéricas, próprias de uma Administração infraestrutural". Desenvolve-se, destarte, "sua face garantística dos direitos e interesses dos particulares, de um lado, e sua face asseguradora de deveres que condicionam a atuação da Administração, como a imparcialidade e a eficiência".[394]

Segundo Eurico Bitencourt Neto, o princípio do devido processo legal, em sua face garantística do direito à ampla defesa e ao contraditório, é apenas uma das manifestações do princípio geral do devido procedimento equitativo – "junção das expressões devido procedimento, decorrente de *due process* (com raízes remotas na ideia de *natural justice*) e procedimento equitativo (mencionada na Carta de Direito Fundamentais da União Europeia)". Trata-se, assim, de um "superprincípio", "cujo papel central é o fortalecimento do dever de procedimentalização da Administração Pública e a possibilidade de que sejam justificadas, a partir dele, novas densificações, no âmbito do agir administrativo do Estado".[395]

Para o autor, o aludido superprincípio impõe à Administração Pública deveres procedimentais (dimensão objetiva) e assegura aos cidadãos (e não apenas aos acusados e litigantes) direitos fundamentais procedimentais (dimensão subjetiva). À luz da Constituição da República, especificamente, reconhecem-se diversas manifestações do seu conteúdo, a constituir direitos do administrado (participação, informação, impugnação administrativa, assistência e representação)

---

[394] BITENCOURT NETO, Eurico. Transformações do Estado e a administração pública no século XXI. *Revista de Investigações Constitucionais*, Curitiba, v. 4, n. 1, p. 207-225, jan./abr. 2017. Disponível em: https://revistas.ufpr.br/rinc/article/view/49773. Acesso em 2 jul. 2022.

[395] BITENCOURT NETO, Eurico. Procedimentalização da Administração Pública e o princípio do devido procedimento equitativo. *Revista Eletrônica de Direito do Estado*, Salvador, n. 35, jul./ago./set. 2013. ISSN 1981-187X. Disponível em: http://www.direitodoestado.com.br/codrevista.asp?cod=711. Acesso em 2 jul. 2022.

e deveres da Administração (imparcialidade, dever de decidir e de motivar).[396]

Em sentido similar, Vasco Manoel Pascoal Dias Pereira Silva sustenta que a "nova perspectiva do procedimento administrativo", como "novo conceito central do Direito Administrativo", não possui como único benefício a dissociação da atividade unilateral e autoritária da Administração. Além disso, possibilita o entendimento de que o procedimento não é mais uma "pertença" da Administração, e sim uma espécie de "condomínio", no qual "os particulares e autoridades administrativas se tornam cúmplices da realização das tarefas administrativas".[397]

Deveras, existem diversas ações estatais que, embora não se desenvolvam em ambiente litigioso propriamente dito, são capazes de afetar os bens jurídicos dos interessados. Nesses casos, o processo administrativo, participativo, condiciona *a priori* o modo pelo qual se toma a decisão, conferindo-se, assim, um aspecto preventivo ao instrumento, dirigido à racionalidade da decisão e à garantia de direitos em geral, não apenas do direito de defesa.[398] Nesse sentido, Vasco Manoel Dias Pereira Silva esclarece que:

> A participação no procedimento é, portanto, de acordo com esta orientação, vista a partir da perspectiva da organização administrativa, enquanto mecanismo institucionalizado de colaboração dos particulares e das autoridades públicas para a produção de decisões administrativas. Daí que a intervenção do particular no procedimento seja analisada não como um meio de defesa das suas posições subjectivas perante a Administração, mas como um expediente organizativo destinado à tomada das melhores decisões administrativas, em resultado dessa cooperação. Aquilo que se valoriza não é tanto a oportunidade do particular se defender preventivamente da Administração, mas a importância dos novos factos e interesses que ele pode vir a trazer ao

---

[396] BITENCOURT NETO, Eurico. Procedimentalização da Administração Pública e o princípio do devido procedimento equitativo. *Revista Eletrônica de Direito do Estado*, Salvador, n. 35, jul./ago./set. 2013. ISSN 1981-187X. Disponível em: http://www.direitodoestado.com.br/codrevista.asp?cod=711. Acesso em 2 jul. 2022.

[397] SILVA, Vasco Manuel Pascoal Dias Pereira. *Em busca do acto administrativo perdido*. Coimbra, Portugal: Livraria Almedina, 2003. p. 306.

[398] SCHMIDT-ASSMAN, Eberhard. *La teoría general del derecho administrativo como sistema*: objeto y fundamentos de la construcción sistemática. Madrid: INAP-Marçal Pons, 2003. p. 361-362.

procedimento, concebendo-se o particular como um participante activo da realização da função administrativa.[399]

Significa dizer que, no âmbito do Estado Democrático de Direito, o modelo de atuação administrativa (imperativo ou consensual) não define se o interessado poderá ou não participar do devido processo legal, mas apenas a forma como se dará essa participação. Nas hipóteses de exercício imperativo do poder disciplinar (aplicação unilateral de sanção), a participação do interessado necessariamente se dará em regime de contraditório, com apresentação de defesa e alegações finais, produção de provas, interposição de recursos. Já na hipótese de exercício consensual do poder disciplinar, a participação dos interessados deve se dar em regime de negociação, assegurando-se simetria informacional e efetiva possibilidade de influenciar no conteúdo do acordo final.

Independentemente do termo utilizado no art. 5º, inciso LIV, da Constituição da República (processo ou procedimento), é direito do interessado participar da fase de construção da solução administrativa, sempre que esta interferir em sua esfera jurídica.[400] Não se pretende, com essa assertiva, contestar as diferenciações já formuladas na doutrina a respeito de processo e procedimento. Sustenta-se, apenas, que tal diferenciação não interfere no reconhecimento do direito de participação do particular na fase de formação das decisões públicas[401] – participação esta que se dará em contraditório nos casos em que houver relação adversarial (exercício imperativo de poderes), mas também poderá se

---

[399] SILVA, Vasco Manuel Pascoal Dias Pereira. *Em busca do acto administrativo perdido*. Coimbra, Portugal: Livraria Almedina, 2003. p. 306.

[400] Nesse sentido, com base da doutrina de Habermas, Maria Tereza Fonseca Dias afirma que "a procedimentalidade na formação do direito é o elemento que lhe confere legitimidade e pressupõe que os destinatários de uma norma jurídica sejam partes componentes de sua elaboração e frutos de uma deliberação coletiva". (DIAS, Maria Tereza Fonseca. *Direito administrativo pós-moderno*. Belo Horizonte: Malheiros, 2003. p. 152).

[401] "Em suma: o conceito de relação jurídica é o de vínculo entre pessoas, regulado pelo Direito. A relação pode ser estática (relação jurídica material) ou dinâmica (relação jurídica processual). Assim, caso essa ligação se desdobre no tempo, através da prática de série lógica e autônoma de atos – requisito preliminar ao ato final visado pelos sujeitos da relação –, trata-se de relação processual. Tal relação continuada é de Direito Público, pois não tem como objeto imediato o direito material, mas as normas que regulam a sequência de atos cuja prática é direito e/ou dever das pessoas participantes do processo. Mais que isso: é de Direito Público, porque envolve exercício de poder público e sua regulação normativa, bem como o direito-garantia de o cidadão participar da formação das decisões públicas. Inexistentes esses característicos, não há processo, mas relação jurídica de Direito Privado diferida no tempo". (MOREIRA, Egon Bockmann. *Processo administrativo*. 6. ed. Belo Horizonte: Fórum, 2022. p. 45).

manifestar de outras formas, mais colaborativas, tais como a negociação, com vistas à formação do consenso, nos casos de exercício consensual de poderes administrativos.[402]

Trasladando essa conclusão para o objeto específico deste trabalho, deve-se concluir que o acordo substitutivo disciplinar somente pode ser o ato final de um processo participativo e dialógico, do qual o servidor interessado possa participar e com o qual possa contribuir.[403] Nesse sentido, Bruna Rodrigues Colombarolli afirma que o princípio do devido processo legal é um dos fundamentos dos "contratos sobre exercício de poderes administrativos", na medida em que "abre espaço para participação qualificada do destinatário da decisão administrativa, permitindo que ele se torne coautor do seu conteúdo".[404]

Tais contratos, segundo a autora, devem ser precedidos da instauração de processo administrativo, assim como ocorre com os atos unilaterais de exercício de poder. Em suas palavras, "tal qual sucede com as decisões expedidas unilateralmente, a celebração de contrato sobre exercício de competências administrativas não pode ser resultado de uma decisão isolada, tomada de forma instantânea e abrupta". É dizer: "a presença do elemento consensual não afasta ou relativiza a garantia do devido processo legal".[405] Em sentido similar, Rodrigo Bracet Miragaya defende a importância do "processo deliberativo de formação da vontade", inclusive nos casos de consenso:

---

[402] Alude-se, aqui, à democracia procedimental (ou processual), que "implica numa forma de participação externa que não envolve a integração dos cidadãos nos órgãos administrativos. Ela se refere à participação dos interessados nos processos deliberativos que lhes dizem respeito, podendo essa participação implicar ou não uma repartição do processo decisório. Aqui podem ser levados à Administração Pública fatos, interesses e circunstâncias, reforçando a legitimidade democrática da decisão a ser tomada". (PESSOA, Robertônio Santos. Administração pública, direito administrativo e lógica democrática – superação do gerencialismo neoliberal. *In*: ZOCKUN, Maurício; GABARDO, Emerson. *Novas Leis*: promessas de um futuro melhor? Livro do XXXVI Congresso Brasileiro de Direito Administrativo. Belo Horizonte: Fórum, 2023. p. 240).

[403] MARQUES NETO, Floriano de Azevedo; FREITAS, Rafael Véras de. *Comentários à Lei nº 13.655/2018 (Lei da Segurança para a Inovação Pública)*. Belo Horizonte: Fórum, 2019. p. 109-110.

[404] COLOMBAROLLI, Bruna Rodrigues. *Contratos sobre exercício de poder administrativo repressivo*. Tese (Doutorado), Universidade Federal de Minas Gerais, Faculdade de Direito, Belo Horizonte, 2018. p. 305-306.

[405] COLOMBAROLLI, Bruna Rodrigues. *Contratos sobre exercício de poder administrativo repressivo*. Tese (Doutorado), Universidade Federal de Minas Gerais, Faculdade de Direito, Belo Horizonte, 2018. p. 162.

Assim, se as últimas décadas trouxeram algo de realmente novo para o Direito Administrativo, não foi a contratualização da atividade administrativa, que 'apenas' ganhou novos espaços, mas a expansão da atuação baseada em consensos mais amplos derivados da redução da imposição heterônoma de obrigações e direitos pela lei, consensos estes que podem se formalizar por meio de acordos ou atos administrativos (embora não possamos propriamente chamá-los de autoritários), assim como por meio de normas. A novidade está menos no resultado em si da deliberação, e mais no processo deliberativo de formação da vontade, a qual será materializada numa norma, num ato ou num contrato. Tal processo, importante anotar, é dinâmico: um processo deliberativo, que culmine na construção de uma norma, poderá continuar a se desenvolver, sobre novos moldes, na subsequente aplicação desta norma em situações concretas – que poderá, por sua vez, desembocar em atos ou contratos. Igualmente, a deliberação que resulta num acordo poderá dar ensejo, por meio de outros processos deliberativos, em atos ou novos acordos.[406]

Ainda nesse mesmo sentido, José Sérgio da Silva Cristóvam defende a necessidade de "um procedimento mínimo e previamente regulamentado para a tentativa de solução consensual, seja entre órgãos públicos e, sobretudo, quando a controvérsia envolver o particular". O fundamental, diz o autor, é que se assegure ao particular a posição de sujeito ativamente participante, e não de mero destinatário da formação do negócio jurídico. Apenas o diálogo e a consideração das posições de todos os envolvidos permitem uma decisão razoável e de mais fácil implementação, se comparada a uma decisão heterocompositiva.[407]

Além disso, o "processo dialógico e participativo" torna a atividade pública "algo diverso do que ocorre nos processos judiciais e, até mesmo, nos procedimentos administrativos em geral, que muitas vezes asseguram aos particulares em geral, somente uma posição formal de participação, mas não substancial". Em suma, "a formalização de um procedimento justo e participativo ganha especial relevância, pois será

---

[406] MIRAGAYA, Rodrigo Bracet. *Os meios de conformação das relações jurídicas no Direito Administrativo*: entre atos unilaterais e contratos. Tese (Doutorado), USP, São Paulo, 2016. p. 186-187.

[407] CRISTÓVAM, José Sérgio da Silva; EIDT, Elisa Berton. A autorização legal para realização de acordos pela Administração Pública e a sua aplicação no âmbito das câmaras administrativas. *Revista Jurídica da Procuradoria-Geral do Estado do Paraná*, Curitiba, n. 11, p. 55-81, 2020.

ele o instrumento de legitimação da solução consensual".[408] Conforme afirma Bruno Guimarães Bianchi:

> Para que seja possível a celebração da leniência, não apenas é preciso que o potencial colaborador venha a manifestar seu interesse na colaboração (art. 38, Decreto nº 11.129/2022), mas também as partes deverão proceder com rodadas negociais visando ao atingimento de denominador comum entre a autoridade sancionadora e o potencial colaborador. A negociação, portanto, não constitui meramente uma etapa formal a ser observada, mas tem o condão de afetar materialmente a viabilidade do acordo de leniência a ser celebrado.[409]

Tal entendimento foi recentemente sumulado pelo Instituto Brasileiro de Direito Administrativo (IBDA) na Jornada de Pirenópolis: Mudanças na Lei de Improbidade Administrativa, como se vê do Enunciado nº 29: "Instaurado procedimento para fins de celebração do acordo de não persecução cível, o Ministério Público e a pessoa jurídica lesada devem oportunizar efetiva participação e negociação aos interessados". O processo participativo prévio serve, assim, como instrumento necessário à manifestação voluntária da vontade pelas partes, afigurando-se, pois, requisito de validade do acordo substitutivo,[410] de modo que a sua ausência provoca a nulidade do negócio.[411]

Deve-se reconhecer, ademais, que o poder de barganha do Poder Público na negociação de acordos substitutivos é, em regra, superior ao do particular, pois envolve a possibilidade de aplicação de medidas

---

[408] CRISTÓVAM, José Sérgio da Silva; EIDT, Elisa Berton. A autorização legal para realização de acordos pela Administração Pública e a sua aplicação no âmbito das câmaras administrativas. *Revista Jurídica da Procuradoria-Geral do Estado do Paraná*, Curitiba, n. 11, p. 55-81, 2020.

[409] BIANCHI, Bruno Guimarães. *Acordos de leniência*: entre a consensualidade e a imperatividade na lei anticorrupção. Curitiba: Íthala, 2023. p. 188.

[410] No mesmo sentido, Maurício Morais Tonin afirma que a utilização de meios consensuais na Administração Pública exige "um processo adequado" e que "na atuação administrativa consensual, o processo administrativo passa a ser condição de validade das decisões administrativas e do próprio exercício do poder administrativo". (TONIN, Maurício Morais. *Arbitragem, mediação e outros métodos de solução de conflitos envolvendo o poder público*. São Paulo: Almedina, 2019. p. 169).

[411] "A convenção de contraprestações e/ou o dever de a Administração Pública praticar atos administrativos por meio de contrato não informado por procedimento administrativo prévio desvirtua o exercício das competências administrativas. Nesses termos, caso a celebração do contrato não seja precedida da tramitação de procedimento administrativo, devem ser consideradas nulas as obrigações pactuadas e o ato administrativo cuja expedição tenha sido ajustada". (COLOMBAROLLI, Bruna Rodrigues. *Contratos sobre exercício de poder administrativo repressivo*. Tese (Doutorado), Universidade Federal de Minas Gerais, Faculdade de Direito, Belo Horizonte, 2018. p. 163).

cautelares e sancionatórias de forma imperativa, em caso de recusa à solução negocial. Isso reclama especial atenção com o processo de formação das vontades, de modo a preservar, o máximo possível, a sua voluntariedade. Tal questão é sensível e foi enfrentada expressamente pelo STF no julgamento do Tema nº 1.043 da repercussão geral, cuja tese condiciona a validade do acordo de colaboração premiada, em matéria de improbidade administrativa, à "regularidade, legalidade e voluntariedade da manifestação de vontade, especialmente nos casos em que o colaborador está ou esteve sob efeito de medidas cautelares".[412]

No já mencionado HC nº 185.913, o Ministro Relator Gilmar Mendes aludiu à necessidade de "construir as coordenadas do devido processo legal negocial, munido de garantias mínimas quanto aos possíveis comportamentos inválidos de agentes procedimentais no espaço de negociação", tais como "coações, blefes, ameaças, cláusulas abusivas, sobrecarga, medidas cautelares; aspectos contextuais".[413]

O Conselho Nacional do Ministério Público (CNMP) também já manifestou preocupação com a matéria, como se vê no Manual de Negociação e Mediação para Membros do Ministério Público, editado com o objetivo, dentre outros, de promover "o incremento da participação dos interessados na construção das soluções jurídicas que lhes afetam diretamente", diante da "crescente aposta em alternativas ao processo judicial para resolução de controvérsias, alternativas que sejam mais céleres, informais e implementáveis".[414]

Conforme consta no Manual, "a primeira fonte de legitimidade de qualquer solução autocompositiva é o consenso válido, isto é, o consenso livre e bem-informado, sem erros ou vícios na formação da vontade".[415] Trata-se de requisito de validade dos acordos substitutivos,

---

[412] BRASIL. Supremo Tribunal Federal (Tribunal Pleno). *Recurso Extraordinário com Agravo nº 1.175.650*. Constitucional. Utilização do acordo de colaboração premiada (Lei nº 12.850/2013) no âmbito da ação civil pública por ato de improbidade administrativa (Lei nº 8.429/1992). Possibilidade. Declarações do agente colaborador como única prova [...]. Relator: Min. Alexandre de Moraes, 3 jul. 2023. Disponível em: https://redir.stf.jus.br/paginadorpub/paginador.jsp?docTP=TP&docID=771421563. Acesso em 7 fev. 2024.

[413] BRASIL. Supremo Tribunal Federal (Tribunal Pleno). *Habeas Corpus nº 185.913*. Tribunal Pleno. Relator: Min. Gilmar Mendes. Julgamento em 8 ago. 2024. Disponível em: https://portal.stf.jus.br/processos/detalhe.asp?incidente=5917032. Acesso em 14 ago. 2024.

[414] GRAVONSKI, Alexandre Amaral *et al*. *Manual de negociação e mediação para membros do Ministério Público* – Conselho Nacional do Ministério Público. 2. ed. Brasília: CNMP, 2015. p. 10.

[415] "A declaração de vontade há de ser emitida em correspondência ao conteúdo do contrato que o declarante tem em vista, atento ao fim que o move a contratar. Muitas vezes ocorre divergência entre a vontade real e a declarada. Quando se origina de certa causa, diz-se que o consentimento é viciado. São vícios do consentimento, o erro, o dolo e a coação".

uma vez que "sem que a vontade tenha sido livremente manifestada e bem-informada, isto é, sem vícios em sua formação (erro, dolo, coação ou fraude), qualquer solução alcançada por autocomposição é nula ou, no mínimo, anulável".[416] Para o CNMP, os processos de negociação ou mediação, se realizados de maneira adequada, asseguram que "o compromissário se obrigue livremente e com a correta compreensão de suas obrigações".[417]

Nessa visão, o devido processo legal equivale à fase pré-contratual dos acordos substitutivos,[418] devendo ser iluminado pelo princípio da boa-fé, que exige lealdade e clareza no comportamento das partes na fase de constituição das relações jurídicas e veda, por outro lado, condutas confusas, equívocas ou maliciosas.[419] O particular deve confiar legitimamente que o Poder Público não exigirá mais do que o estritamente necessário para a realização dos interesses públicos visados no caso concreto.[420] Por outro lado, exige-se boa-fé também do particular[421] ao celebrar o acordo e negociar sua exata medida, cumprindo depois as obrigações a que se tenha comprometido.[422]

Em suma, entende-se que o princípio do devido processo legal, no âmbito da Administração Pública, incide em todo e qualquer tipo

---

(GOMES, Orlando; BRITO, Edvaldo. *Contratos*. 26. ed. Atualização por Antônio Junqueira de Azevedo e Francisco de Paulo de Crescenzo Marino. Rio de Janeiro: Forense, 2008. p. 57). No mesmo sentido, Joel de Menezes Niebuhr afirma que o contrato pressupõe "o consentimento de ambos os polos do contrato para a formação do vínculo". (NIEBUHR, Joel de Menezes. *Licitação Pública e Contrato Administrativo*. 6. ed. Belo Horizonte: Fórum, 2023. Disponível em: https://www.forumconhecimento.com.br/livro/L1250. Acesso em 7 fev. 2024).

[416] GRAVONSKI, Alexandre Amaral et al. *Manual de negociação e mediação para membros do Ministério Público – Conselho Nacional do Ministério Público*. 2. ed. Brasília: CNMP, 2015. p. 160.

[417] GRAVONSKI, Alexandre Amaral et al. *Manual de negociação e mediação para membros do Ministério Público – Conselho Nacional do Ministério Público*. 2. ed. Brasília: CNMP, 2015. p. 160.

[418] COLOMBAROLLI, Bruna Rodrigues. *Contratos sobre exercício de poder administrativo repressivo*. Tese (Doutorado), Universidade Federal de Minas Gerais, Faculdade de Direito, Belo Horizonte, 2018. p. 129.

[419] PÉREZ, Jesús González. *El principio de la buena fe en el derecho administrativo*. 5. ed. Pamplona: Thomson Reuters, 2009. p. 174.

[420] PÉREZ, Jesús González. *El principio de la buena fe en el derecho administrativo*. 5. ed. Pamplona: Thomson Reuters, 2009. p. 174.

[421] MARRARA, Thiago. Acordos no direito da concorrência. *Revista de Defesa da Concorrência*, v. 8, n. 2. 2020. Disponível em: https://revista.icade.gov.br/index.php/revistadedefesadaconcorrencia/article/view/451/352. Acesso em 25 nov. 2023.

[422] SUNDFELD, Carlos Ari. Segurança jurídica nas relações concertadas. *In*: MOTTA, Fabrício; GABARDO, Emerson (Coords). *Crise e reformas legislativas na agenda do Direito Administrativo*. XXXI Congresso Brasileiro de Direito Administrativo. Belo Horizonte: Fórum, 2018. p. 42.

de ação (unilateral ou consensual) que possa afetar a esfera de direitos dos particulares, demandando a participação dos interessados como requisito de validade do ato final. Nos casos em que há relação adversarial a ser solucionada unilateralmente, o processo deve ser estruturado em contraditório com garantia de ampla defesa. Já nos casos em que se busca a solução consensual da controvérsia, o processo deve ser estruturado de forma a possibilitar a participação dos interessados em regime de negociação, assegurando-se simetria informacional, a fim de possibilitar, com a máxima eficácia, a voluntariedade da manifestação de vontade do servidor.

5.1 Devido processo administrativo de negociação

Os estatutos disciplinares, em regra, preveem apenas o processo administrativo em contraditório como instrumento de aplicação do regime disciplinar.[423] Igualmente, a Lei nº 9.784/99, que regula o processo administrativo no âmbito da Administração Pública Federal e possui aplicação subsidiária aos demais entes federativos,[424] prevê, basicamente, a estrutura processual em contraditório, com clara inspiração nos processos judiciais.[425] Assim, o ideal é que haja a edição de normas específicas[426] para disciplinar as etapas que antecedem a celebração do acordo substitutivo disciplinar e as principais características

---

[423] Cite-se, por todos, o art. 14 da Lei nº 8.112/90: "Art. 148. O processo disciplinar é o instrumento destinado a apurar responsabilidade de servidor por infração praticada no exercício de suas atribuições, ou que tenha relação com as atribuições do cargo em que se encontre investido". (BRASIL. Lei nº 8.112, de 11 de dezembro de 1990. Dispõe sobre o regime jurídico dos servidores públicos civis da União, das autarquias e das fundações públicas federais. *Diário Oficial da União*, Brasília, DF: Presidência da República, 19 abr. 1991. Disponível em: https://www.planalto.gov.br/ccivil_03/leis/l8112cons.htm. Acesso em: 07 fev. 2024).

[424] "Súmula 633/STJ: A Lei nº 9.784/1999, especialmente no que diz respeito ao prazo decadencial para a revisão de atos administrativos no âmbito da Administração Pública federal, pode ser aplicada, de forma subsidiária, aos estados e municípios, se inexistente norma local e específica que regule a matéria".

[425] Juarez Freitas afirma que "a Lei de Processo Administrativo Federal precisa ser adaptada, o mais cedo possível, para contemplar o processo cooperativo e não adversarial". (FREITAS, Juarez. Direito administrativo não adversarial: a prioritária solução consensual de conflitos. *Revista de Direito Administrativo - RDA*, Rio de Janeiro, v. 276, p. 38, set./dez. 2017).

[426] Nesse sentido, a já mencionada minuta de regulamento de acordos substitutivos aprovada pela Rede de Corregedorias prevê o "procedimento consensual" prévio à celebração dos acordos substitutivos. (BRASIL. CGU. GT da rede de corregedorias apresenta minuta regulamentadora de acordos substitutivos em matéria disciplinar. *Portal Gov.br*, 23 abr. 2024. Disponível em: https://www.gov.br/corregedorias/pt-br/aconteceu-aqui/noticias/2024/gt-da-rede-de-corregedorias-apresenta-minuta-regulamentadora-de-acordos-substitutivos-em-materia-disciplinar. Acesso em 23 jul. 2024).

dessa relação jurídica contratual,[427] "eliminando-se, definitivamente, subjetivismos e improvisos na condução de negociações".[428]

Nesse propósito, a União Federal editou o Decreto nº 9.830, de 10 de junho de 2019, que regulamenta os artigos 20 a 30 da LINDB e trata do "processo" próprio para "subsidiar a decisão de celebrar o compromisso". O regulamento se preocupa mais em definir os requisitos formais e exigir a prática de determinados atos pela Administração Pública[429] do que em criar um rito que possibilite efetivamente a participação dos interessados em regime de negociação. De toda forma, a utilização da expressão "processo" parece "reivindicar a exigência, na esfera federal, de um procedimento previamente estabelecido, singularizado pela imprescindibilidade da cooperação dos interessados para a edificação do resultado final".[430]

O Município de Belo Horizonte editou a Portaria CTGM nº 1/2022 que "estabelece normas regulamentares complementares de caráter procedimental para fins de aplicação do regime disciplinar aos servidores e empregados públicos no âmbito da Administração Direta e Indireta do Município de Belo Horizonte". Nos artigos 28 a 30 do regulamento, instituíram-se regras processuais para celebração do acordo substitutivo disciplinar, garantindo-se ao servidor prazo "para se manifestar sobre o interesse em ouvir e negociar a proposta", "a representação do interessado por procurador, devidamente inscrito na Ordem dos Advogados do Brasil" e "acesso à documentação comprobatória e indiciária".

---

[427] COLOMBAROLLI, Bruna Rodrigues. *Contratos sobre exercício de poder administrativo repressivo*. Tese (Doutorado), Universidade Federal de Minas Gerais, Faculdade de Direito, Belo Horizonte, 2018. p. 165.

[428] BARATIERI, Noel Antônio. *O método de negociação de Harvard na administração pública consensual*: limites e possibilidades. Tese (Doutorado). Universidade Federal de Santa Catarina, Florianópolis. 2021. p. 188.

[429] "Art. 10 [...] §4º O processo que subsidiar a decisão de celebrar o compromisso será instruído com:
I – o parecer técnico conclusivo do órgão competente sobre a viabilidade técnica, operacional e, quando for o caso, sobre as obrigações orçamentário-financeiras a serem assumidas;
II – o parecer conclusivo do órgão jurídico sobre a viabilidade jurídica do compromisso, que conterá a análise da minuta proposta;
III – a minuta do compromisso, que conterá as alterações decorrentes das análises técnica e jurídica previstas nos incisos I e II; e IV – a cópia de outros documentos que possam auxiliar na decisão de celebrar o compromisso". (BRASIL. *Decreto nº 9.830, de 10 de junho de 2019*. Regulamenta o disposto no art. 20 ao art. 30 do Decreto-Lei nº 4.657, de 4 de setembro de 1942. Brasília, DF: Presidência da República).

[430] MACHADO, Gabriel Soares dos Santos. *Acordos administrativos a partir do art. 26 da LINDB*: consensualidade, tensões, sentido e processo. Dissertação (Mestrado). FGV, Rio de Janeiro, 2019. p. 114.

Sérgio Guerra e Juliana Bonacorsi de Palma sustentam que o acordo previsto no art. 26 da LINDB exige um "processo especial", estruturado nas seguintes fases: "(i) iniciativa; (ii) instrução; e (iii) celebração do compromisso", sendo que a "fase de instrução é marcada pelas seguintes fases: negociação, realização de consulta pública, se for o caso, e oitiva do órgão jurídico".[431] Para além dessas fases, em matéria disciplinar, deve-se dar especial ênfase à fase de juízo de admissibilidade, que deve necessariamente preceder a iniciativa da Administração Pública em propor o acordo substitutivo.

É cediço que nem toda denúncia ou notícia de irregularidade deve necessariamente gerar a instauração de processo administrativo disciplinar, mas apenas aquelas que revelarem a justa causa da medida, contendo indícios suficientes de autoria e materialidade da infração. A Lei de Abuso de Autoridade (Lei nº 13.869/2019), inclusive, tipifica como crime as condutas de "requisitar instauração ou instaurar procedimento investigatório de infração penal ou administrativa, em desfavor de alguém, à falta de qualquer indício da prática de crime, de ilícito funcional ou de infração administrativa" (art. 27) e "dar início ou proceder à persecução penal, civil ou administrativa sem justa causa fundamentada ou contra quem sabe inocente" (art. 30).

A única solução administrativa possível para os casos de ausência de justa causa na denúncia ou notícia de irregularidade disciplinar é o arquivamento da matéria. A proposição do acordo substitutivo não pode servir de subterfúgio para que o órgão de acusação negocie medidas disciplinares em face de casos que jamais poderiam gerar qualquer tipo de condenação em processo administrativo sancionatório. E é por isso que, antes mesmo de verificar se o caso admite ou não solução consensual, é dever da Administração Pública realizar o juízo de admissibilidade, com abertura de investigação, se necessário.

Ultrapassada a fase de juízo de admissibilidade, tendo concluído a Administração Pública pela justa causa na possível persecução disciplinar, deve-se avaliar, conforme exposto em tópico anterior, se a solução consensual é cabível. Em caso positivo, deve-se passar à fase de "iniciativa", convidando-se o interessado para participar da negociação. Embora não seja comum, é possível que o próprio interessado

---

[431] GUERRA, Sérgio; PALMA, Juliana Bonacorsi de. Art. 26 da LINDB: novo regime jurídico de negociação com a Administração Pública. *Revista Direito Administrativo*, Rio de Janeiro, p. 135-169, nov. 2018. Edição Especial: Direito Público na Lei de Introdução às Normas de Direito Brasileiro – LINDB (Lei nº 13.655/2018).

tome a iniciativa de propor a solução negocial, mas, mesmo nesse caso, é dever da Administração Pública avaliar a justa causa da medida e promover o arquivamento da matéria, se for o caso.

A negociação, em sentido comum, é entendida como "conversa que ocorre entre duas ou mais pessoas, com o fim de se chegar a um acordo em um assunto qualquer".[432] Trata-se de conduta cotidiana, necessária à vida em sociedade.[433] Mas, sob um ponto de vista mais técnico e restrito, pode-se conceituar a negociação como o "método adequado de solução de conflitos em que as próprias partes interessadas, sem o apoio de terceiros, por meio da construção de um ambiente de diálogo e cooperação, obtêm um encaminhamento ou uma solução para o conflito".[434]

Como atividade preparatória de um ato final (*in casu*, acordo substitutivo), a negociação é um processo[435] em que as partes envolvidas entabulam conversações[436] com foco na busca de resultados satisfatórios para os interesses legítimos dos interessados.[437] O essencial é que o particular possa, efetivamente, participar da formação do conteúdo do negócio, apresentando, dialógica[438] e motivadamente, as suas propostas e contrapropostas, que deverão, também motivadamente, ser

---

[432] MICHAELIS, Henriette. *Dicionário Michaelis online*. Disponível em: https://michaelis.uol.com.br/busca?r=0&f=0&t=0&palavra=negocia%C3%A7%C3%A3o. Acesso em 07 fev. 2024.

[433] MELLO, Marcílio Barenco Corrêa de Mello. *Termo de ajustamento de gestão como instrumento de composição no controle das despesas públicas*. Tese (Doutoramento em Ciências Jurídicas Públicas), Universidade do Minho, Escola de Direito, Braga, 2021. p. 178.

[434] PIMENTEL, Roberto Luís de Oliveira. *Negociação e Mediação*. 1. ed. Belo Horizonte: Fórum, 2022. p. 70-71. Disponível em: https://www.forumconhecimento.com.br/livro/L4387. Acesso em 22 ago. 2023.

[435] PIMENTEL, Roberto Luís de Oliveira. *Negociação e Mediação*. 1. ed. Belo Horizonte: Fórum, 2022. p. 70-71. Disponível em: https://www.forumconhecimento.com.br/livro/L4387. Acesso em 22 ago. 2023.

[436] SERPA, Maria de Nazareth. *Mediação*: uma solução judiciosa para conflitos. 1. ed. Belo Horizonte: Fórum, 2018. Disponível em: https://www.forumconhecimento.com.br/livro/L3915. Acesso em 22 ago. 2023.

[437] BARATIERI, Noel Antônio. *O método de negociação de Harvard na administração pública consensual*: limites e possibilidades. Tese (Doutorado). Universidade Federal de Santa Catarina, Florianópolis. 2021. p. 163.

[438] Thiago Marrara afirma que "o caminho negocial, sempre que cogitado, necessita ser aberto aos requerentes em respeito aos princípios da moralidade e da razoabilidade (ou, mais especificamente, à regra da necessidade). Os requerentes, como administrados, detêm um direito ao diálogo com o Poder Público que, inclusive, pode ser garantido por meio de recurso ao Judiciário". (MARRARA, Thiago. Acordos no direito da concorrência. *Revista de Defesa da Concorrência*, v. 8, n. 2. 2020. Disponível em: https://revista.cade.gov.br/index.php/revistadedefesadaconcorrencia/article/view/451/352. Acesso em 25 nov. 2023).

respondidas. Conforme alerta Carlos Ari Sundfeld: "É preciso ouvir: essa é a simplíssima solução que o processo encarna".[439]

A participação efetiva do particular no processo de negociação pressupõe o conhecimento dos indícios reunidos pela Administração Pública na fase do juízo de admissibilidade. Apenas assim poderá ele medir os benefícios e os riscos de cada opção posta à mesa (acordo substitutivo ou decisão unilateral). Se, excepcionalmente, houver a reunião de novos elementos indiciários durante a fase de negociação, para além daqueles reunidos na fase de juízo de admissibilidade, deve-se abrir nova rodada de propostas e contrapropostas. O que não pode ocorrer é a utilização de provas "de gaveta" ou surpresa, escondidas no momento da negociação e reveladas apenas no momento da instauração do processo administrativo sancionatório, após a frustração do acordo.

Sob o aspecto formal, "a negociação pode ser inteiramente conduzida na forma escrita – com a sucessão de propostas e contrapropostas escritas – ou combinada com uma fase de debates orais".[440] Recomenda-se, porém, a realização de reuniões e audiências, tendo em vista o relevante papel da oralidade no processo de negociação. Deve-se, ainda, estipular prazo máximo para que as partes cheguem a um acordo ou se conclua pela frustração da negociação, a fim de se evitar o desarrazoado alongamento do processo. Conforme afirma Juarez Freitas,

> [...] a negociação administrativa, amparada em precauções incontornáveis, exige tempo e preparação e se encontra sujeita a sobressaltos e incertezas. Solicita o horizonte intertemporal de Estado e a consolidação de controles inovadores. É uma atividade que pode absorver mais energia do que arrastar o processo judicial de modo mecânico. No entanto, ostenta mais mérito e se alinha aos promissores antídotos à carência de legitimidade do Estado-administração.[441]

---

[439] SUNDFELD, Carlos Ari. O processo administrativo e seu sentido profundo no Brasil. In: NOHARA, Irena Patrícia; MORAES FILHO, Marco Antônio Praxedes. *Processo Administrativo*: temas polêmicos da Lei nº 9.784/99. São Paulo: Atlas, 2011. p. 8.

[440] GUERRA, Sérgio; PALMA, Juliana Bonacorsi de. Art. 26 da LINDB: novo regime jurídico de negociação com a Administração Pública. *Revista Direito Administrativo*, Rio de Janeiro, p. 135-169, nov. 2018. Edição Especial: Direito Público na Lei de Introdução às Normas de Direito Brasileiro – LINDB (Lei nº 13.655/2018).

[441] FREITAS, Juarez. Direito administrativo não adversarial: a prioritária solução consensual de conflitos. *Revista de Direito Administrativo - RDA*, Rio de Janeiro, v. 276, p. 38, set./dez. 2017.

Em suma, entende-se que o devido processo de negociação, prévio à celebração do acordo substitutivo disciplinar, deve ser estruturado da seguinte forma: i) fase de juízo de admissibilidade: a Administração Pública, de ofício ou por provocação, deve avaliar a existência de justa causa (indícios suficientes de autoria e materialidade) para a adoção de medidas disciplinares em face do interessado, promovendo investigação, se for necessário; ii) fase de iniciativa: em caso de juízo positivo de admissibilidade, a Administração Pública convida o interessado a participar da negociação da solução consensual; caso a iniciativa seja do interessado, a Administração Pública deverá realizar o juízo de admissibilidade antes de responder; em todo caso, o servidor deve ter direito de acesso a todo o material probatório e indiciário reunido pela Administração Pública na fase de juízo de admissibilidade; iii) fase de negociação: a Administração e o interessado, por meio de diálogo e cooperação, buscam construir um acordo substitutivo que satisfaça em maior medida os interesses envolvidos; essa fase deve, preferencialmente, abarcar audiências e reuniões; iv) fase de conclusão: caso se obtenha êxito na negociação, conclui-se o processo com a celebração do acordo substitutivo; caso contrário, conclui-se pela frustração da negociação, encaminhando-se o caso para instauração ou continuidade do processo administrativo sancionatório; v) fase de monitoramento: a depender da natureza do acordo substitutivo celebrado, será necessário o monitoramento das obrigações assumidas (ajustamento de conduta, fornecimento de provas ou ressarcimento ao erário em parcelas).

A depender da legislação de regência, poderá ser exigida a prática de determinados atos como condição de validade do acordo substitutivo (manifestação do órgão jurídico, homologação da autoridade superior). O processo de negociação pode ser instaurado prévia e autonomamente ou incidentalmente ao processo administrativo sancionatório, a depender das circunstâncias do caso concreto. Na primeira hipótese, a celebração do acordo substitutivo impedirá a instauração do processo administrativo sancionatório. No segundo, o processo sancionatório deverá ficar suspenso durante as negociações, as quais, se exitosas, provocarão a sua extinção. É ideal, por fim, que a legislação de regência preveja expressamente a suspensão da prescrição durante o processo de negociação, a fim de não prejudicar a atuação imperativa em caso de frustração da tentativa de composição.

5.2 A mediação e os conflitos interpessoais na Administração Pública

O processo de negociação, analisado em tópico anterior, pode ser realizado com ou sem o auxílio de um terceiro desinteressado. Em regra, a solução de controvérsias disciplinares não demanda necessariamente esse tipo de intervenção, podendo ser negociada diretamente entre as partes. Nesse formato, a Administração Pública, detentora do poder disciplinar, não funciona propriamente como mediadora, mas como parte negociadora que ocupará um dos polos do negócio jurídico ao final.

A mediação tem lugar, fundamentalmente, nos casos de conflitos interpessoais relacionados ao serviço público, verificados entre servidores públicos ou entre eles e os cidadãos.[442] A prática ganha fôlego a partir da constatação de que boa parte das denúncias são encaminhadas aos órgãos correcionais não propriamente em decorrência de infrações legais, mas por motivo de desavenças interpessoais.[443] Em casos tais, soluções de tudo ou nada, como processos sancionatórios, tendem a tornar ainda mais belicoso o ambiente funcional. Isso porque, com esse tipo de atuação, apuram-se os fatos para, ao final, dar razão a uma das partes e condenar a outra, a qual, geralmente, recebe a sanção com grande sentimento de injustiça e indignação. Muito longe de pacificar o ambiente funcional, tal prática tem por feito prolongar a contenda interpessoal. O exemplo a seguir ilustra perfeitamente a situação:

---

[442] Nesse sentido, por exemplo, o Estatuto dos Servidores Públicos do Município de Belo Horizonte (Lei Municipal nº 7.169/96) dispõe: "Art. 194-A – A mediação será utilizada nos casos que envolverem conflitos interpessoais relacionados ao serviço público, verificados entre servidores públicos ou entre eles e munícipes, sempre antes da instauração do processo administrativo disciplinar: Parágrafo único – A resolução do conflito nos termos do caput deste artigo impedirá a instauração de processo administrativo disciplinar contra as partes envolvidas". (BELO HORIZONTE. Lei nº 11.300, de 5 de agosto de 2021. Altera a Lei nº 7.169/96, que institui o Estatuto dos Servidores Públicos do Quadro Geral de Pessoal do Município de Belo Horizonte vinculados à administração direta, e dá outras providências. *Diário Oficial do município*, Belo Horizonte, 05 de ago. de 2021. Disponível em: https://prefeitura.pbh.gov.br/sites/default/files/estrutura-de-governo/controladoria/2021/lei-no-11.300-de-5-de-agosto-de-2021.pdf. Acesso em 08 fev. 2024).

[443] "É importante considerar que, por vezes, a situação denunciada nem mesmo requer a instauração do PAD ou verifica-se que não há qualquer indício que leve a concluir a existência de suposta falta por parte do servidor. No entanto, nesses casos, é notória a desavença pessoal que culminou na denúncia". (DIAS, Maria Tereza Fonseca; ROGÉRIO, Taiz. *A mediação como instrumento de eficiência e consensualidade do processo administrativo disciplinar*. Belo Horizonte, v. 12, n. 134, abr. 2012).

[...] a mãe, insatisfeita com a diretora da escola onde estuda seu filho, a denunciou por conduta discriminatória, pois a criança não pôde entrar no colégio após o horário, tendo a diretora permitido o atraso a outros alunos. Logo após, fora verificada a inexistência de ato infracional que gerou o arquivamento da denúncia sem instauração do PAD. Embora a situação jurídica tenha sido resolvida, o conflito relacional entre as envolvidas permaneceu sem solução. Da mesma forma, encaixa-se a hipótese de denúncia realizada por um colega de trabalho do infrator, que acumulou dois cargos no Estado não autorizados pela Constituição. Ao final do PAD, o infrator optou por um dos dois cargos. Não obstante a situação administrativa ter se regularizado, a desavença pessoal desgastou a relação de trabalho, podendo trazer, no futuro, transtorno e desconforto ao ambiente profissional.

Neste contexto, a mediação serviria, dentro ou fora do PAD, para aproximar os envolvidos e aportar a esses esclarecimentos sobre o conflito a que são participantes. Isso porque, ao PAD interessa apenas a figura do faltoso sem se referir às pessoas e relações anteriores.

A formação de via dialógica entre os participantes da disputa evita o surgimento de grande número de outras desavenças, vez que eles estariam predispostos ao diálogo como primeira alternativa. Em última análise, o uso do método traria, em longo prazo, redução do número de reclamações e, portanto, de custos, melhorando a eficiência administrativa no campo da gestão de pessoas.[444]

Descarta-se, nesse tipo de situação, a técnica da conciliação, pois seu foco precípuo é ajudar, de forma ativa e sugestiva, as partes a negociarem o quantum da solução consensual, sem adentrar propriamente nas causas do conflito (art. 165, §2º, do CPC).[445] A mediação é a técnica mais indicada para solucionar casos em que há vínculo anterior entre os envolvidos, como ocorre nos conflitos interpessoais. O objetivo é auxiliar "os interessados a compreenderem as questões e os interesses em conflito, de modo que eles possam, pelo restabelecimento da

---

[444] DIAS, Maria Tereza Fonseca; ROGÉRIO, Taiz. *A mediação como instrumento de eficiência e consensualidade do processo administrativo disciplinar*. Belo Horizonte, v. 12, n. 134, abr. 2012.

[445] GARCIA, Flávio Amaral. Notas sobre mediação, conciliação e as funções da Advocacia Pública: uma perspectiva à luz do Direito Administrativo contemporâneo. In: CUÉLLAR, Leila et al. *Direito Administrativo e alternative dispute resolution*: arbitragem, dispute board, mediação e negociação. Com comentários à legislação do Rio de Janeiro, São Paulo, Rio Grande do Sul e União [...]. 2. ed. Belo Horizonte: Fórum, 2022. p. 31.

comunicação, identificar, por si próprios, soluções consensuais que gerem benefícios mútuos" (art. 165, §3º, do CPC).[446]

Muito mais do que incentivar a solução consensual com base em sua própria percepção, o mediador foca no problema, nas suas causas e origens, permitindo que a negociação se paute pelos verdadeiros interesses das partes e não nas suas posições ("i.e., naquilo a que as partes acreditam ter direito e na interpretação que fazem do comportamento do outro, por isso lhes ter sugerido ou por se terem simplesmente convencido disso").[447] Os potenciais benefícios da mediação são:

> (i) celeridade e eficiência, (ii) o *empowerment* das partes sobre todo o procedimento e sobre a própria solução encontrada e escolhida pelas mesmas para resolver o litígio e, bem assim, (iii) a profundidade e criatividade com que a mediação se debruça sobre o conflito e a relação entre as partes e, por vezes, até (iv) a capacidade de reparação da relação entre as partes.[448]

Na realidade, a mediação, enquanto técnica dialógica de solução de conflitos interpessoais, existe desde os primórdios da vida em sociedade, apresentando-se, atualmente, como instrumento jurídico legítimo de solução de controvérsia em diversas partes do mundo.[449] No Brasil, pode-se dizer que a técnica é incentivada pela Constituição da República, cujo preâmbulo dispõe que a nossa sociedade é comprometida,

---

[446] DAVID, Mariana Soares. A necessidade e admissibilidade da mediação administrativa. *In*: MOREIRA *et al. Mediação e arbitragem na Administração Pública*. São Paulo: Almedina, 2020. p. 307.

[447] DAVID, Mariana Soares. A necessidade e admissibilidade da mediação administrativa. *In*: MOREIRA *et al. Mediação e arbitragem na Administração Pública*. São Paulo: Almedina, 2020. p. 307.

[448] DAVID, Mariana Soares. A necessidade e admissibilidade da mediação administrativa. *In*: MOREIRA *et al. Mediação e arbitragem na Administração Pública*. São Paulo: Almedina, 2020. p. 304-305.

[449] "Nos Estados Unidos, a mediação foi formalmente instituída para dirimir conflitos trabalhistas, através da negociação coletiva, evitando-se greves e promovendo certa paz no ambiente industrial, e logo passou a ser aplicada em outros setores, como em questões escolares, familiares, empresariais, culturais, dentre outras", já "na França, o uso deste método representou uma mudança de paradigma cultural, minimizando ações adversariais e estimulando uma cultura voltada ao diálogo e ao fortalecimento dos laços relacionais". (ORSINI, Adriana Goulart de Sena; SILVA, Nathane Fernandes da. Do conceito de mediação a suas práticas: características essenciais à mediação de conflitos. *In*: ORSINI, Adriana Goulart de Sena; VASCONCELOS, Antônio Gomes de (Coord.). *Acesso à Justiça, Série Direitos Humanos e Estado Democrático de Direito*. Belo Horizonte: Initia Via, 2012. v. 2, p. 49-50. Disponível em: https://as1.trt3.jus.br/bd-trt3/handle/11103/2799. Acesso em 13 jul. 2022).

na ordem interna e internacional, com a solução pacífica das controvérsias. Em âmbito infraconstitucional, o art. 3º, §2º, do CPC dispõe que o "Estado promoverá, sempre que possível, a solução consensual dos conflitos".

O aludido dispositivo legal deixa claro que "cabe ao Estado, mais do que solucionar conflitos – função jurisdicional –, promover a autocomposição dos conflitos, sempre que possível".[450] Aliás, "quem tem mais condições de prover as pessoas e os espaços necessários ao desenvolvimento dos métodos consensuais para a solução dos conflitos entre as pessoas é o Poder Público".[451] Portanto, "tão importante quanto a utilização de mecanismos de solução consensual de conflitos pela Administração Pública para solução de seus litígios é a sua atuação como mediadora de conflitos, criando e estruturando locais adequados para a realização da mediação".[452]

Ainda mais especificamente, alude-se à Lei nº 13.140/2015, que "dispõe sobre a mediação entre particulares como meio de solução de controvérsias e sobre a autocomposição de conflitos no âmbito da administração pública". O art. 1º elenca os seguintes princípios da mediação: "imparcialidade do mediador"; "isonomia entre as partes"; "oralidade"; "informalidade"; "autonomia da vontade das partes"; "busca do consenso"; "confidencialidade"; e "boa-fé". A voluntariedade também está expressa no §3º do dispositivo, segundo o qual "ninguém será obrigado a permanecer em procedimento de mediação".

A norma deixa expressa a natureza processual da técnica, ao aludir ao "procedimento de mediação" (Seção IIII), à "instauração de procedimento administrativo para a resolução consensual de conflito no âmbito da administração pública" (art. 34)[453] e ao "processo de composição extrajudicial do conflito" (art. 40). Além disso, prevê um rito processual para a mediação extrajudicial (Subseção II) e define requisitos processuais específicos para a "autocomposição de conflitos em que for parte pessoa jurídica de direito público". Por se tratar de

---

[450] TONIN, Maurício Morais. *Arbitragem, mediação e outros métodos de solução de conflitos envolvendo o poder público*. São Paulo: Almedina, 2019. p. 233.

[451] TONIN, Maurício Morais. *Arbitragem, mediação e outros métodos de solução de conflitos envolvendo o poder público*. São Paulo: Almedina, 2019. 233.

[452] TONIN, Maurício Morais. *Arbitragem, mediação e outros métodos de solução de conflitos envolvendo o poder público*. São Paulo: Almedina, 2019. 236.

[453] CRISTÓVAM, José Sérgio da Silva; EIDT, Elisa Berton. A autorização legal para realização de acordos pela Administração Pública e a sua aplicação no âmbito das câmaras administrativas. *Revista Jurídica da Procuradoria-Geral do Estado do Paraná*, Curitiba, n. 11, p. 55-81, 2020.

norma genérica sobre mediação, não há dispositivos específicos sobre o processo em matéria disciplinar.

Especificamente sobre a mediação de conflitos entre agentes públicos como meio de solução de controvérsias disciplinares, alude-se à avançada legislação do Distrito Federal, mais precisamente à Instrução Normativa CGDF nº 2, de 25 de julho de 2016, que possui um capítulo específico a regular as fases do "procedimento de mediação" e pode ser utilizada como modelo por outros entes federativos:

> Art. 8º A pré-mediação será realizada pela Coordenação de Resolução Consensual de Conflitos da Subcontroladoria de Correição Administrativa da Controladoria-Geral do Distrito Federal.
> §1º Após decisão da Controladoria-Geral do Distrito Federal, a mediação poderá ser realizada pela Coordenação de Resolução Consensual de Conflitos da Subcontroladoria de Correição Administrativa.
> §2º Nos casos de conflitos envolvendo agentes públicos de mais de um órgão ou entidade, a mediação será realizada pela Coordenação de Resolução Consensual de Conflitos da Subcontroladoria de Correição Administrativa da Controladoria-Geral do Distrito Federal.
> Art. 9º O não comparecimento injustificado, de qualquer das partes, em até duas reuniões, poderá ser considerado desistência do Procedimento de Mediação.
> Art. 10 No desempenho de sua função, o mediador poderá reunir-se com as partes, bem como solicitar informações que entender necessárias para facilitar o consenso entre elas.
> Art. 11 Da mediação poderá resultar:
> I – Consenso entre os agentes públicos envolvidos;
> II – Ajuste de Comportamento, por meio do qual o agente público se compromete a cessar a conduta ensejadora do conflito;
> III – Arquivamento da mediação, quando não se alcançar o objetivo de compor o conflito.
> §1º O Procedimento de Mediação será encerrado com a lavratura do seu Termo Final, quando resultar em consenso ou Ajuste de Comportamento.
> §2º Na hipótese do inciso III, será elaborado relatório concluindo pelo arquivamento.[454]

---

[454] BRASIL. *Instrução Normativa CGDF nº 2, de 25 de julho de 2016*. Dispõe sobre mediação de conflitos entre agentes públicos como meio de solução de controvérsias. Brasília, DF: Controladoria-Geral do Distrito Federal, 2016. Disponível em: https://www.sinj.df.gov.br/sinj/Norma/d60e780004af464ebbb2699b51c669d6/cgdf_int_02_2016.html. Acesso em 8 fev. 2024.

Ressalta-se, finalmente, que a mediação é uma técnica desenvolvida cientificamente e, portanto, demanda capacitação,[455] notadamente pelo desconhecimento generalizado a seu respeito[456] e da confusão que se faz com outras técnicas distintas (v. g. conciliação). Alude-se, a esse propósito, à interessante experiência do Município de Belo Horizonte que promoveu estágio supervisionado de servidores do Núcleo de Mediação junto à Ordem dos Advogados do Brasil – Seção Minas Gerais para fins de treinamento e certificação.[457]

5.3 Acordos substitutivos de adesão: hipótese excepcional

Sustentou-se, nos tópicos anteriores, a necessidade do estabelecimento de um processo de negociação que permita às partes interessadas efetivamente participarem da construção do conteúdo do acordo substitutivo. Diante dessa premissa, pode-se, a princípio, colocar em dúvida a validade dos acordos substitutivos de adesão, ou seja, daqueles em que uma das partes (*in casu*, o servidor) tem de aceitar, em bloco, as cláusulas estabelecidas pela outra, aderindo a uma situação contratual que já se encontra definida em todos os seus termos.[458] Em casos tais, "o consentimento manifesta-se como simples adesão a conteúdo preestabelecido da relação jurídica".[459] Conforme afirma Rodrigo Bracet Miragaya:

---

[455] TONIN, Maurício Morais. *Arbitragem, mediação e outros métodos de solução de conflitos envolvendo o poder público*. São Paulo: Almedina, 2019. p. 235-236.

[456] DAVID, Mariana Soares. A necessidade e admissibilidade da mediação administrativa. *In*: MOREIRA et al. *Mediação e arbitragem na Administração Pública*. São Paulo: Almedina, 2020. p. 308.

[457] BRASIL. *Portaria CTGM nº 12, de 14 de abril de 2018*. Instituiu o fluxo do estágio supervisionado, realizado pelo Núcleo de Mediação da SUCOR, no âmbito do Acordo de Cooperação Técnica nº 004/2017, celebrado entre o Município de Belo Horizonte, por intermédio da sua Controladoria Geral, e a Ordem dos Advogados do Brasil/Seção Minas Gerais - OAB/MG, para a implantação do projeto de "Ampliação de Mecanismos Consensuais em Matéria Disciplinar". Belo Horizonte, MG: Prefeitura Municipal, 2018. Disponível em: https://prefeitura.pbh.gov.br/sites/default/files/estrutura-de-governo/controladoria/2018/documentos/PORTARIAS%20CTGM/PORTARIA%20CTGM%20N%C2%BA%20012.2018.pdf. Acesso em 16 fev. 2024.

[458] GOMES, Orlando; BRITO, Edvaldo. *Contratos*. 26. ed. Atualização por Antônio Junqueira de Azevedo e Francisco de Paulo de Crescenzo Marino. Rio de Janeiro: Forense, 2008. p. 128.

[459] GOMES, Orlando; BRITO, Edvaldo. *Contratos*. 26. ed. Atualização por Antônio Junqueira de Azevedo e Francisco de Paulo de Crescenzo Marino. Rio de Janeiro: Forense, 2008. p. 128.

Muitos dos acordos que hoje a doutrina trata como manifestações de consensualidade administrativa, em especial substitutiva da ação unilateral, são acordos padronizados, com uma margem para consenso muito reduzida, do estilo "aceite ou não". Assim, por exemplo, nos casos de termos de ajustamento de conduta por infrações ao meio ambiente, podem existir normas infralegais que determinam a forma de cálculo dos danos ambientais causados, o modo de reparação, bem como o percentual de abatimento sobre o valor da multa caso o infrator concorde com a reparação nos termos especificados, nada restando a ser eventualmente acordado além do cronograma de reparação e de pequenas especificidades do projeto. No caso dos contratos administrativos regidos pela Lei Federal nº 8.666/93, o espaço de consenso é ainda menor, eis que o projeto de execução do objeto e a minuta de contrato devem integrar o edital.[460]

Sobre o tema, Floriano de Azevedo Marques Neto e Rafael Véras de Freitas também sustentam "a necessidade do estabelecimento de um efetivo procedimento de negociação entre as partes, de modo que o particular possa, efetivamente, participar da formação do ato de polícia" e, daí, concluem pela "interdição" de "atos administrativos de adesão, nos quais o concurso de vontades seja um simulacro".[461] Maurício Morais Tonin, embora reconheça que, nos acordos de adesão, não há, efetivamente, negociação, sustenta a sua natureza de "efetivos acordos consensuais, na medida em que se materializam por meio de acordo de vontade entre Poder Público e particular".[462]

Florivaldo Dutra de Araújo afirma que a controvérsia tem origem nos dogmas liberais da autonomia da vontade e da igualdade formal entre as partes, como elementos essenciais dos contratos. Disso decorreria a grande resistência em se conferir natureza contratual aos negócios de adesão até meados do Século XX. Todavia, "logo se consolidou a consciência de que a discussão prévia do conteúdo da avença nunca fora uma exigência do direito positivo[463] e que a padronização

---

[460] MIRAGAYA, Rodrigo Bracet. *Os meios de conformação das relações jurídicas no Direito Administrativo*: entre atos unilaterais e contratos. Tese (Doutorado), USP, São Paulo, 2016. p. 186.

[461] MARQUES NETO, Floriano de Azevedo; FREITAS, Rafael Véras de. *Comentários à Lei nº 13.655/2018 (Lei da Segurança para a Inovação Pública)*. Belo Horizonte: Fórum, 2019. p. 108-109.

[462] TONIN, Maurício Morais. *Arbitragem, mediação e outros métodos de solução de conflitos envolvendo o poder público*. São Paulo: Almedina, 2019. p. 220.

[463] A bem da verdade, conforme afirma Eurico Bitencourt Neto, não há definição normativa de contrato no Direito positivo brasileiro. (BITENCOURT NETO, Eurico. *Concertação*

dos contratos firmados em série era já uma realidade de longa data".⁴⁶⁴ Segundo o autor, "para que exista um contrato, há necessidade de manifestação voluntária de alguém, no mínimo para dar aquiescência a condições já fixadas de antemão", "sem que a recusa em estabelecer a avença traga-lhe qualquer sanção jurídica".⁴⁶⁵

Carlos Ari Sundfeld, em sentido similar, afirma que as "relações de administração concertada podem se materializar por diferentes tipos de atos jurídicos", inclusive, a partir "de ato unilateral do estado". Em casos tais, "o acordo ou concertação fica implícito no ato unilateral do Estado que promete ou concede contraprestação a alguém se houver a recíproca prestação (comportamento incitado)". Assim, "quem adere de modo voluntário, aceita o acordo, a barganha ofertada", ou seja, "concerta, pactua, ainda que da adesão ao ato unilateral não deflua um acordo formal, celebrado por instrumento próprio".⁴⁶⁶

Deveras, a adesão voluntária ao acordo substitutivo previamente elaborado pelo Poder Público é um ato consensual,⁴⁶⁷ pois o servidor não é obrigado a aceitá-lo, tendo, sempre e em qualquer hipótese, a opção de responder ao processo administrativo sancionatório, estruturado em contraditório e com garantia de ampla defesa. Não se trata, assim, do chamado "contrato coativo", "forçado" ou "imposto", uma ficção, que não demanda qualquer ato de vontade, criando obrigações diretamente a partir da lei.⁴⁶⁸

Sem embargo, é impossível não reconhecer o déficit de participação e contribuição do aderente (*in casu*, o servidor) nos acordos substitutivos

---

administrativa interorgânica, direito administrativo e organização no século XXI. São Paulo: Almedina, 2017. p. 370).

⁴⁶⁴ ARAÚJO, Florivaldo Dutra de. *Negociação coletiva dos servidores públicos*. Belo Horizonte: Fórum, 2001. p. 119.

⁴⁶⁵ ARAÚJO, Florivaldo Dutra de. *Negociação coletiva dos servidores públicos*. Belo Horizonte: Fórum, 2001. p. 121.

⁴⁶⁶ SUNDFELD, Carlos Ari. Segurança jurídica nas relações concertadas. *In*: MOTTA, Fabrício; GABARDO, Emerson (Coords.). *Crise e reformas legislativas na agenda do Direito Administrativo*. XXXI Congresso Brasileiro de Direito Administrativo. Belo Horizonte: Fórum, 2018. p. 38.

⁴⁶⁷ Compreende-se ato administrativo consensual como "o acordo de vontades entre uma Administração Pública e um ou mais sujeitos de direito, regulado pelo Direito Administrativo, celebrado no âmbito de um procedimento administrativo, através do qual aquela deve exercer um poder também administrativo e para a terminação ou preparação – em caráter vinculante – do procedimento, que vise à constituição, modificação ou extinção de relação jurídica". (ALFONSO, Luciano Parejo. Los actos administrativos consensuales en el derecho Español. *Revista de Direito Constitucional & Administrativo*, Belo Horizonte: Fórum, n. 13, jul./set. 2003, tradução livre).

⁴⁶⁸ ARAÚJO, Florivaldo Dutra de. *Negociação coletiva dos servidores públicos*. Belo Horizonte: Fórum, 2001. p. 120.

de adesão. Bem por isso, os princípios do Estado Democrático de Direito, notadamente eficiência, proporcionalidade e dignidade da pessoa humana, demandam medidas de contrabalanceamento. A primeira é a utilização excepcional dos acordos substitutivos de adesão, apenas nos casos repetitivos[469] em que as cláusulas já decorram, em grande medida, da legislação de regência, sem a imposição de ônus excessivos ao aderente.

Considerando como universo de análise as espécies de acordo substitutivo tratadas no capítulo anterior, entende-se que somente os acordos de ajustamento de conduta (TAC, CAD, TAD, SUSPAD) e os acordos de ressarcimento ao erário admitem a modalidade de adesão. Os primeiros estão restritos às infrações de pequeno ou médio potencial ofensivo e apenas demandam o cumprimento de condicionantes de retorno à legalidade, sem imposição de qualquer tipo de sanção. A discricionariedade administrativa reside basicamente na delimitação do período de vigência do acordo, para fins de extinção da punibilidade.

Outrossim, conforme já explicitado, os acordos de ressarcimento ao erário não admitem a concessão de descontos, tampouco a imposição de ônus adicionais ao servidor, mas apenas daqueles que decorrem diretamente da lei (juros e correção, por exemplo). A discricionariedade administrativa, nesse caso, se houver, residirá tão somente na quantidade de parcelas para pagamento, nos limites que a lei autorizar. Em muitos casos, até mesmo esse elemento já se encontrará totalmente vinculado pela legislação de regência.

Mesmo nessas hipóteses, em que se admite excepcionalmente o acordo substitutivo de adesão, não se pode dispensar por completo o respeito ao devido processo legal. Demandam-se, nas palavras de Juarez Freitas, "processualização mínima" e "motivação suficiente".[470] Significa dizer que o conteúdo do acordo deve ser definido, ainda que unilateralmente, no âmbito de um processo simplificado, em que a

---

[469] "A utilização desse tipo de estratégia [acordos de adesão em casos repetitivos] tem que ser mais frequente na Administração, pois permite a solução de centenas ou até de milhares de conflitos – melhorando o gerenciamento do volume de processos administrativos e judiciais –, bem como representa economia ao erário, que arca com o pesado ônus dos juros e da sucumbência em ações judiciais. Para esses casos, é fundamental a elaboração do desenho do sistema de solução de disputas seguindo os requisitos de validade da solução negociada". (TONIN, Maurício Morais. *Arbitragem, mediação e outros métodos de solução de conflitos envolvendo o poder público*. São Paulo: Almedina, 2019. p. 222).

[470] FREITAS, Juarez. Direito administrativo não adversarial: a prioritária solução consensual de conflitos. *Revista de Direito Administrativo - RDA*, Rio de Janeiro, v. 276, p. 38, set./dez. 2017.

Administração Pública realize o juízo de admissibilidade da denúncia ou notícia de irregularidade e, em seguida, motive a necessidade e a adequação da proposta.

Pode-se cogitar, inclusive, a possibilidade de o servidor sugerir alterações pontuais no conteúdo do acordo antes de decidir ou não pela adesão, naquilo que a legislação conferir espaço de negociação (p. ex.: tempo de vigência do acordo de ajustamento de conduta ou quantidade de parcelas para ressarcimento ao erário). Em todo caso, o aderente tem direito de acesso aos indícios reunidos nas fases de admissibilidade ou investigação, a fim de avaliar os custos e benefícios de optar pela defesa em eventual processo sancionatório. Audiências ou reuniões são dispensáveis, tendo em vista o reduzido espaço de negociação das partes.

As hipóteses de acordo de confissão e colaboração premiada, porém, não admitem a modalidade de adesão, uma vez que o conteúdo das cláusulas depende fundamentalmente das peculiaridades do caso concreto. Ademais, podem ocasionar o cumprimento de sanções, ainda que de modo voluntário e em grau atenuado. A negociação da dosimetria demanda diálogo, bem como a adequada compreensão da medida da barganha de cada uma das partes, o que é evidentemente incompatível com o modelo de adesão.

CONCLUSÕES

Ao longo dos capítulos e tópicos anteriores, analisaram-se assuntos diversos relacionados ao tema-problema da dissertação, com o objetivo de assentar premissas e conclusões parciais necessárias ao juízo conclusivo definitivo a respeito da hipótese inicialmente apresentada. A seguir, arrolam-se, resumidamente, tais premissas e conclusões parciais:

1ª – O Direito Administrativo clássico, de inspiração francesa, foi estruturado sob o paradigma do Estado liberal, uniclasse e burocrático, a partir das ideias de unilateralidade, imperatividade e coerção. Nesse cenário, o ato administrativo, de caráter imperativo, consolidou-se como o modelo de ação exclusivo ou prioritário da Administração Pública, como manifestação de poder em face dos particulares.

2ª – As mutações dos modelos de Estado e de Administração Pública provocaram a revisão das bases teóricas do Direito Administrativo, que foram e ainda são paulatinamente adaptadas ao paradigma do Estado Democrático de Direito, pluriclasse e gerencial. Por consequência, a consensualidade torna-se modelo normal de atuação na Administração Pública, de forma complementar à atuação imperativa.

3ª – No Brasil, durante todo o período anterior à Constituição da República de 1988, prevaleceu, em maior ou menor medida, o modelo liberal de Administração Pública, marcado pela imperatividade e unilateralidade nas relações com os administrados. Nas Constituições de 1822, 1891, 1934, 1937, 1946 e 1967 inexistia regramento próprio de organização administrativa, o que revela a impermeabilidade interna da Administração Pública no período. Também não houve a instituição de um sistema constitucional de participação da sociedade nas decisões administrativas.

4ª – A Constituição da República de 1988 representa o marco normativo que confere juridicidade e normalidade à consensualidade no Brasil, a partir dos princípios democrático, da cooperação e da eficiência, que se concretizam nas ideias de dialogicidade, contratualização, participação administrativa e governança pública. Sob a sua vigência, a legislação infraconstitucional sobre consensualidade administrativa evoluiu sensivelmente.

5ª – O poder disciplinar existe em todo grupo organizado, público ou privado, para manter a disciplina interna e possibilitar o atingimento dos objetivos da organização por meio das ações das pessoas físicas que a compõem. Na Administração Pública, durante muito tempo, o exercício desse poder fundamentou-se na teoria da relação de sujeição especial, em que os servidores eram considerados integrantes do domínio interno da organização pública, afastando-se o princípio da legalidade ou juridicidade e o controle jurisdicional.

6ª – No Estado Democrático de Direito, o poder disciplinar não possui fundamento na relação de sujeição especial, mas no princípio do interesse público, que somente pode ser atingido mediante o cumprimento das obrigações funcionais pelos indivíduos que compõem as organizações públicas (função instrumental). O exercício consensual do poder disciplinar pressupõe a superação da teoria da relação de sujeição especial, pois a formação do consenso exige possibilidade de participação, negociação e livre manifestação da vontade, o que não se efetiva sem a garantia dos direitos individuais do servidor.

7ª – Conforme a teoria da normalidade da ação consensual, o poder disciplinar pode e deve ser exercido tanto de forma imperativa (aplicação unilateral de sanção) quanto de forma consensual (celebração de acordos substitutivos). Ambas as formas de atuação administrativa são válidas, normais e complementares em nosso ordenamento jurídico.

8ª – O art. 26 da Lei de Introdução às Normas do Direito Brasileiro (LINDB) constitui regra permissiva genérica da celebração de acordos na Administração Pública, inclusive em matéria disciplinar. Ademais, cada entidade federativa pode editar lei específica sobre o tema ou regulamentar diretamente o dispositivo federal, uma vez que este expressamente determina a observância da "legislação aplicável", preservando-se, inclusive, a legislação específica anteriormente editada.

9ª – No ordenamento jurídico brasileiro, inexiste direito subjetivo genérico à celebração de acordo substitutivo. A solução válida e adequada para o caso (imposição unilateral de sanção ou celebração de acordo substitutivo) dependerá das circunstâncias concretas do caso e da legislação aplicável.

10ª – Se não houver legislação especial a regular os acordos substitutivos em matéria disciplinar, estes poderão se basear diretamente no art. 26 da LINDB. Nesse caso, a Administração Pública possui discricionariedade na decisão sobre o oferecimento ou não da proposta de acordo, devendo, entretanto, motivar a recusa com circunstâncias concretas que afastem o interesse público na solução consensual.

11ª – A legislação especial pode estipular que a proposta do acordo substitutivo é direito público subjetivo do servidor, caso este cumpra os requisitos legais. Nesse caso, a Administração Pública não possui discricionariedade, sendo vinculado o ato de apresentação da proposta. Mas, mesmo assim, a tentativa de acordo pode se frustrar por não aceitação da proposta ou contraproposta. Não há, portanto, direito público subjetivo à celebração do acordo.

12ª – A legislação especial pode criar fase pré-processual obrigatória para tentativa de composição entre as partes. Nesse caso, o processo administrativo disciplinar sancionatório somente poderá ser instaurado se não houver êxito na tentativa de composição entre as partes.

13ª – A legislação especial pode vedar a celebração do acordo substitutivo em determinadas hipóteses, pelo que a Administração Pública não possuirá discricionariedade para oferecer a proposta de acordo, sendo-lhe vedado, *a priori*, fazê-lo.

14ª – A legislação de regência dos diversos tipos de acordos substitutivos está sujeita à análise de constitucionalidade, a partir dos dispositivos constitucionais que consagram a consensualidade como modo normal de ação administrativa na Constituição da República de 1988. Em todo caso, a própria Administração Pública pode se autovincular por regulamentos ou precedentes em hipóteses que, a princípio, lhe conferiam discricionariedade.

15ª – O exercício imperativo do poder disciplinar se dá mediante a imposição unilateral de sanção disciplinar, que é espécie do gênero sanção administrativa. Os princípios gerais do direito relacionados à defesa dos acusados aplicam-se em qualquer caso de exercício do poder punitivo estatal, seja na seara penal ou na administrativa. Mas essa aplicação não necessariamente acarreta efeitos idênticos em todos as searas.

16ª – As sanções disciplinares constituem consequência negativa prevista em lei para a inobservância de deveres e obrigações funcionais pelos servidores públicos, com finalidade precipuamente preventiva.

A sua aplicação depende de apuração de culpabilidade no âmbito do devido processo legal estruturado em contraditório, com garantia da ampla defesa, dependendo, ainda, da devida ponderação dos interesses e critérios envolvidos no caso concreto.

17ª – O exercício consensual do poder disciplinar se dá mediante a celebração de acordos substitutivos do ato de imposição unilateral de sanção. A atuação imperativa é substituída pela consensual, na qual o servidor infrator se compromete a cumprir obrigações mais satisfatórias ao interesse público, como: ajustamento de conduta; confissão e submissão voluntária à pena; colaboração premiada e ressarcimento ao erário.

18ª – O acordo substitutivo pode ter por objeto o ajustamento de conduta do servidor, que se compromete a interromper a irregularidade e observar os deveres e proibições previstos na legislação de regência. A Administração Pública, por outro lado, monitora o comportamento do servidor por determinado período. Se houver o adimplemento da obrigação assumida, a punibilidade é extinta.

19ª – O acordo substitutivo pode ter por objeto a confissão do servidor (*plea bargaining* disciplinar), para fins de negociação da dosimetria e submissão voluntária à sanção atenuada. A confissão é utilizada como barganha e trocada por um tratamento mais leniente do que o que lhe seria potencialmente concedido no julgamento do processo sancionatório.

20ª – O acordo substitutivo pode ter por objeto a colaboração premiada, em que o servidor infrator fornece elementos de prova à Administração Pública, também em troca de um tratamento mais leniente do que o que lhe seria potencialmente concedido no julgamento do processo sancionatório. As declarações do servidor colaborador, desacompanhadas de outros elementos de prova, são insuficientes para a responsabilização de terceiros.

21ª – O acordo substitutivo pode ter por objeto o ressarcimento ao erário por parte do servidor, em troca da extinção da punibilidade ou de um tratamento mais leniente do que o que lhe seria potencialmente concedido no julgamento do processo sancionatório. Não é dado à Administração Pública conceder descontos no valor do ressarcimento, mas apenas negociar as condições de pagamento, com incidência dos consectários legais próprios (juros e correção monetária), se for o caso.

22ª – O princípio do devido processo legal incide em todo e qualquer tipo de ação administrativa, unilateral ou consensual, que possa afetar a esfera de direitos dos particulares, demandando a participação dos interessados como requisito de validade do ato final. Nos casos em que se busca a solução consensual da controvérsia, o processo deve ser estruturado de forma a possibilitar a efetiva negociação, a simetria informacional e a voluntariedade da manifestação de vontade do servidor.

23ª – Os acordos substitutivos de adesão são elaborados unilateralmente pela Administração Pública e propostos ao servidor público. Tais acordos somente são válidos para ajustamento de conduta e ressarcimento ao erário e demandam processualização mínima e motivação suficiente. Por outro lado, é inválida a utilização dos acordos substitutivos de adesão para as hipóteses de confissão e colaboração premiada, que exigem, necessariamente, a realização do devido processo de negociação.

Diante do exposto, conclui-se que é verdadeira a hipótese inicialmente apresentada, ou seja: os acordos substitutivos são, deveras, admitidos no ordenamento jurídico brasileiro em matéria disciplinar, em substituição ao ato de imposição unilateral de sanção, desde que precedidos do devido processo de negociação e sem prejuízo da atuação complementar imperativa pela Administração Pública nas hipóteses cabíveis.

REFERÊNCIAS

ALEMANHA. BVerfGE. *33, 1 – Strafgefangene*. 14 mar. 1972. Disponível em: https://www.servat.unibe.ch/dfr/bv033001.html. Acesso em 8 fev. 2024.

ALFONSO, Luciano Parejo. Los actos administrativos consensuales en el derecho Español. *Revista de Direito Constitucional & Administrativo*, Belo Horizonte: Fórum, n. 13, jul./set. 2003.

ALMEIDA NETO, Manoel Carlos Almeida de. *O colapso das constituições no Brasil*: uma reflexão pela democracia. Belo Horizonte: Fórum, 2022.

ARAÚJO, Florivaldo Dutra de. *Motivação e controle do ato administrativo*. 2. ed. Belo Horizonte: Del Rey, 1992.

ARAÚJO, Florivaldo Dutra de. *Motivação e controle do ato administrativo*. 9. ed. Belo Horizonte: Del Rey, 2005.

ARAÚJO, Florivaldo Dutra de. *Negociação coletiva dos servidores públicos*. Belo Horizonte: Fórum, 2001.

ARAÚJO, Florivaldo Dutra de. Reflexos da decisão judicial penal na esfera administrativo disciplinar. *Revista da Procuradoria-Geral do Município de Belo Horizonte - RPGMBH*, Belo Horizonte, a. 4, n. 8, jul./dez. 2011.

AVELAR, Daniel Martins e. Administração pública concertada e solução consensual de conflitos disciplinares. *In*: ORSINI, Adriana Goulart de Sena; SOUZA, Cibele Aimée de; FREITAS, Wilson de (Coord.). *Acesso à justiça pela via dos direitos em perspectiva*. São Paulo: Dialética, 2023.

AVELAR, Daniel Martins e. Consenso, procedimento e ponderação: por uma aplicação racional do regime jurídico disciplinar dos servidores públicos. *Revista do Tribunal de Contas do Estado de Minas Gerais*, v. 41, 2023.

AVELAR, Daniel Martins e; FERRAZ, Leonardo de Araújo. Apontamentos sobre a consensualidade administrativa na Constituição da República de 1988. *In*: FACHIN, Luiz Edson; BARROSO, Luís Roberto; CRUZ, Álvaro Ricardo de Souza (Org.). *A constituição da democracia em seus 35 anos*. Belo Horizonte: Fórum, 2023.

AVELAR, Daniel Martins e; FORTINI, Cristiana. Sanções administrativas na Lei nº 13.303/16: análise comparativa e alternativa à luz dos princípios do direito administrativo sancionador. *In*: SADDY, André; SOUZA, Diogo Alves Verri Garcia de; SOUZA, Pablo Ademir de (Coord.). *Coleção de direito administrativo sancionador*: direito administrativo sancionador nas Estatais. Rio de Janeiro: CEEJ, 2023. v. 5.

AVELINO, Murilo Teixeira; PEIXOTO, Ravi. *Consensualidade e poder público*. 2. ed. São Paulo: JusPodivm, 2023.

BACELLAR FILHO, Romeu Felipe. Presunção de inocência no processo administrativo disciplinar. *Revista Brasileira de Estudos da Função Pública – RBEFP*, Belo Horizonte, a. 6, n. 18, p. 141-174, set./dez. 2017.

BAPTISTA, Patrícia; ACCIOLY, João Pedro. A administração pública na Constituição de 1988. Trinta anos depois: disputas, derrotas e conquistas. *Revista de Direito Administrativo*, Rio de Janeiro, v. 277, n. 2, p. 45-74, mai./ago. 2018.

BARACHO, José Alfredo de Oliveira Baracho. Teoria geral do Processo Constitucional. *Revista Brasileira de Estudos Políticos*, p. 69-170, 2004.

BARATIERI, Noel Antônio. *O método de negociação de Harvard na administração pública consensual*: limites e possibilidades. Tese (Doutorado). Universidade Federal de Santa Catarina, Florianópolis. 2021.

BARCELLAR FILHO, Romeu Felipe. Processo administrativo como instrumento do direito disciplinar. *In*: CELY, Martha Lucía Bautista; SILVEIRA, Raquel Dias da (Coord.). *Direito Disciplinário internacional*: estudos sobre a formação, profissionalização, disciplina, transparência, controle e responsabilidade da função pública. Belo Horizonte: Fórum, 2011. v. 1.

BARROSO, Luís Roberto. A constitucionalização do direito e suas repercussões no âmbito administrativo. *In*: ARAGÃO, Alexandre Santos de; MARQUES NETO, Floriano de Azevedo (Coord.). *Direito administrativo e seus novos paradigmas*. Belo Horizonte: Fórum, 2012.

BASTOS, Fabrício Rocha. Acordo de não persecução cível – questões procedimentais e processuais. *Revista do Ministério Público do Estado do Rio de Janeiro*, Rio de Janeiro, n. 81, jul./set. 2021.

BATISTA JÚNIOR, Onofre A.; CAMPOS, Sarah. A Administração Pública consensual na modernidade líquida. *Fórum Administrativo – FA*, Belo Horizonte, a. 14, n. 155, p. 31-43, jan. 2014.

BATISTA JÚNIOR, Onofre Alves. *Transações administrativas*. São Paulo: Quartier Latin do Brasil, 2007.

BELO HORIZONTE. Lei nº 7.169, de 30 de agosto de 1996. Institui o Estatuto dos Servidores Públicos do Quadro Geral de Pessoal do Município de Belo Horizonte vinculados à Administração Direta (VETADO) e dá outras providências. *Câmara Municipal de Belo Horizonte*, Belo Horizonte, 30 de ago. de 1996. Disponível em: https://www.cmbh.mg.gov.br/atividade-legislativa/pesquisar-legislacao/lei/7169/1996#:~:text=Disp%C3%B5e%20sobre%20o%20plano%20de%20carreira%20dos%20servidores%20e%20empregados,remunerat%C3%B3rios%20e%20d%C3%A1%20outras%20provid%C3%AAncias. Acesso em 07 fev. 2024.

BRASIL. Lei nº 9.310, de 12 de janeiro de 2007. Concede reajustes remuneratórios aos servidores que menciona e dá outras providências. *Diário Oficial da União*, Brasília, 12 set. 1990, retificado em 10 jan. 2007. Disponível em: https://www.planalto.gov.br/ccivil_03/leis/l8078compilado.htm. Acesso em 08 fev. 2024.

BELO HORIZONTE. Lei nº 9.319, de 19 de janeiro de 2007. Institui o estatuto da guarda municipal de belo horizonte e dá outras providências. *Leis municipais*, Belo Horizonte, 19 de jan. de 2007. Disponível em: https://leismunicipais.com.br/a/mg/b/belo-horizonte/lei-ordinaria/2007/932/9319/lei-ordinaria-n-9319-2007-institui-o-estatuto-da-guarda-municipal-de-belo-horizonte-e-da-outras-providencias. Acesso em 08 fev. 2024.

BELO HORIZONTE. Lei nº 11.300, de 5 de agosto de 2021. Altera a Lei nº 7.169/96, que institui o Estatuto dos Servidores Públicos do Quadro Geral de Pessoal do Município de Belo Horizonte vinculados à administração direta, e dá outras providências. *Diário Oficial do município*, Belo Horizonte, 05 de ago. de 2021. Disponível em: https://prefeitura.pbh.gov.br/sites/default/files/estrutura-de-governo/controladoria/2021/lei-no-11.300-de-5-de-agosto-de-2021.pdf. Acesso em 08 fev. 2024.

BIANCHI, Bruno Guimarães. *Acordos de leniência*: entre a consensualidade e a imperatividade na lei anticorrupção. Curitiba: Íthala, 2023.

BINENBOJM, Gustavo. A consensualidade administrativa como técnica juridicamente adequada de gestão eficiente de interesses sociais. *Revista Eletrônica da Procuradoria Geral do Estado do Rio de Janeiro (PGE-RJ)*, Rio de Janeiro, v. 3 n. 3, set./dez. 2020.

BINENBOJM, Gustavo. Da supremacia do interesse público ao dever de proporcionalidade: um novo paradigma para o Direito Administrativo. *Revista de Direito Administrativo*, Rio de Janeiro, n. 239, p. 1-31, jan./mar. 2005.

BINENBOJM, Gustavo; CYRINO, André. O art. 28 da LINDB: a cláusula geral do erro administrativo. *Revista Direito Administrativo*, Rio de Janeiro, p. 203-224, nov. 2018. Edição Especial: Direito Público na Lei de Introdução às Normas de Direito Brasileiro – LINDB (Lei nº 13.655/2018).

BINENBOJM, Gustavo. *Uma teoria do Direito Administrativo*: direitos fundamentais, democracia e constitucionalização. Rio de Janeiro: Renovar, 2006.

BITENCOURT NETO, Eurico. *Concertação administrativa interorgânica, direito administrativo e organização no século XXI*. São Paulo: Almedina, 2017.

BITENCOURT NETO, Eurico. Procedimentalização da Administração Pública e o princípio do devido procedimento equitativo. *Revista Eletrônica de Direito do Estado*, Salvador, n. 35, jul./ago./set. 2013. ISSN 1981-187X. Disponível em: http://www.direitodoestado.com.br/codrevista.asp?cod=711. Acesso em 2 jul. 2022.

BITENCOURT NETO, Eurico. Transformações do Estado e a administração pública no século XXI. *Revista de Investigações Constitucionais*, Curitiba, v. 4, n. 1, p. 207-225, jan./abr. 2017.

BRASIL. [Constituição (1891)]. Constituição da República dos Estados Unidos do Brasil. Nós, os representantes do povo brasileiro, reunidos em Congresso Constituinte, para organizar um regime livre e democrático, estabelecemos, decretamos e promulgamos a seguinte. *Diário Oficial da União*, Rio de Janeiro: Presidência da República, 24 de fev. de 1891. Disponível em: http://www.planalto.gov.br/ccivil_03/constituicao/constituicao91.htm. Acesso em 07 fev. 2024.

BRASIL. [Constituição (1934)]. Constituição da República dos Estados Unidos do Brasil. Nós, os representantes do povo brasileiro, pondo a nossa confiança em Deus, reunidos em Assembléia Nacional Constituinte para organizar um regime democrático, que assegure à Nação a unidade, a liberdade, a justiça e o bem-estar social e econômico, decretamos e promulgamos a seguinte. *Diário Oficial da União*, Rio de Janeiro: Presidência da República, 1934. Disponível em: http://www.planalto.gov.br/ccivil_03/constituicao/constituicao34.htm. Acesso em 07 fev. 2024.

BRASIL. [Constituição (1946)]. Constituição dos Estados Unidos do Brasil. *Diário Oficial da União*, Rio de Janeiro: Presidência da República, 1946. Disponível em: http://www.planalto.gov.br/ccivil_03/constituicao/constituicao46.htm. Acesso em 7 fev. 2024.

BRASIL. [Constituição (1967)]. Constituição da República Federativa do Brasil. *Diário Oficial da União*, Brasília: Presidência da República, 1967. Disponível em: http://www.planalto.gov.br/ccivil_03/Constituicao/Constituicao67.htm. Acesso em 7 fev. 2024.

BRASIL. [Constituição (1988)]. *Constituição da República Federativa do Brasil de 1988*. Brasília, DF: Presidência da República, 1988. Disponível em: https://www.planalto.gov.br/ccivil_03/constituicao/constituicao.htm. Acesso em 7 fev. 2024.

BRASIL. Decreto-Lei nº 3.689, de 3 de outubro de 1941. Código de Processo Penal. *Diário Oficial da União*, Brasília, DF: Presidência da República, 13 de out. de 1941, retificado em 24 de out. de 1941. Disponível em: https://www.planalto.gov.br/ccivil_03/decreto-lei/del3689.htm. Acesso em 08 fev. 2024.

BRASIL. *Instrução Normativa CGDF nº 2, de 25 de julho de 2016*. Dispõe sobre mediação de conflitos entre agentes públicos como meio de solução de controvérsias. Brasília, DF: Controladoria-Geral do Distrito Federal, 2016. Disponível em: https://www.sinj.df.gov.br/sinj/Norma/d60e780004af464ebbb2699b51c669d6/cgdf_int_02_2016.html. Acesso em 8 fev. 2024.

BRASIL. *Instrução Normativa CGU nº 27, de 11 de outubro de 2022*. Determina que os órgãos e entidades do Poder Executivo Federal poderão celebrar, nos casos de infração disciplinar de menor potencial ofensivo, Termo de Ajustamento de Conduta – TAC. Brasília, DF: Controladoria-Geral da União, 2022. Disponível em: https://repositorio.cgu.gov.br/handle/1/33687. Acesso em 8 fev. 2024.

BRASIL. Lei nº 4.717, de 29 de junho de 1965. Regula a ação popular. *Diário Oficial da União*, Brasília, DF: Presidência da República, 05 de jul. de 1965, republicado em 08 abr. 1974. Disponível em: https://www.planalto.gov.br/ccivil_03/leis/l4717.htm. Acesso em 07 fev. 2024.

BRASIL. Lei nº 7.347, de 24 de julho de 1985. Disciplina a ação civil pública de responsabilidade por danos causados ao meio-ambiente, ao consumidor, a bens e direitos de valor artístico, estético, histórico, turístico e paisagístico (VETADO) e dá outras providências. *Diário Oficial da União*, Brasília, DF: Presidência da República, 25 jul. 1985. Disponível em: https://www.planalto.gov.br/ccivil_03/leis/l7347orig.htm. Acesso em 07 fev. 2024.

BRASIL. Lei nº 8.069, de 13 de julho de 1990. Dispõe sobre o Estatuto da Criança e do Adolescente e dá outras providências. *Diário Oficial da União*, Brasília, DF: Presidência da República, 16 de jul. de 1990, retificado em 27 de set. de 1990. Disponível em: https://www.planalto.gov.br/ccivil_03/leis/l8069.htm#:~:text=LEI%20 N%C2%BA%208.069%2C%20DE%2013%20DE%20JULHO%20DE%20 1990.&text=Disp%C3%B5e%20sobre%20o%20Estatuto%20da,Adolescente%20e%20 d%C3%A1%20outras%20provid%C3%AAncias.&text=Art.%201%C2%BA%20Esta%20 Lei%20disp%C3%B5e,%C3%A0%20crian%C3%A7a%20e%20ao%20adolescente. Acesso em 07 fev. 2024.

BRASIL. Lei nº 8.078, de 11 de setembro de 1965. Dispõe sobre a proteção do consumidor e dá outras providências. *Diário Oficial da União*, Brasília, DF: Presidência da República, 12 de setembro de 1990, retificado em 10 de janeiro de 2007. Disponível em: https://www.planalto.gov.br/ccivil_03/leis/l8078compilado.htm. Acesso em 07 fev. 2024.

BRASIL. Lei nº 8.112, de 11 de dezembro de 1990. Dispõe sobre o regime jurídico dos servidores públicos civis da União, das autarquias e das fundações públicas federais. *Diário Oficial da União*, Brasília, DF: Presidência da República, 19 abr. 1991. Disponível em: https://www.planalto.gov.br/ccivil_03/leis/l8112cons.htm. Acesso em 07 fev. 2024.

BRASIL. Lei nº 8.429, de 2 de junho de 1992. Dispõe sobre as sanções aplicáveis em virtude da prática de atos de improbidade administrativa, de que trata o §4º do art. 37 da Constituição Federal; e dá outras providências (Redação dada pela Lei nº 14.230, de 2021). Diário Oficial da União, Rio de Janeiro, 3 de junho de 1992. Disponível em: https://www.planalto.gov.br/ccivil_03/leis/l8429.htm. Acesso em 07 fev. 2024.

BRASIL. Lei nº 8.884, de 11 de junho de 1994. Transforma o Conselho Administrativo de Defesa Econômica (CADE) em Autarquia, dispõe sobre a prevenção e a repressão às infrações contra a ordem econômica e dá outras providências. *Diário Oficial da União*, Brasília, DF: Presidência da República, 13 de junho de 1994. Disponível em: https://www.planalto.gov.br/ccivil_03/leis/l8884.htm. Acesso em 07 fev. 2024.

BRASIL. Lei nº 9.099, de 26 de setembro de 1995. Dispõe sobre os Juizados Especiais Cíveis e Criminais e dá outras providências. *Diário Oficial da União*, Brasília, DF: Presidência da República, 27 de aet. De 1995. Disponível em: https://www.planalto.gov.br/ccivil_03/leis/l9099.htm. Acesso em 7 fev. 2024.

BRASIL. Lei nº 9.784, de 29 de janeiro de 1999. Regula o processo administrativo no âmbito da Administração Pública Federal. *Diário Oficial da União*, Brasília, DF: Presidência da República, 1 de fevereiro de 1999, retificado em 11 de março de 1999. Disponível em: https://www.planalto.gov.br/ccivil_03/leis/l9784.htm. Acesso em 07 fev. 2024.

BRASIL. Lei nº 10.406, de 10 de janeiro de 2002. Institui o Código Civil. *Diário Oficial da União*, Brasília, DF: Presidência da República, 11 de jan. de 2002. Disponível em: https://www.planalto.gov.br/ccivil_03/leis/2002/l10406compilada.htm. Acesso em 08 fev. 2024.

BRASIL. Lei nº 12.846, de 1º de agosto de 2013. Dispõe sobre a responsabilização administrativa e civil de pessoas jurídicas pela prática de atos contra a administração pública, nacional ou estrangeira, e dá outras providências. *Diário Oficial da União*, Brasília, DF: Presidência da República, 2 de agosto de 2013. Disponível em: https://www.planalto.gov.br/ccivil_03/_ato2011-2014/2013/lei/l12846.htm. Acesso em 07 fev. 2024.

BRASIL. Lei nº 12.850, de 2 de agosto de 2013. Define organização criminosa e dispõe sobre a investigação criminal, os meios de obtenção da prova, infrações penais correlatas e o procedimento criminal; altera o Decreto-Lei nº 2.848, de 7 de dezembro de 1940 (Código Penal); revoga a Lei nº 9.034, de 3 de maio de 1995; e dá outras providências. *Diário Oficial da União*, Brasília, DF: Presidência da República, 5 de agosto de 2013. Disponível em: https://www.planalto.gov.br/ccivil_03/_ato2011-2014/2013/lei/l12850.htm. Acesso em 08 fev. 2024.

BRASIL. Lei nº 13.140, de 26 de junho de 2015. Dispõe sobre a mediação entre particulares como meio de solução de controvérsias e sobre a autocomposição de conflitos no âmbito da administração pública; altera a Lei nº 9.469, de 10 de julho de 1997, e o Decreto nº 70.235, de 6 de março de 1972; e revoga o §2º do art. 6º da Lei nº 9.469, de 10 de julho de 1997. *Diário Oficial da União*, Brasília, DF: Presidência da República, 29 de junho de 2015. Disponível em: https://www.planalto.gov.br/ccivil_03/_ato2015-2018/2015/lei/l13140.htm. Acesso em 7 fev. 2024.

BRASIL. Lei nº 13.655, de 25 de abril de 2018. Inclui no Decreto-Lei nº 4.657, de 4 de setembro de 1942 (Lei de Introdução às Normas do Direito Brasileiro), disposições sobre segurança jurídica e eficiência na criação e na aplicação do direito público. *Diário Oficial da União*, Brasília, DF: Presidência da República, 26 de abril de 2018. Disponível em: https://www.planalto.gov.br/ccivil_03/_ato2015-2018/2018/lei/l13655.htm. Acesso em 7 fev. 2024.

BRASIL. Lei nº 13.869, de 5 de setembro de 2019. Dispõe sobre os crimes de abuso de autoridade; altera a Lei nº 7.960, de 21 de dezembro de 1989, a Lei nº 9.296, de 24 de julho de 1996, a Lei nº 8.069, de 13 de julho de 1990, e a Lei nº 8.906, de 4 de julho de 1994; e revoga a Lei nº 4.898, de 9 de dezembro de 1965, e dispositivos do Decreto-Lei nº 2.848, de 7 de dezembro de 1940 (Código Penal). *Diário Oficial da União*, Brasília, DF: Presidência da República, 27 de setembro de 2019. Disponível em: https://www.planalto.gov.br/ccivil_03/_ato2019-2022/2019/lei/l13869.htm. Acesso em 8 fev. 2024.

BRASIL. Lei nº 13.964, de 24 de dezembro de 2019. Aperfeiçoa a legislação penal e processual penal. *Diário Oficial da União*, Brasília, DF: Presidência da República, 30 de abril de 2021. Disponível em: https://www.planalto.gov.br/ccivil_03/_ato2019-2022/2019/lei/l13964.htm. Acesso em 7 fev. 2024.

BRASIL. Lei nº 14.133, de 1º de abril de 2021. Lei de Licitações e Contratos Administrativos. *Diário Oficial da União*, Brasília, DF: Presidência da República, 1 de abril de 2021. Disponível em: https://www.planalto.gov.br/ccivil_03/_ato2019-2022/2021/lei/l14133.htm. Acesso em 7 fev. 2024.

BRASIL. Lei nº 14.230, de 25 de outubro de 2021. Altera a Lei nº 8.429, de 2 de junho de 1992, que dispõe sobre improbidade administrativa. *Diário Oficial da União*, Brasília, DF: Presidência da República, 26 de outubro de 2021. Disponível em: https://www.planalto.gov.br/ccivil_03/_ato2019-2022/2021/lei/l14230.htm. Acesso em 7 fev. 2024.

BRASIL. Medida Provisória nº 703, de 18 de dezembro de 2015. Altera a Lei nº 12.846, de 1º de agosto de 2013, para dispor sobre acordos de leniência. *Diário Oficial da União*, Brasília, DF: Presidência da República, 21 de dezembro de 2015. Disponível em: https://www.planalto.gov.br/ccivil_03/_ato2015-2018/2015/mpv/mpv703.htm. Acesso em 7 fev. 2024.

BRASIL. Medida Provisória nº 966, de 13 de maio de 2020. Dispõe sobre a responsabilização de agentes públicos por ação e omissão em atos relacionados com a pandemia da covid-19. *Diário Oficial da União*, Brasília, DF: Presidência da República, 14 de maios de 2020, retificado em 15 de maio de 2020. Disponível em: https://www.planalto.gov.br/ccivil_03/_ato2019-2022/2020/mpv/mpv966.htm. Acesso em 8 fev. 2024.

BRASIL. *Portaria CTGM nº 12, de 14 de abril de 2018*. Institui o fluxo do estágio supervisionado, realizado pelo Núcleo de Mediação da SUCOR, no âmbito do Acordo de Cooperação Técnica nº 004/2017, celebrado entre o Município de Belo Horizonte, por intermédio da sua Controladoria Geral, e a Ordem dos Advogados do Brasil/Seção Minas Gerais – OAB/MG, para a implantação do projeto de "Ampliação de Mecanismos Consensuais em Matéria Disciplinar". Belo Horizonte, MG: Prefeitura Municipal, 2018. Disponível em: https://prefeitura.pbh.gov.br/sites/default/files/estrutura-de-governo/controladoria/2018/documentos/PORTARIAS%20CTGM/PORTARIA%20CTGM%20N%C2%BA%20012.2018.pdf. Acesso em 16 fev. 2024.

BRASIL. CGU. GT da rede de corregedorias apresenta minuta regulamentadora de acordos substitutivos em matéria disciplinar. *Portal Gov.br*, 23 abr. 2024. Disponível em: https://www.gov.br/corregedorias/pt-br/aconteceu-aqui/noticias/2024/gt-da-rede-de-corregedorias-apresenta-minuta-regulamentadora-de-acordos-substitutivos-em-materia-disciplinar. Acesso em 23 jul. 2024.

BRASIL. *Portaria Normativa CGU nº 27, de 11 de outubro de 2022*. Dispõe sobre o Sistema de Correição do Poder Executivo Federal de que trata o Decreto nº 5.480, de 30 de junho de 2005, e sobre a atividade correcional nos órgãos e entidades do Poder Executivo Federal. Brasília, DF: Controladoria-Geral da União, 2022. Disponível em: https://www.gov.br/transportes/pt-br/assuntos/corregedoria/arquivos-corregedoria/repositorio/portaria-normativa-cgu-no-27-2022.pdf. Acesso em 8 fev. 2024.

BRASIL. Superior Tribunal de Justiça (1ª Seção). *Agravo Interno no Mandado de Segurança nº 24.378/DF – Distrito Federal*. Administrativo. Processo administrativo disciplinar. Agravo interno no mandado de segurança. Código de processo civil de 2015. Aplicabilidade. Substituição de membro de comissão disciplinar. Possibilidade. Princípio do juízo natural não afrontado. Precedentes. Argumentos insuficientes para desconstituir a decisão atacada. Aplicação de multa. Art. 1.021, §4º, do CPC/2015. Descabimento. Relatora: Min. Regina Helena Costa, 31 maio 2022. Disponível em: https://processo.stj.jus.br/SCON/GetInteiroTeorDoAcordao?num_registro=201801379379&dt_publicacao=02/06/2022. Acesso em 7 fev. 2024.

BRASIL. Superior Tribunal de Justiça (1ª Turma). *Agravo Interno no Recurso em Mandado de Segurança nº 48.925/SP – São Paulo*. Processual civil. Administrativo. Agravo interno no recurso ordinário em mandado de segurança. Código de processo civil de 2015. Aplicabilidade. Processo administrativo disciplinar. Auditor fiscal do município de São Paulo. Demissão. Arts. 188, III, e 189, V, VI, VIII, da lei municipal nº 8.989/79. Autonomia em relação ao processo penal. Colaboração premiada. Benefícios. Lei nº 12.850/13. Taxatividade. Extensão ao processo administrativo disciplinar. Impossibilidade. Princípio da legalidade. Ausência de previsão legal. [...]. Relatora: Min. Regina Helena Costa, 13 mar. 2018. Disponível em: https://www.stj.jus.br/websecstj/cgi/revista/REJ.exe/ITA?seq=1678032&tipo=0&nreg=201501884793&SeqCgrmaSessao=&CodOrgaoJgdr=&dt=20180405&formato=PDF&salvar=false. Acesso em 7 fev. 2024.

BRASIL. Superior Tribunal de Justiça (6ª Turma). *Agravo Regimental no Recurso em Mandado de Segurança nº 19.208/RS – Rio Grande do Sul*. Administrativo. Agravo regimental no recurso ordinário em mandado de segurança. Servidor público. Pena de suspensão por dez dias. Inexigência de abertura de processo administrativo disciplinar. Sindicância. Desrespeito ao contraditório e à ampla defesa. Lei nº 10.098/94. Hierarquia igual ou superior a do sindicado. Não cumprimento. Nulidade. Reconhecimento. Agravo regimental desprovido. Relator: Min. Ericson Maranho (Desembargador Convocado do TJ/SP), 12 maio 2015. Disponível em: https://processo.stj.jus.br/SCON/GetInteiroTeorDoAcordao?num_registro=200401613038&dt_publicacao=25/05/2015. Acesso em 7 fev. 2024.

BRASIL. Superior Tribunal de Justiça (6ª Turma). *Habeas Corpus nº 756.907/SP – São Paulo*. Habeas Corpus. Extorsão mediante sequestro. Reconhecimento por voz, em delegacia. Inobservância, por analogia, das formalidades do art. 226 do CP. Condenação lastreada em elemento informativo, não repetido em juízo. Violação do art. 155 do CPP. Inexistência de outra prova de autoria delitiva, produzida em contraditório judicial. Ordem concedida para absolver o paciente. Relator: Min. Rel. Rogerio Schietti Cruz, 13 set. 2022. Disponível em: https://processo.stj.jus.br/SCON/GetInteiroTeorDoAcordao?num_registro=201801904249&dt_publicacao=30/04/2021. Acesso em 7 fev. 2024.

BRASIL. Superior Tribunal de Justiça (1º Seção). *Mandado de Segurança nº 16.927/DF – Distrito Federal*. Processual civil e administrativo. Mandado de segurança individual. Agentes penitenciários federais. Processo administrativo disciplinar – PAD. Pena de demissão. Descumprimento de decisão proferida no MS nº 2009.34.00.037833-8. Vedação para cumprir eventual punição. Determinação direcionada ao diretor do departamento penitenciário nacional – DEPEN, não impedindo o ministro de estado da justiça de decidir o processo disciplinar. Necessidade de comissão prévia. Inexistência. Participação de servidor não estável na comissão processante. Membro que alcançou a estabilidade 15 dias após constituída a comissão, não tendo praticado nenhum ato instrutório durante esse período. Não havendo o apontamento nem tampouco a comprovação de eventual prejuízo aos impetrantes, incide o princípio do *pas de nullité sans grief*. Ordem denegada. Relatora: Min. Regina Helena Costa, 10 maio 2017. Disponível em: https://processo.stj.jus.br/SCON/GetInteiroTeorDoAcordao?num_registro=201101208241&dt_publicacao=15/05/2017. Acesso em 7 fev. 2024.

BRASIL. Superior Tribunal de Justiça. *Súmula nº 650*. A autoridade administrativa não dispõe de discricionariedade para aplicar ao servidor pena diversa de demissão quando caracterizadas as hipóteses previstas no artigo 132 da Lei nº 8.112/1990. Brasília, DF: Superior Tribunal de Justiça, 19 dez. 2018. Disponível em: https://www.stj.jus.br/publicacaoinstitucional/index.php/sumstj/article/view/12311/12416. Acesso em 08 fev. 2024.

BRASIL. Supremo Tribunal Federal (Tribunal Pleno). *Ação Declaratória de Constitucionalidade nº 29*. Ações declaratórias de constitucionalidade e ação direta de inconstitucionalidade em julgamento conjunto. Lei complementar nº 135/10. Hipóteses de inelegibilidade. Art. 14, §9º, da constituição federal. Moralidade para o exercício de mandatos eletivos [...]. Relator: Min. Luiz Fux, 16 de fev. 2012. Disponível em: https://redir.stf.jus.br/paginadorpub/paginador.jsp?docTP=TP&docID=2243342. Acesso em 7 fev. 2024.

BRASIL. Supremo Tribunal Federal (Tribunal Pleno). *Ação Direta de Inconstitucionalidade nº 230*. Ação direta de inconstitucionalidade. Defensor público estadual: garantias e prerrogativas. Art. 178, inc. I, alíneas f e g, II e IV da constituição do Rio de Janeiro (renumerados para art. 181, inc. I, alíneas f e g, II e IV). Relatora: Min. Cármen Lúcia, 1º fev. 2010. Disponível em: https://redir.stf.jus.br/paginadorpub/paginador.jsp?docTP=AC&docID=630104. Acesso em 7 fev. 2024.

BRASIL. Supremo Tribunal Federal (Tribunal Pleno). *Ação Direta de Inconstitucionalidade nº 1.220*. Direito constitucional. Ação Direta de Inconstitucionalidade. Índices aplicáveis para a correção monetária de débitos trabalhistas. Inconstitucionalidade. Modulação dos efeitos temporais da decisão. Relator: Min. Roberto Barroso, 19 dez. 2019. Disponível em: https://redir.stf.jus.br/paginadorpub/paginador.jsp?docTP=TP&docID=752222410. Acesso em 7 fev. 2024.

BRASIL. Supremo Tribunal Federal (Tribunal Pleno). *Ação Direta de Inconstitucionalidade nº 5.437*. Ação direta de inconstitucionalidade. Constitucional. Administrativo. Inc. V do art. 17, inc. V do art. 27 e al. d do inc. IV do art. 135 da Lei complementar nº 1.270 do estado de São Paulo (Lei Orgânica da Procuradoria do Estado de São Paulo). Perda do cargo público por ineficiência. Avaliação periódica de desempenho. Alegada usurpação de competência da união. Inc. III do §1º do art. 41 e art. 247, parágrafo único, da Constituição da República. Ação Direta de Inconstitucionalidade julgada improcedente. Relatora: Min. Cármen Lúcia, 23 nov. 2020. Disponível em: https://portal.stf.jus.br/processos/downloadPeca.asp?id=15345164535&ext=.pdf. Acesso em 7 fev. 2024.

BRASIL. Supremo Tribunal Federal (Tribunal Pleno). *Ação Direta de Inconstitucionalidade nº 6.421 MC*. Direito administrativo. Ações Diretas de Inconstitucionalidade. Responsabilidade civil e administrativa de agentes públicos. Atos relacionados à pandemia de Covid-19. Medida Provisória nº 966/2020. Deferimento parcial da cautelar. Relator: Min. Roberto Barroso, 21 maio 2020. Disponível em: https://redir.stf.jus.br/paginadorpub/paginador.jsp?docTP=TP&docID=754359227. Acesso em 7 fev. 2024.

BRASIL. Supremo Tribunal Federal (Tribunal Pleno). *Ações Diretas de Inconstitucionalidade nº 6.298, 6.299, 6.300 e 6.305*. Ações Diretas de Inconstitucionalidade. Direito constitucional. Direito processual penal. ADI's 6.298, 6.299, 6.300 e 6.305. Lei nº 13.964, de 24 de dezembro de 2019. Ampla alteração de normas de natureza penal, processual penal e de execução penal. Impugnação específica de artigos pertinentes à atuação do juiz e do ministério público no procedimento de investigação criminal. Criação do "juiz das garantias". Criação do "acordo de não-persecução penal". Introdução e alteração de artigos no código de processo penal: artigos 3º-A ao 3º-F, 28, 28-A, 157, §5º e 310, §4º. Ações julgadas parcialmente procedentes [...]. Relator: Min. Luiz Fux, 24 ago. 2023. Disponível em: https://redir.stf.jus.br/paginadorpub/paginador.jsp?docTP=TP&docID=773560651. Acesso em 7 fev. 2024.

BRASIL. Supremo Tribunal Federal (Tribunal Pleno). *Arguição de Descumprimento de Preceito Fundamental nº 418*. Arguição de Descumprimento de Preceito Fundamental. Constitucional e administrativo. Arts. 127, IV, e 134 da Lei nº 8.112/1990. Penalidade disciplinar de cassação de aposentadoria ou disponibilidade. Emendas constitucionais nº 3/1993, 20/1998 e 41/2003. Penalidade que se compatibiliza com o caráter contributivo e solidário do regime próprio de previdência dos servidores. Poder disciplinar da administração pública. Ação julgada improcedente. Relator: Min. Alexandre de Moraes, 15 abr. 2020. Disponível em: https://portal.stf.jus.br/processos/downloadPeca.asp?id=15342973934&ext=.pdf. Acesso em 7 fev. 2024.

BRASIL. Supremo Tribunal Federal (Tribunal Pleno). *Habeas Corpus nº 185.913*. Tribunal Pleno. Relator: Min. Gilmar Mendes. Julgamento em 8 ago. 2024. Disponível em: https://portal.stf.jus.br/processos/detalhe.asp?incidente=5917032. Acesso em 14 ago. 2024.

BRASIL. Supremo Tribunal Federal (Tribunal Pleno). *Inquérito nº 4921 – Milésimo Setuagésimo Sétimo Recebimento de Denúncia*. Penal e processo penal. Inquéritos dos atos do dia 8.1.2023. Denúncia apta. Observância dos artigos 41 e 395 do código de processo penal. Presença de justa causa para a ação penal. Narrativa clara e expressa que se amolda à descrição típica dos crimes multitudinários ou de autoria coletiva imputados. Existência de prova da materialidade e indícios de autoria. Denúncia recebida. Relator: Min. Alexandre de Moraes, 21 ago. 2023. Disponível em: https://redir.stf.jus.br/paginadorpub/paginador.jsp?docTP=TP&docID=769088763. Acesso em 7 fev. 2024.

BRASIL. Supremo Tribunal Federal (Tribunal Pleno). *Mandado de Segurança nº 21.948/RJ – Rio de Janeiro*. Mandado de Segurança. Demissão. Procurador autárquico. 2. Alegação de inconstitucionalidade dos incisos III e IV do art. 127, da Lei nº 8112/1990, ao estabelecerem entre as penalidades disciplinares a demissão e a cassação de aposentadoria ou disponibilidade. Sua improcedência. Relator: Min. Néri da Silveira, 29 set. 1994. Disponível em: https://redir.stf.jus.br/paginadorpub/paginador.jsp?docTP=AC&docID=85646. Acesso em 7 fev. 2024.

BRASIL. Supremo Tribunal Federal (2ª Turma). *Mandado de Segurança nº 35.435*. Direito administrativo. Mandado de segurança. Acórdão do tribunal de contas da união (TCU). Tomadas de contas especiais. Investigações relacionadas a fraudes na construção da usina termonuclear de angra III. Impetrantes signatárias de acordos de leniência da Lei nº 12.846/2013 celebrados com a Controladoria-Geral da União (CGU), com a Advocacia Geral da União (AGU) ou com o Ministério Público Federal (MPF). Múltiplas esferas de responsabilização administrativa [...]. Relator: Min. Gilmar Mendes, 30 mar. 2021. Disponível em: https://redir.stf.jus.br/paginadorpub/paginador.jsp?docTP=TP&docID=756394688. Acesso em 7 fev. 2024.

BRASIL. Supremo Tribunal Federal (2ª Turma). *Recurso em Mandado de Segurança MS nº 31.661/DF – Distrito Federal*. Recurso ordinário em mandado de segurança. 2. Direito Constitucional e Comparado: CF 5º, LV e *Anspruch auf rechtliches Gehör*. 3. Procedimento administrativo e Lei nº 9.784/99. 4. Violação dos princípios da ampla defesa e do contraditório configurada. 5. Precedente: Agr. RE nº 426.147. Não apreciado o mérito administrativo, senão faltas procedimentais. 6. Recurso ordinário provido. Relator: Min. Gilmar Mendes, 10 dez. 2013. Disponível em: https://redir.stf.jus.br/paginadorpub/paginador.jsp?docTP=TP&docID=5808181. Acesso em 7 fev. 2024.

BRASIL. Supremo Tribunal Federal (Tribunal Pleno). *Recurso Extraordinário com Agravo nº 1.175.650*. Constitucional. Utilização do acordo de colaboração premiada (Lei nº 12.850/2013) no âmbito da ação civil pública por ato de improbidade administrativa (Lei nº 8.429/1992). Possibilidade. Declarações do agente colaborador como única prova [...]. Relator: Min. Alexandre de Moraes, 3 jul. 2023. Disponível em: https://redir.stf.jus.br/paginadorpub/paginador.jsp?docTP=TP&docID=771421563. Acesso em 7 fev. 2024.

BRASIL. Supremo Tribunal Federal (Tribunal Pleno). *Tema nº 1.043*. A utilização da colaboração premiada no âmbito civil, em ação civil pública por ato de improbidade administrativa movida pelo Ministério Público em face do princípio da legalidade (CF, art. 5º, II), da imprescritibilidade do ressarcimento ao erário (CF, art. 37, §§4º e 5º) e da legitimidade concorrente para a propositura da ação (CF, art. 129, §1º). Relator: Min. Alexandre de Moraes, 3 de jul. 2010. Disponível em: https://portal.stf.jus.br/jurisprudenciaRepercussao/verAndamentoProcesso.asp?incidente=5587841&numeroProcesso=1175650&classeProcesso=ARE&numeroTema=1043. Acesso em 7 fev. 2024.

BRASIL. Supremo Tribunal Federal (Tribunal Pleno). *Tema nº 1.199*. Definição de eventual (IR)RETROATIVIDADE das disposições da Lei nº 14.230/2021, em especial, em relação: (I) A necessidade da presença do elemento subjetivo – dolo – para a configuração do ato de improbidade administrativa, inclusive no artigo 10 da LIA; e (II) A aplicação dos novos prazos de prescrição geral e intercorrente. Relator: Min. Alexandre de Moraes, 12 de dez. 2022. Disponível em: https://portal.stf.jus.br/jurisprudenciaRepercussao/verAndamentoProcesso.asp?incidente=4652910&numeroProcesso=843989&classeProcesso=ARE&numeroTema=1199. Acesso em 8 fev. 2024.

BRASIL. STF. *Inq nº 4922 RD-segundo*. Rel. Min. Alexandre de Moraes. Tribunal Pleno. Julgado em 25 abr. 2023. Publicado em 9 mai. 2023.

BRASIL. STF. *ADI nº 6421*. Rel. Min. Luís Roberto Barroso. Tribunal Pleno. Julgado em 11 mar. 2024. Publicado em 17 abr. 2024.

BRASIL. TCU. *Instrução Normativa nº 94, de 21 de fevereiro de 2024*. Disponível em: https://portal.tcu.gov.br/imprensa/noticias/instrucao-normativa-estabelece-regras-para-atuacao-do-tcu-em-acordos-de-leniencia.htm#:~:text=O%20TCU%20n%C3%A3o%20%C3%A9%20respons%C3%A1vel,%2F2013%20(Lei%20Anticorrup%C3%A7%C3%A3o). Acesso em 23 jul. 2024.

BREGA, Silvia Maria Costa. Mediação e sua convergência com princípios da Administração Pública. *In*: MOREIRA et al. *Mediação e arbitragem na Administração Pública*. São Paulo: Almedina, 2020.

CALLEGARI, André Luis; LINHARES, Raul Marques. *Colaboração premiada*: lições práticas e teóricas de acordo com a jurisprudência do Supremo Tribunal Federal. Porto Alegre: Livraria do Advogado, 2016.

CÂMARA, Alexandre Freitas. O novo CPC, o contraditório e a fundamentação das decisões no processo administrativo. *Revista Brasileira de Estudos da Função Pública – RBEFP*, Belo Horizonte, a. 6, n. 18, p. 29-39, set./dez. 2017.

CARVALHO, Antônio Carlos Alencar. *Manual de processo administrativo disciplinar e sindicância*. 7. ed. Belo Horizonte: Fórum, 2021.

CAVALEIRO, Vasco. *O poder disciplinar e as garantias de defesa do trabalhador em funções públicas*. Tese (Mestrado em Direito Administrativo – especialização em Direito do Emprego Público). Universidade do Minho, Escola de Direito, Braga, 2017.

CGU; AGU; MJSP. *Acordo de Cooperação Técnica de 2022*: Acordo de Leniência. Disponível em: https://portal.tcu.gov.br/data/files/11/16/BB/03/575C37109EB62737F18818A8/ACORDO%20DE%20COOPERACAO%20TECNICA%20_1_.pdf. Acesso em 07 fev. 2024.

COLOMBAROLLI, Bruna Rodrigues. *Contratos sobre exercício de poder administrativo repressivo*. Tese (Doutorado), Universidade Federal de Minas Gerais, Faculdade de Direito, Belo Horizonte, 2018.

CORREIA, José Manuel Sérvulo. Os grandes traços do direito administrativo no século XXI. *A&C – Revista de Direito Administrativo & Constitucional*, Belo Horizonte, a. 16, n. 63, p. 45-66, jan./mar. 2016.

CORREIA, José Manuel Sérvulo. Margem de livre decisão, equidade e preenchimento de lacunas: as afinidades e os seus limites. *Revista de Direito Administrativo e Infraestrutura, Regulação e Compliance*, São Paulo, v. 7, n. 25, p. 237-264, abr./jun. 2023.

CRETELLA JÚNIOR, José. O contencioso administrativo na Constituição de 1969. *Revista de Direito Administrativo*, Rio de Janeiro, v. 104, p. 30-48, abr./jun. 1971.

CRISTÓVAM, José Sérgio da Silva; EIDT, Elisa Berton. A autorização legal para realização de acordos pela Administração Pública e a sua aplicação no âmbito das câmaras administrativas. *Revista Jurídica da Procuradoria-Geral do Estado do Paraná*, Curitiba, n. 11, p. 55-81, 2020.

CUESTA, Rafael Entrena. *Curso de Derecho Administrativo*: volumen 1. Concepto, fuentes, relación jurídico-administrativa y justicia administrativa. 11. ed. Madrid: Editorial Tecnos, 1995.

DANIEL, Felipe Alexandre Santa Anna Mucci. *O direito administrativo sancionador aplicado aos contratos da Administração Pública e os acordos substitutivos de sanção.* Curitiba: Íthala, 2022.

DAVID, Mariana Soares. A necessidade e admissibilidade da mediação administrativa. *In*: MOREIRA *et al. Mediação e arbitragem na Administração Pública.* São Paulo: Almedina, 2020.

DEZAN, Sandro Lúcio. *Fundamentos de direito administrativo disciplinar.* 2. ed. Curitiba: Juruá, 2011.

DI PIETRO, Maria Sylvia Zanella; MOTTA, Fabrício; FERRAZ, Luciano Araújo de. *Servidores públicos na Constituição de 1988.* São Paulo: Atlas, 2014.

DIAS, Maria Tereza Fonseca. *Direito administrativo pós-moderno.* Belo Horizonte: Malheiros, 2003.

DIAS, Maria Tereza Fonseca; ROGÉRIO, Taiz. *A mediação como instrumento de eficiência e consensualidade do processo administrativo disciplinar.* Belo Horizonte, v. 12, n. 134, abr. 2012.

DROMI, Roberto. *Derecho administrativo.* 5. ed. Buenos Aires: Ediciones Ciudad Argentina, 1996.

ESPANHA. Cortes Generales. *Lei nº 30, de 26 de novembro de 1992.* Régimen Jurídico de las Administraciones Públicas y del Procedimiento Administrativo Común. Madrid. Disponível em: https://www.boe.es/buscar/pdf/1992/BOE-A-1992-26318-consolidado.pdf. Acesso em 7 fev. 2024.

ESPANHA. Cortes Generales. *Lei nº 39, de 1 de outubro de 2015.* Del Procedimiento Administrativo Común de las Administraciones Públicas. Madrid. Disponível em: https://www.boe.es/buscar/pdf/2015/BOE-A-2015-10565-consolidado.pdf. Acesso em 7 fev. 2024.

FEELEY, Malcom M. Plea bargaining e a estrutura do processo criminal. *In*: GLOECKNER, Ricardo Jacobsen (Org.). *Plea Bargaining.* São Paulo: Tirant lo Blanch, 2019.

FERRAZ, Luciano. Controle consensual da administração pública e suspensão do processo administrativo disciplinar (SUSPAD): a experiência do município de Belo Horizonte. *Interesse Público*, Belo Horizonte, v. 9, n. 44, p. 15-26, jul./ago. 2007.

FERRAZ, Luciano. *Controle e consensualidade.* Belo Horizonte: Fórum, 2020.

FERRAZ, Luciano. Reflexões sobre a Lei nº 12.846/2013 e seus impactos nas relações público-privadas: lei de improbidade empresarial e não lei anticorrupção. *Revista Brasileira de Direito Público – RBDP*, Belo Horizonte, a. 12, n. 47, p. 33-43, out./dez. 2014.

FERRAZ, Luciano. Termo de Ajustamento de Gestão (TAG): do sonho à realidade. *Revista Eletrônica sobre a Reforma do Estado (RERE)*, Salvador: Instituto Brasileiro de Direito Público, n. 27, setembro, outubro, novembro 2011. Disponível em: http://www.direitodoestado.com.br/codrevista.asp?cod=577. Acesso em 7 fev. 2024.

FERREIRA, Daniel. Sanção ou acordo: um novo dilema para a administração pública brasileira? *In*: MOTTA, Fabrício; GABARDO, Emerson (Coords.). *Crise e reformas legislativas na agenda do Direito Administrativo.* XXXI Congresso Brasileiro de Direito Administrativo. Belo Horizonte: Fórum, 2018.

FIGUEIREDO, Lúcia Valle. Estado de Direito e devido processo legal. *Revista de Direito Administrativo*, [S. l.], v. 209, p. 7-18, 1997. DOI: 10.12660/rda.v209.1997.47039. Disponível em: https://periodicos.fgv.br/rda/article/view/47039. Acesso em 7 fev. 2024.

FORTINI, Cristiana. Processo administrativo disciplinar no Estado democrático de direito: o devido processo legal material, o princípio da eficiência e a Súmula Vinculante nº 05 do Supremo Tribunal Federal. *Revista Brasileira de Estudos da Função Pública*, Belo Horizonte, v. 1, n. 3, set./dez. 2012. Disponível em: http://dspace/xmlui/bitstream/item/4962/PDIexibepdf.pdf?sequence=1. Acesso em 4 mar. 2023.

FORTINI, Cristiana; BUENO, Amaral Roque. A amplitude da segurança jurídica no processo administrativo correlacionada aos efeitos da Lei nº 13.655/18. In: BITENCOURT NETO, Eurico; MARRARA, Thiago (Coord.). Processo administrativo brasileiro: estudos em homenagem aos 20 Anos da Lei Federal de processo administrativo. Belo Horizonte: Fórum, 2019. Disponível em: https://www.forumconhecimento.com.br/livro/3994/4146/25519. Acesso em 7 fev. 2024.

FORTINI, Cristiana; DANIEL, Felipe Alexandre Santa Anna Mucci. Os acordos substitutivos de atividade sancionatória unilateral em contratos da Administração Pública no Brasil. *Seqüência Estudos Jurídicos e Políticos*, [S. l.], v. 44, n. 93, p. 1-31, 2023. DOI: 10.5007/2177-7055.2023.e94635. Disponível em: https://periodicos.ufsc.br/index.php/sequencia/article/view/94635. Acesso em 7 fev. 2024.

FRAGA, Carlos Alberto Conde da Silva. *O poder disciplinar no Estatuto dos trabalhadores da Administração Pública*. 2. ed. Lisboa: Petrony Editora, 2013.

FRATINI, Inácio de Loiola Mantovani. *Regime jurídico dos instrumentos consensuais no sistema disciplinar do estado de São Paulo*: razões, instrumentos e perspectivas. Dissertação (mestrado). FGV, São Paulo, 2022. Disponível em: https://bibliotecadigital.fgv.br/dspace/bitstream/handle/10438/32830/Disserta%c3%a7%c3%a3o%20Inacio%20com%20as%20altera%c3%a7%c3%b5es%20propostas%20pela%20Banca%20Examinadora%20do%20Mestrado%2029%2010.pdf?sequence=3&isAllowed=y. Acesso em 7 fev. 2024.

FREITAS, Juarez. Direito administrativo não adversarial: a prioritária solução consensual de conflitos. *Revista de Direito Administrativo – RDA*, Rio de Janeiro, v. 276, p. 38, set./dez. 2017.

FREITAS, Juarez. Negociação proba na esfera administrativa: dever constitucional de promoção da sociedade pacífica. *In*: DI PIETRO, Maria Sylvia Zanella; MOTTA, Fabrício (Coord.). *O Direito Administrativo nos 30 anos da Constituição*. Belo Horizonte: Fórum, 2018.

GABARDO, Emerson. *Novas Leis*: promessas de um futuro melhor? Livro do XXXVI Congresso Brasileiro de Direito Administrativo. Belo Horizonte: Fórum, 2023.

GABARDO, Emerson. O princípio da supremacia do interesse público sobre o interesse privado como fundamento do Direito Administrativo Social. *Revista de Investigações Constitucionais*, v. 4, n. 2, p. 95-130, mai./ago. 2017. Disponível em: https://revistas.ufpr.br/rinc/article/view/53437. Acesso em 2 jul. 2022.

GARCIA, Flávio Amaral. Notas sobre mediação, conciliação e as funções da Advocacia Pública: uma perspectiva à luz do Direito Administrativo contemporâneo. In: CUÉLLAR, Leila et al. *Direito Administrativo e alternative dispute resolution*: arbitragem, dispute board, mediação e negociação. Com comentários à legislação do Rio de Janeiro, São Paulo, Rio Grande do Sul e União [...]. 2. ed. Belo Horizonte: Fórum, 2022.

GAZIER, François. A experiência do Conselho de Estado francês. *Revista Do Serviço Público*, a. 41, v. 112, n. 2, p. 63-67, 2017. Disponível em: http://seer.enap.gov.br/index.php/RSP/index. Acesso em 7 fev. 2024.

GOMES JÚNIOR, Luiz Manoel; LIMA, Diogo de Lima. Aspectos gerais e controvertidos do acordo de não persecução cível. *Revista do Ministério Público do Estado do Rio de Janeiro*, n. 80, abr./jun. 2021.

GOMES, Orlando; BRITO, Edvaldo. *Contratos*. 26. ed. Atualização por Antônio Junqueira de Azevedo e Francisco de Paulo de Crescenzo Marino. Rio de Janeiro: Forense, 2008.

GONÇALVES, Aroldo Plínio. *Técnica processual e teoria do processo*. 2. ed. Belo Horizonte: Del Rey, 2012.

GONÇALVES, Pedro Costa. Estado de garantia e mercado. *Revista da Faculdade de Direito da Universidade do Porto*, v. 7 (especial: Comunicações do I Triénio dos Encontros de Professores de Direito Público), p. 97-128, 2010.

GORDILLO, Agustín. *Tratado de Derecho Administrativo*, t. 4: el procedimiento administrativo. 6. ed. Belo Horizonte: Del Rey, 2003.

GRAVONSKI, Alexandre Amaral et al. *Manual de negociação e mediação para membros do Ministério Público – Conselho Nacional do Ministério Público*. 2. ed. Brasília: CNMP, 2015.

GROTTI, Dinorá Adelaide Musetti; OLIVEIRA, José Roberto Pimenta. Direito administrativo sancionador brasileiro: breve evolução, identidade, abrangência e funcionalidades. *Interesse Público – IP*, a. 22, n. 120, mar./ abr. 2020. Disponível em: https://www.forumconhecimento.com.br/periodico/172/41921/91565. Acesso em 27 nov. 2022.

GUERRA, Sérgio; PALMA, Juliana Bonacorsi de. Art. 26 da LINDB: novo regime jurídico de negociação com a Administração Pública. *Revista Direito Administrativo*, Rio de Janeiro, p. 135-169, nov. 2018. Edição Especial: Direito Público na Lei de Introdução às Normas de Direito Brasileiro – LINDB (Lei nº 13.655/2018).

GUSTIN, Miracy Barbosa de Sousa; DIAS, Maria Tereza Fonseca. *(Re)pensando a pesquisa jurídica*: teoria e prática. 2. ed. Belo Horizonte: Del Rey, 2006.

HACHEM, Daniel Wunder. *Princípio constitucional da supremacia do interesse público*. Belo Horizonte: Fórum, 2011.

HOUAISS, Antônio. *Dicionário Houaiss da Língua Portuguesa*. Rio de Janeiro: Instituto Antônio Houaiss, 2021.

IBDA. Enunciados do IBDA sobre a interpretação da LINDB. *Fórum Administrativo – FA*, Belo Horizonte, a. 19, n. 221, p. 167-168, jul. 2019.

IBDA. II Enunciados do IBDA – Jornada de Pirenópolis. Mudanças na Lei de Improbidade Administrativa. *Fórum Administrativo – FA*, Belo Horizonte, a. 23, n. 269, p. 13-22, jul. 2023.

LIMA, Fábio Lucas de Albuquerque. *Elementos de direito administrativo disciplinar*. 1. ed. Belo Horizonte: Fórum, 2014. Disponível em: https://www.forumconhecimento.com.br/livro/L1232. Acesso em 14 mar. 2024.

LIMA, Martônio Mont'Alverne Barreto Lima; SILVA FILHO, Edson Alves. O pensamento constitucional do período imperial e a formação da Administração Pública no Brasil. *Revista de Pós-Graduação em Direito da UFBA*, v. 30, n. 02, p. 79-96, jul./dez. 2020.

LOPES JÚNIOR, Aury; PACZEK, Vitor. O plea bargaining no projeto anticrime: remédio ou veneno? *In*: GLOECKNER, Ricardo Jacobsen (Org.). *Plea Bargaining*. São Paulo: Tirant lo Blanch, 2019.

MACHADO, Gabriel Soares dos Santos. *Acordos administrativos a partir do art. 26 da LINDB*: consensualidade, tensões, sentido e processo. Dissertação (Mestrado). FGV, Rio de Janeiro, 2019.

MADEIRA, José Maria Pinheiro. *Administração Pública*. 11. ed. Rio de Janeiro: Elsevier, 2010. t. 2.

MARQUES NETO, Floriano de Azevedo; CYMBALISTA, Tatiana Matiello. Os acordos substitutivos do procedimento sancionatório e da sanção. *Revista Eletrônica de Direito Administrativo Econômico*. Salvador, n. 27, ago./set./out. 2011. Disponível em: http://www.direitodoestado.com.br/codrevista.asp?cod=597. Acesso em 16 ago. 2021.

MARQUES NETO, Floriano de Azevedo; FREITAS, Rafael Véras de. *Comentários à Lei nº 13.655/2018 (Lei da Segurança para a Inovação Pública)*. Belo Horizonte: Fórum, 2019.

MARRARA, Thiago. Acordos no direito da concorrência. *Revista de Defesa da Concorrência*, v. 8, n. 2. 2020. Disponível em: https://revista.cade.gov.br/index.php/revistadedefesadaconcorrencia/article/view/451/352. Acesso em 25 nov. 2023.

MARRARA, Thiago. Comentários ao art. 16. *In*: MARRARA, Thiago; DI PIETRO, Maria Sylvia Zanella. *Lei Anticorrupção comentada*. Belo Horizonte: Fórum, 2017.

MARRARA, Thiago. Regulação consensual: o papel dos compromissos de cessação de prática no ajustamento de condutas dos regulados. *Revista Digital de Direito Administrativo*, v. 4, n. 1, p. 274-293, 2017. Disponível em: https://www.revistas.usp.br/rdda/article/view/125810/122719. Acesso em 7 fev. 2024.

MAURER, Hartmut. *Direito administrativo geral*. São Paulo: Manole, 2009.

MEDAUAR, Odete. *A processualidade no Direito Administrativo*. Belo Horizonte: Fórum, 2021.

MEDAUAR, Odete. *O direito administrativo em evolução*. 3. ed. Brasília: Gazeta Jurídica, 2017.

MEIRELLES, Hely Lopes. *Direito Administrativo Brasileiro*. 39. ed. São Paulo: Malheiros, 2013.

MELLO, Celso Antônio Bandeira de. *Curso de Direito Administrativo*. 27. ed. São Paulo: Malheiros, 2010.

MELLO, Marcílio Barenco Corrêa de Mello. *Termo de ajustamento de gestão como instrumento de composição no controle das despesas públicas*. Tese (Doutoramento em Ciências Jurídicas Públicas), Universidade do Minho, Escola de Direito, Braga, 2021.

MELLO, Rafael Munhoz de. Processo administrativo, devido processo legal e a Lei nº 9.784/99. *Revista de Direito Administrativo e Constitucional*, a. 3, n. 11, jan./fev./mar. 2003.

MELLO, Rafael Munhoz de. Sanção administrativa e o princípio da culpabilidade. *Revista de Direito Administrativo e Constitucional*, Belo Horizonte, a. 5, n. 22, p. 1-253, out./dez. 2005.

MESSIAS, Mauro. *Acordo de não persecução penal, teoria e prática*. 2. ed. Rio de Janeiro: Lumen Juris, 2020.

MICHAELIS, Henriette. *Dicionário Michaelis online*. Disponível em: https://michaelis.uol.com.br/busca?r=0&f=0&t=0&palavra=negocia%C3%A7%C3%A3o. Acesso em 07 fev. 2024.

MINAS GERAIS. *Decreto nº 46.906, de 16/12/2015*. Institui o Ajustamento Disciplinar no âmbito da Administração Pública do Poder Executivo Estadual. Belo Horizonte: Assembleia Legislativa. Disponível em: https://www.almg.gov.br/legislacao-mineira/texto/DEC/46906/2015/?cons=1#:~:text=(O%20Decreto%20n%C2%BA%2046.906%2C%20de,P%C3%BAblica%20do%20Poder%20Executivo%20Estadual. Acesso em 08 fev. 2024.

MINAS GERAIS. *Decreto nº 48.418, de 16/05/2022*. Dispõe sobre o Compromisso de Ajustamento Disciplinar no âmbito da Administração Pública direta, autárquica e fundacional do Poder Executivo Belo Horizonte: Assembleia Legislativa. Disponível em: https://www.almg.gov.br/legislacao-mineira/texto/DEC/48418/2022/. Acesso em 08 fev. 2024.

MIRAGAYA, Rodrigo Bracet. *Os meios de conformação das relações jurídicas no Direito Administrativo*: entre atos unilaterais e contratos. Tese (Doutorado), USP, São Paulo, 2016.

MOREIRA NETO, Diogo de Figueiredo. *Mutações do direito administrativo*. Rio de Janeiro: Renovar, 2000.

MOREIRA NETO, Diogo de Figueiredo. Novos institutos consensuais da ação administrativa. *In*: LIMA, Sérgio Mourão Corrêa (Coord.). *Temas de Direito Administrativo*: estudos em homenagem ao Professor Pedro Paulo de Almeida Dutra. Rio de Janeiro: Forense, 2006.

MOREIRA NETO, Diogo de Figueiredo. *Poder, Direito e Estado*: o Direito Administrativo em tempos de globalização. Belo Horizonte: Fórum, 2011.

MOREIRA NETO, Diogo de Figueiredo. *Quatro paradigmas do Direito Administrativo Pós-Moderno*. Belo Horizonte: Fórum, 2008.

MOREIRA, Egon Bockmann. *Processo administrativo*. 6. ed. Belo Horizonte: Fórum, 2022.

MOURÃO, Licurco *et al*. *Controle democrático da Administração Pública*. 2. ed. Belo Horizonte: Fórum, 2023.

NEVES, Ana Fernanda. *O direito disciplinar da função pública*. Tese (Doutorado), Universidade de Lisboa, Faculdade de Direito, Lisboa, 2007.

NEVES, Ana Fernanda. A relação jurídica da função pública e as suas particularidades. *In*: CELY, Martha Lucía Bautista; SILVEIRA, Raquel Dias da (Coord.). *Direito disciplinário internacional*. Belo Horizonte: Fórum, 2011.

NEVES, Cleuler Barbosa das; FERREIRA FILHO, Marcílio da Silva Ferreira. Dever de consensualidade na atuação administrativa. *Revista de Informação Legislativa: RIL*, v. 55, n. 218, p. 63-84, abr./jun. 2018. Disponível em: http://www12.senado.leg.br/ril/edicoes/55/218/ril_v55_n218_p63. Acesso em 7 fev. 2024.

NIEBUHR, Joel de Menezes. *Licitação Pública e Contrato Administrativo*. 6. ed. Belo Horizonte: Fórum, 2023. Disponível em: https://www.forumconhecimento.com.br/livro/L1250. Acesso em 7 fev. 2024.

ORSINI, Adriana Goulart de Sena; SILVA, Nathane Fernandes da. Do conceito de mediação a suas práticas: características essenciais à mediação de conflitos. *In*: ORSINI, Adriana Goulart de Sena; VASCONCELOS, Antônio Gomes de (Coord.). *Acesso à Justiça, Série Direitos Humanos e Estado Democrático de Direito*. Belo Horizonte: Initia Via, 2012. v. 2. Disponível em: https://as1.trt3.jus.br/bd-trt3/handle/11103/2799. Acesso em 13 jul. 2022.

OSÓRIO, Fabio Medina. *Direito administrativo sancionador*. 7. ed. São Paulo: Thomson Reuters Brasil, 2020.

PALMA, Juliana Bonacorsi de. *Atuação administrativa consensual*. Dissertação (mestrado), Universidade de São Paulo, Faculdade de Direito, São Paulo, 2010. Disponível em: https://www.teses.usp.br/teses/disponiveis/2/2134/tde-18112011-141226/publico/Dissertacao_Juliana_Bonacorsi_de_Palma.pdf. Acesso em 7 fev. 2024.

PALMA, Juliana Bonacorsi de; ROSILHO, André Rosilho. *Constitucionalidade do direito ao erro do gestor* público *do art. 28 da Nova LINDB*, v. 13, n. 23, jan./jun. 2021.

PALMA, Juliana Bonacorsi de. *Sanção e acordo na administração pública*. São Paulo: Malheiros, 2015.

PEREIRA, Flávio Henrique Unes. *Regulação, fiscalização, sanção*: fundamentos e requisitos da delegação do exercício do poder de polícia administrativa a particulares. 2. ed. Belo Horizonte: Fórum, 2020.

PEREIRA, Flavio Henrique Unes. *Sanções disciplinares*: o alcance do controle jurisdicional. Belo Horizonte: Fórum, 2020.

PÉREZ, Jesús González. *El principio de la buena fe en el derecho administrativo*. 5. ed. Pamplona: Thomson Reuters, 2009.

PESSOA, Robertônio Santos. Administração pública, direito administrativo e lógica democrática – superação do gerencialismo neoliberal. *In*: ZOCKUN, Maurício; GABARDO, Emerson. *Novas Leis*: promessas de um futuro melhor? Livro do XXXVI Congresso Brasileiro de Direito Administrativo. Belo Horizonte: Fórum, 2023.

PIMENTEL, Roberto Luís de Oliveira. *Negociação e Mediação*. 1. ed. Belo Horizonte: Fórum, 2022. Disponível em: https://www.forumconhecimento.com.br/livro/L4387. Acesso em 22 ago. 2023.

PIRES, Maria Fernanda; AMARAL, Greycielle. Contratualização de sanções administrativas – efetividade e eficiência. *In*: BROCHADO, Mariah; BATISTA JÚNIOR, Onofre (Orgs.). *Direito Administrativo entre tradição e transformação, os desafios da gestão pública no Estado de Direito contemporâneo*: uma homenagem a Cristiana Fortini. Belo Horizonte: Dialética, 2023.

PROCURADORIA GERAL DO ESTADO DE GOIÁS. *Despacho nº 456/2023/GAB*. Consulta sobre matéria disciplinar. Goiânia: Procuradoria Geral do Estado de Goiás, 23 mar. 2023. Disponível em: https://www.procuradoria.go.gov.br/files/Despchos2019/Despacho2023/MARCO/Despacho456.pdf. Acesso em 7 set. 2023.

SCHMIDT-ASSMAN, Eberhard. *La teoría general del Derecho Administrativo como sistema*: objeto y fundamentos de la construcción sistemática. Madrid: INAP-Marçal Pons, 2003.

SERPA, Maria de Nazareth. *Mediação*: uma solução judiciosa para conflitos. 1. ed. Belo Horizonte: Fórum, 2018. Disponível em: https://www.forumconhecimento.com.br/livro/L3915. Acesso em 22 ago. 2023.

SILVA, Vasco Manuel Pascoal Dias Pereira. *Em busca do acto administrativo perdido*. Coimbra, Portugal: Livraria Almedina, 2003.

SILVA, Victor Carvalho Pessoa de Barros e Silva. *Acordos administrativos substitutivos de sanção*. Dissertação (Mestrado), PUC/SP, São Paulo, 2019.

SOUZA JÚNIOR, Reonauto da Silva; PEIXOTO, Priscila Vaz. Proposta de instituição da colaboração premiada disciplinar no ordenamento jurídico brasileiro. *Cadernos Técnicos da CGU / Controladoria-Geral da União*, Brasília, nov. 2022. Disponível em: https://revista.cgu.gov.br/Cadernos_CGU/issue/view/42/49. Acesso em 7 fev. 2024.

SOUZA NETO, Cláudio Pereira de; SARMENTO, Daniel. *Direito Constitucional*. 2. ed. Belo Horizonte: Fórum, 2014.

SOUZA, Patrícia Verônica Nunes Carvalho Sobral. *O termo de ajustamento de gestão como forma de tutela de direitos sociais*. Belo Horizonte: Fórum, 2022.

SUNDFELD, Carlos Ari. *Direito Administrativo*: o novo olhar da LINDB. 1. ed. Belo Horizonte: Fórum, 2022. Disponível em: https://www.forumconhecimento.com.br/livro/4378. Acesso em 15 nov. 2022.

SUNDFELD, Carlos Ari. O processo administrativo e seu sentido profundo no Brasil. *In*: NOHARA, Irena Patrícia; MORAES FILHO, Marco Antônio Praxedes. *Processo Administrativo*: temas polêmicos da Lei nº 9.784/99. São Paulo: Atlas, 2011.

SUNDFELD, Carlos Ari. Segurança jurídica nas relações concertadas. *In*: MOTTA, Fabrício; GABARDO, Emerson (Coords.). *Crise e reformas legislativas na agenda do Direito Administrativo*. XXXI Congresso Brasileiro de Direito Administrativo. Belo Horizonte: Fórum, 2018.

SUNDFELD, Carlos Ari; CÂMARA, Jacintho Arruda. O devido processo administrativo na execução de termo de ajustamento de conduta. *A&C Revista de Direito Administrativo e Constitucional*, Belo Horizonte, a. 8, n. 31, p. 90-95, jan./mar. 2008.

TAPIA, Ramón Huapaya; GUZMÁN, Oscar Alejos. Los principios de la potestad sancionadora a la luz de las modificaciones del Decreto Legislativo nº 1272. *Revista De Derecho Administrativo*, n. 17, p. 52-76, 2019. Disponível em: https://revistas.pucp.edu.pe/index.php/derechoadministrativo/article/view/22165. Acesso em 19 nov. 2023.

TONIN, Maurício Morais. *Arbitragem, mediação e outros métodos de solução de conflitos envolvendo o poder público*. São Paulo: Almedina, 2019.

TUÑON, Javier Ernesto Sheffer. Principios del derecho disciplinario. *In*: CELY, Martha Lucía Bautista; SILVEIRA, Raquel Dias da. *Direito disciplinário internacional*: estudos sobre a formação, profissionalização, disciplina, transparência, controle e responsabilidade da função pública. Belo Horizonte: Editora Fórum, 2011. v. 1.

UNIVERSIDADE FEDERAL DE MINAS GERAIS. Faculdade de Direito e Ciências do Estado. *Regulamento do Programa de Pós-Graduação em Direito da UFMG*. Belo Horizonte: UFMG, 2020. Disponível em: https://pos.direito.ufmg.br/programa/regulamento/. Acesso em 05 fev. 2024.

VASCONCELLOS, Vinícius Gomes de. *Barganha e justiça criminal*: análise das tendências de expansão dos espaços de consenso no processo penal brasileiro. 2. ed. Belo Horizonte, São Paulo: D'Plácido, 2021.

ZOCKUN, Carolina Zancaner. Sujeição especial e regime jurídico da função pública no Estado de Direito democrático e social. *In*: CELY, Martha Lucía Bautista; SILVEIRA, Raquel Dias da. *Direito disciplinário internacional*: estudos sobre a formação, profissionalização, disciplina, transparência, controle e responsabilidade da função pública. Belo Horizonte: Editoria Fórum, 2011. v. 1.

ZOCKUN, Maurício. Vinculação e discricionariedade no acordo de leniência. *Direito do Estado*, n. 142, 2016. Disponível em: http://www.direitodoestado.com.br/colunistas/Mauricio-Zockun/vinculacao-e-discricionariedade-no-acordo-de-leniencia. Acesso em 25 nov. 2023.

Esta obra foi composta em fonte Palatino Linotype, corpo 10
e impressa em papel Offset 70g (miolo) e Supremo 250g (capa)
pela Formato Artes Gráficas.